Michael Schmuck

Professionell

TEXTEN

Mit Praxistipps für Presse und PR

Verlag Rommerskirchen

Bibliografische Information Der Deutschen Bibliothek

Die Deutsche Bibliothek verzeichnet diese Publikation in der Deutschen Nationalbibliografie; http://dnb.ddb.de

Web: www.rommerskirchen.com

Layout und Produktion: Medienfachverlag Rommerskirchen
Druck: Druckzone Cottbus

ISBN 978-3-937099-11-8

Inhalt

Verständlich statt verworren

Fachwörter, Fremdwörter, Verwaltungsdeutsch, umständliche und verworrene Formulierungen - unsere Sprache wird zunehmend davon verdorben. Journalistische Texte, Pressetexte, vor allem aber Fachtexte und Behördenbriefe zu lesen, wird immer mehr zur Last. Selbst neuere Bestseller der Literatur quälen den Leser nicht nur immer öfter mit inhaltlicher Flachheit und Gefasel, sondern auch mit Kauderwelsch.

Experten schätzen, dass zwischen fünfzig und achtzig Prozent aller Kommunikation Missverständnisse und Irrtümer produzieren. Klare, einfache Sprache hingegen bedeutet reibungslose Kommunikation und damit Leserzufriedenheit.

Klare Sprache in den Medien gehört zwingend zu deren Informations- und Aufklärungspflicht. Wie soll man informieren und aufklären, wenn niemand die Botschaft versteht? Pressemitteilungen haben nur dann eine Chance, veröffentlicht zu werden, wenn sie klar formuliert sind.

In Unternehmen und Verwaltungen spart klare Sprache Zeit und Geld: Wer mit seinen Mitarbeitern und Kunden verständlich kommuniziert, lässt keine Fragen offen; nur selten entstehen Missverständnisse. Ein Sachbearbeiter zum Beispiel muss einen Vorgang nicht mehrfach bearbeiten und Nachfragen beantworten, wenn der Kunde seinen Brief versteht. Ein Beispiel: Pro Tag verschickt eine große Versicherung rund 100 000 Briefe, etwa 25 Millionen im Jahr. Nehmen Sie an, nur zehn Prozent davon führen zu Missverständnissen oder Widersprüchen, weil sie schwer verständlich sind, dann sehen Sie, wie viel Zeit und Geld kurze, klare Briefe einsparen können. Schon allein die physische Länge der Briefe kostet Geld: Wer kompliziert schreibt, braucht meist mehr Papier und Zeit.

Mit diesem Buch will ich Ihnen zeigen, dass die Regeln für professionelles Texten für alle Textgattungen gelten – je nach Zielgruppe und Genre allerdings mit unterschiedlichen Schwerpunkten. Darum ist dieses Buch für alle geschrieben, die mit Texten umgehen, nicht nur für Journalisten, Pressesprecher, Werbetexter und Verfasser von Kundenbriefen.

Texten ist Kunsthandwerk: Etwa 70 Prozent sind Handwerk, 30 Prozent Kunst. Dieses Verhältnis wird oft missachtet, Texter fühlen sich allein als Künstler, möchten sich selbstverwirklichen und vergessen das Handwerk. Ich kann Ihnen die handwerklichen Regeln vermitteln und Ihnen zeigen, wie wichtig sie sind. Die Kunst müssen Sie selbst einbringen.

Im ersten Abschnitt erfahren Sie allgemeine Grundsätze und Tipps für professionelles Texten und können sich in Übungen gleich prüfen. Im zweiten Abschnitt erläutere ich die speziellen Regeln für journalistische Texte, dann die für Pressetexte, Briefe und Werbetexte. Überschneidungen und Wiederholungen sind gewollt, denn sie vertiefen die Regeln.

Bevor ich auf die Pressetexte eingehe, finden Sie eine kurze Einführung in die Pressearbeit ganz allgemein. Denn um Pressemitteilungen richtig zu formulieren, muss man Ziel und Zweck der Pressearbeit verstehen.

Ich wünsche Ihnen viel Spaß beim Lesen, Schmökern und Üben und hoffe, Sie finden viele Anregungen.

Michael Schmuck — im Februar 2007

I Grundsätze des Textens

1 Allgemeines

1.1 Was heißt professionell texten?

Professionell zu texten bedeutet vor allem: einfach, kurz und klar. Das heißt aber nicht banal oder seicht. Das ist ein allzu häufiges Missverständnis. Mit dem Inhalt hat klares Formulieren zunächst nichts zu tun. Wie das Wort schon sagt, geht es um die **Form** der Kommunikation. Klare Formulierungen bewirken allerdings, dass auch der Inhalt klarer wird. So wie zum Beispiel der Inhalt eines Glases nur dann gut zu erkennen ist, wenn das Glas klar ist und nicht milchig. Der Inhalt bleibt derselbe.

Verständlichkeit ist die Basis aller guten Texte, seien es Romane, Reportagen, Pressemitteilungen, Briefe, Reden oder Werbetexte. Was der Leser oder Zuhörer nicht versteht, ist für den Papierkorb geschrieben oder führt zu Problemen. Kurz und klar zu formulieren ist keine Hexerei, sondern recht einfach. Das Einfache ist allerdings genau die Schwierigkeit. Vor allem Fachleuten fällt es sehr schwer, einfach zu formulieren, weil sie zu viel in den Text hineinpacken wollen. Sie sind beladen mit Wissen und vergessen ihre Zielgruppe: die Laien, die Neugierigen, die schnell und schlicht informiert werden wollen. Der Autor muss die Perspektive wechseln, hin zum Leser.

Stellen Sie sich beim Formulieren Ihres Textes Ihren typischen Leser vor. Machen Sie sich von dieser „Zielperson" ein Bild vor Ihrem geistigen Auge und richten Sie Ihren Text nach diesem Bild aus. Präsentieren Sie dem Leser Ihre Botschaft in kleinen, appetitlichen Häppchen, nicht als dicken, fetten Schweinebraten. In kleinen Häppchen kann er sogar insgesamt mehr verzehren.

1.2 Die zehn Regeln für klare Sprache

Professionelles, klares Texten lässt sich vor allem mit zehn Grundregeln erlernen. Viele Sprachlehrer, zum Beispiel mein Lehrer Wolf Schneider, bieten weitaus mehr Regeln an, aber alle basieren auf diesen zehn. Die zehn Regeln gelten für alle Textformen, je nach Textform mit verschiedenen Schwerpunkten. Bei literarischen Texten kann die ein oder andere Regel, bedingt durch das jeweilige Genre, zwar nur eingeschränkt gelten. Doch auch die Autoren von Romanen, Kurzgeschichten und Krimis sollten sich an den Regeln orientieren - zur Freude des Lesers.

Wenn Sie die folgenden Regeln beachten, werden alle Ihre Texte automatisch kürzer und klarer. Es wird wohl etwas dauern, bis Sie die Regeln ganz selbstverständlich anwenden, aber Sie werden von Text zu Text Fortschritte machen.

Das sind die zehn wichtigsten Regeln für kurze, klare Texte:

- Wichtiges nach vorn
- Überflüssiges, Belangloses und Binsenweisheiten weglassen
- Vorsicht mit Adjektiven
- Verben einsetzen, keinen Nominalstil
- Viel Aktiv, wenig Passiv
- Hauptsachen in Hauptsätze, Nebensachen in Nebensätze
- Kurze Hauptsätze, wenige Nebensätze, keine Schachtelsätze
- Konkret formulieren, nicht allgemein
- Positive Begriffe, keine Verneinungen
- Fremdwörter, Fachwörter und Abkürzungen vermeiden

Bitte verstehen Sie diese Regeln nicht als zwingende Normen, sondern als Tipps oder als Leitfaden. Es kann davon in einigen wenigen Fällen Ausnahmen geben.

Ein Tipp fürs Lernen: Nehmen Sie sich pro Tag ein oder zwei Regeln, die Sie ganz besonders beachten. So kann Montag zum Beispiel Ihr Nominalstil- und Passivtag sein, der Dienstag Ihr Konkrettag. Oder Sie widmen eine ganze Woche der Regel, die Sie bisher am meisten missachtet haben oder die zu beachten Sie die größten Probleme haben. Gleich alle Regeln beachten zu wollen, kann anfangs zu Schreibblockaden führen.

1.3 Der Küchenzuruf

Eine Faustregel fasst die zehn Regeln zusammen: der **„Küchenzuruf"**. Geprägt hat diesen Begriff Henri Nannen, Gründer des Magazins STERN. Der Küchenzuruf beschreibt sehr bildhaft, was kurz und klar bedeutet. Nannen hatte noch das alte Rollenverständnis im Kopf und beschrieb den Küchenzuruf so: Der Mann kommt von der Arbeit nach Hause, die Frau steht in der Küche und kocht. Das Essen duftet, der Mann will schnell an den Tisch, möchte aber sofort das Wichtigste des Tages mitteilen. Während er im Flur die Schuhe auszieht, ruft er in die Küche:

Stell dir vor, was heute passiert ist ...

Was dann folgt, ist der Küchenzuruf. Es ist das, was für den Mann so wichtig ist, dass er nicht warten kann, bis er die Hausschuhe angezogen hat oder gar am Tisch sitzt. Und dieses Wichtigste ruft er als Erstes seiner Frau in der Küche zu. Er leitet den Satz erst mit einem „Aufmerksamkeitswecker" ein, damit die Frau hinhört: *Stell dir vor, was heute passiert ist.* Einen solchen Wecker braucht man aber beim Texten nur ganz selten.

Das Schöne am Küchenzuruf ist: kein Schachtelsatz, kein Nominalstil, nichts Belangloses. Denn Sie wollen Ihrem Partner das Wichtigste, das Interessanteste in aller Kürze mitteilen. Sie wollen ihn ja nicht langweilen und er will nicht gelangweilt werden. Der Küchenzuruf ist das Wundermittel des Textens.

Stellen Sie sich einmal vor, Sie möchten Ihrer Frau/Ihrem Mann mitteilen, dass Sie eine Gehaltserhöhung bekommen haben. Das würden Sie wohl etwa so tun:

Schatz, stell dir vor: Ich bekomme mehr Geld.

Oder:

Ich habe eine Gehaltserhöhung.

Sie kommen gleich zur Sache und sagen es mit einfachen Worten. Sie würden aber wohl kaum erst einmal umständlich erzählen, wie Sie zum Büro gefahren sind, dass der Pförtner wieder betrunken war, der Aufzug nicht funktionierte, Frau Müller Sie angesprochen hat, Sie dann zum Chef gerufen wurden, der Ihnen schließlich, nachdem er nach der Familie gefragt hat, mitgeteilt hat, dass Sie eine Gehaltserhöhung bekommen. Und Sie würden das wohl kaum negativ und passiv ausdrücken:

> *Schatz, ich bin heute Opfer einer durchgeführten Gehaltserhöhungsmaßnahme geworden.*

Viele Texter glauben, sie müssten ganz anders formulieren, wenn sie etwas schreiben – im Unterschied zum gesprochenen Wort. Das ist ein Irrtum. Schreiben Sie so, wie Sie sprechen: ganz natürlich, ganz einfach. Dann versteht Sie der Leser. Denken Sie bei allen Ihren Texten an den Küchenzuruf. Mit seiner Hilfe beachten Sie die Regeln für klares Deutsch automatisch. Sie können auch an die Regel denken: Wie sag' ich's meinem Kinde? Die Amerikaner nennen es KISS-Prinzip: Keep it short and simple.

Wenn Sie den Küchenzuruf formuliert haben, beginnen Sie **zielgruppenorientiert** an den Worten zu feilen. Dann können Sie gegebenenfalls hier und da noch Attribute anfügen, die für den Empfänger wichtig sind, oder schönere, treffendere Begriffe einsetzen.

Auch gegen die Angst vorm leeren Blatt hilft das Wundermittel: Beginnen Sie Ihren Text mit dem Küchenzuruf und schon haben Sie einen Einstieg in Ihren Text. Wenn Sie nicht wissen, wie Sie etwas kurz und klar formulieren sollen, versuchen Sie es mit dem Küchenzuruf als Ausgangsbasis.

Und nun zu den Regeln im Einzelnen ...

2 Die zehn Regeln im Einzelnen

2.1 Wichtiges nach vorn

Vor allem Akademiker haben in ihrer Ausbildung gelernt, im Gutachten- oder Märchenstil zu schreiben: Sie beginnen mit einem allgemeinen Obersatz und begründen oder prüfen, ob ein Sachverhalt darunterfällt. Oder sie beginnen mit einer langen, meist historischen oder wissenschaftlichen Einleitung. Mit beidem schieben sie für den Leser das Wichtigste – die Botschaft – ans Ende des Textes. Das widerspricht der natürlichen Erzählweise und damit der Erwartungshaltung. Es ist nervend für den Leser. „Bla, bla, bla – komm doch endlich mal zum Thema", denken die meisten. Schreiben Sie stets vorn das Wichtigste. Dann weiß der Leser gleich, um was es geht.

Grundsätzlich gilt das auch für Literatur, auch für Romane. Allerdings ist diese Regel hier eingeschränkt: Zum Beispiel kann der Autor eines Kriminalromans, je nach Aufbau und Strickmuster seiner Erzählung, nicht gleich am Anfang den Mörder nennen; er darf selbstverständlich eine Dramaturgie aufbauen und manches erst nach und nach verraten. Um was es überhaupt geht, das Thema, darf er aber nicht zu lange verschweigen, sonst verliert er den Leser.

Zurück zu den üblichen, nicht literarischen Texten. Wenn Ihre Lieblingsfußballmannschaft ein wichtiges Spiel gewonnen hat, werden Sie das wohl kaum so erzählen:

Ⓤ Gestern war ich in München. Dort spielte mein Verein, der FC Konstanz, in einem Pokalspiel gegen die Profis von Bayern München. In der ersten Halbzeit kämpften die Konstanzer wie die Löwen und konnten ein 0:0 halten. In der zweiten Halbzeit hatte Bayern viele Torchancen, erzielte aber kein Tor. Dann, in der letzten Minute, schoss ein Münchner ein Eigentor und die Sensation war perfekt: Konstanz gewann gegen Bayern München 1:0.

Sagen Sie es so, wie Sie es – ganz natürlich – ihrem Nachbarn erzählen:

Gestern gab es eine Sensation: Der FC Konstanz hat in München gegen die Profis von Bayern München 1:0 gewonnen. In der letzten Minute schoss ein Münchner ein Eigentor. Die Konstanzer hatten 90 Minuten wacker ihr Tor dichtgemacht und so Treffer der Bayern verhindern können. Und ich war als Zuschauer im Stadion. ...

Nun können Sie noch den gesamten Hintergrund und über den Spielverlauf berichten, falls Sie glauben, das könnte den Leser interessieren.

Im ersten Beispiel steigt der Leser oder Zuhörer aus, bevor Sie zum Wichtigen kommen, weil Sie ihn langweilen oder ungeduldig machen. Das Wichtigste zuerst zu erzählen, entspringt außerdem dem **Urbedürfnis**, vor Gefahren zu warnen; und das erlaubt es nicht, zuerst Belangloses oder Zweitrangiges zu verbreiten. Vergeuden Sie nicht die Zeit des Lesers mit langatmigen und Zeit raubenden Einführungen, vorangestellten historischen Betrachtungen oder lexikalischen Einführungen. Die können Sie noch bringen, wenn der Leser weiß, um was es geht.

2.2 Überflüssiges, Belangloses und Binsenweisheiten weglassen

Je kürzer ein Text, umso besser. Der Leser soll nicht mehr lesen müssen als nötig. Jede Silbe, die Sie weglassen, spart Zeit – für Sie als Verfasser und für den Leser. Sich mit dem Wesentlichen zu begnügen, hat zudem mehr Aussagekraft.

Ein altes Schild der Bahn mahnt zur Kürze.

Denken Sie an die alte Regel „Fasse Dich kurz!" Das heißt aber nicht, dass Inhalte völlig wegfallen müssen. Das muss der Autor später beurteilen, wenn der Text von überflüssigem **Ballast** befreit ist.

Schon, wenn Sie Ihren Text nach der 1. Regel *Wichtiges nach vorn* nach Priorität ordnen, werden manche Teile automatisch überflüssig, weil sie darin nur Belangloses mitteilen. Sie können oft die hinteren Sätze oder sogar Absätze weglassen, ohne dass etwas Wichtiges fehlt.

Überflüssiges kann nicht nur in Sätzen oder Satzteilen stecken, sondern bereits in einzelnen Wörtern oder gar Wortteilen. Oft stecken sie in Floskeln, die sie aus Gewohnheit benutzen. So ist zum Beispiel die geballte Faust etabliert (mit der man gern auf den Tisch haut), obwohl es keine ungeballte Faust gibt.

Wenn Sie für Doppelungen und Müll sensibel werden, sparen Sie viel Platz und der Leser dankt es Ihnen, ohne allerdings zu wissen, warum der Text so schön knapp ist. Einige Beispiele:

Was ist hier überflüssig?	Es genügt:
Er tritt mit dem Fuß.	Er tritt. (Womit sonst?)
Sie nickt mit dem Kopf.	Sie nickt.
Zukunftsperspektive	Perspektive (stets auf die Zukunft gerichtet)
Die anwesenden Zuschauer waren begeistert.	Die Zuschauer waren begeistert. (Anwesend müssen sie sein, sonst können sie wohl kaum begeistert sein.)
die entstandene Unannehmlichkeit	die Unannehmlichkeit (entstanden wird sie wohl sein, sonst wäre sie keine)
erfolgte Untersuchung	Untersuchung
das durchgeführte Treffen	das Treffen
mögliche Gefahr	Gefahr (in Gefahr ist die Möglichkeit enthalten)
mögliches Risiko	Risiko
mögliche Chance	Chance
Das ist sehr wahrscheinlich möglich.	Das ist sehr wahrscheinlich.
kleine Nuancen	Nuancen
maximal bis zum Höchstbetrag von	bis zum Höchstbetrag von **oder** maximal bis

bisher noch nie da gewesene	nie da gewesene
mündliche Unterredung	Unterredung
herabmindern	mindern
größter anzunehmender GAU	GAU **oder** größter anzunehmender Unfall (je nach Zielgruppe)
noch weitere Fragen	noch Fragen **oder** weitere Fragen
geballte Faust	Faust
normaler Standard	Standard
leere Worthülse	Worthülse
jede sich bietende Gelegenheit	jede Gelegenheit
aktueller Status Quo	aktuell **oder** Status Quo (je nach Zielgruppe)
weit entfernt von	weit von
zeitliche Befristung	Befristung, **besser:** Frist
wie zum Beispiel	zum Beispiel

Silbenmüll ist ebenfalls eine Form des Überflüssigen. Er verbirgt sich oft in Verben. Die Verben in der linken Spalte sind meist künstlich und sinnlos verlängert. Nur selten benötigen Sie die Langform..

Gestelzt:	Meist genügt:
behelfen	helfen
losfahren	fahren
weggehen	gehen
rüberbringen	bringen
herkommen	kommen
nachzählen	zählen
vorzeigen	zeigen
vorausplanen	planen
zusammentreffen	treffen
anmieten	mieten
zusammenpacken	packen
verschicken	schicken

Auch in Hauptwörtern kann sich Silbenmüll verstecken. Die so aufgespeckten Hauptwörter wirken dann am Nominalstil mit (siehe Kapitel 2.4). Auch hier gilt: Die Wörter links sind meistens sinnlos.

Gestelzt:	Meist genügt:
Bestrafung	Strafe
Begutachtung	Gutachten
Beschrankung	Schranke

Bevorratung	Vorrat
Beantragung	Antrag
Bestuhlung	Stühle
Befindlichkeit	Befinden
Unterschiedlichkeit	Unterschied
Erkrankung	Krankheit
Verabschiedung	Abschied
Einträchtigkeit	Eintracht
Anstellung	Stelle (Arbeitsstelle)
Befristung	Frist

Sie haben bemerkt: Oft steckt in Sätzen und Wörtern Überflüssiges, das Sie auf den ersten Blick nicht bemerken. Dafür müssen Sie Ihr Auge schulen. Erfahrungsgemäß wird ein Text allein dadurch etwa zwanzig bis dreißig Prozent kürzer, dass sie den **Wort- und Silbenmüll** aus dem Text entfernen. Und kürzer bedeutet leserfreundlicher.

Als gern benutzter Müll hat sich in den vergangenen Jahren auch der *Bereich* etabliert: Küchenbereich, Ladenbereich, Bürobereich, Eingangsbereich, Modebereich. Lassen Sie den *Bereich* weg. Nur ganz selten ist er im „Textbereich" ein sinnvoller Anhang.

Eine besondere Form des Überflüssigen sind unnatürliche, schwülstige und **umständliche Formulierungen**. Benutzen Sie, wenn möglich, stets die kürzeste Formulierung für das, was Sie sagen wollen. Im folgenden „Blählexikon" finden Sie allgemeine Beispiele als Anregungen für kurze Formulierungen.

Beispiele für Schwulst – kleines Blählexikon	
auf den Weg bringen	beginnen, anfangen
die mit der Arbeit verbundene Zeit	Arbeitszeit
eine Vielzahl von	viele
in vollem Umfang	ganz, vollständig, völlig, insgesamt
aus welchem Grunde	warum
aus diesem Grunde	darum
in Anbetracht des	wegen
am heutigen Tag	heute
er hat die Berechtigung	er darf
ich bin in der Lage	ich kann
mit hoher Sorgfalt	sehr sorgfältig
in nächster Zeit	bald
zu einem späteren Zeitpunkt	später
mit Ausnahme von	außer
erfährt eine Verstärkung durch	wird verstärkt von
zur Anwendung bringen	anwenden
zum Verzehr bringen	essen

Ein längeres Beispiel:

- Für sämtliche Vorhaben, die mehr als 15.000 Euro an Ausgaben verursachen, ist eine Wirtschaftlichkeitsrechnung vorzulegen. Es handelt sich hierbei um ein Verfahren, mit dessen Hilfe die Vorteilhaftigkeit eines Investitionsvorhabens geprüft und rechnerisch bestimmt wird. Aufgrund des Ergebnisses der Wirtschaftlichkeitsrechnung wird eine Entscheidung für oder gegen die Investition getroffen. *(Aus dem Intranet eines Automobilzulieferers)*

Aufgeblasen, doppelt gemoppelt und wenig zielgruppengerecht ist dieser Text, der sich an wirtschaftlich vorgebildete Mitarbeiter richtet. Er hat viele Regeln missachtet, vor allem aber ist vieles überflüssig.

Es geht sehr viel kürzer. Zunächst die rein sprachliche Kürzung:

- Für Investitionen von mehr als 15.000 Euro ist eine Wirtschaftlichkeitsrechnung vorzulegen. Damit wird die Vorteilhaftigkeit eines Investitionsvorhabens geprüft und rechnerisch bestimmt. Aufgrund der Wirtschaftlichkeitsrechnung wird entschieden.

Da der Text sich an wirtschaftlich Vorgebildete richtet, ist der zweite Satz überflüssig. Es genügt also:

- Für Investitionen von mehr als 15.000 Euro ist eine Wirtschaftlichkeitsrechnung vorzulegen. Auf deren Grundlage wird entschieden.

2.3 Vorsicht mit Adjektiven

Zu prüfen, ob Wörter überflüssig sind, lohnt sich vor allem bei Adjektiven – den erklärenden Wörtern vor einem Hauptwort. Das können auch andere Wortformen sein, zum Beispiel Partizipien, die aber wie Adjektive verwendet werden. Der Einfachheit halber nenne ich sie allesamt Adjektive. Sie sind sehr oft überflüssig. Die meisten Floskeln entstehen durch Adjektive. Es sind Zugaben zum Substantiv,

- die durch ein treffendes Substantiv ersetzt werden können:

männliche Person	Mann
feindseliges Verhalten	Feindseligkeit
warnender Hinweis	Warnung
geballte Hand	Faust
positive Entwicklung	Verbesserung, Steigerung
nachteilige Auswirkungen	Nachteile
seelischer Beistand	Trost, Fürsorge
anwaltlicher Berater	Anwalt
gestriger Tag	gestern
verwandtschaftliche Beziehung	Verwandtschaft
zeitliche Begrenzung	Frist

- oder einem Substantiv die Wirkung nehmen, weil das Adjektiv schon darin enthalten ist (Doppelung, oder Fachdeutsch: Pleonasmus):

verheerende Verwüstungen
ein heftiger Orkan
zu zahlende Rechnungsforderung
ein hoher Wolkenkratzer
geballte Faust
unschuldige Säuglinge/Babys
schwachwüchsige Zwergkaninchen
höchstrichterliche Rechtsprechung des Bundesverfassungsgerichts
passende Lösung
normaler Standard
aktueller Status Quo

(Diese Gruppe ist schon bei den Floskeln unter Punkt 2 angesprochen worden).

- oder keinen Informationswert besitzen:

vorhandener Stuhl
festgenommener Täter
durchgeführte Untersuchung

Warum sollten Sie schreiben:

Der Dienst habende Arzt nahm dem eingelieferten Patienten Blut ab.

wenn es genügt zu schreiben:

Der Arzt nahm dem Patienten Blut ab.

Adjektive können verwirrend sein, wenn sie keine notwendige Information transportieren, sondern „einfach nur so" dastehen. Der Leser kann denken, das Adjektiv sei ganz bewusst eingesetzt; es ist aber nur sinnloses Beiwerk.

Ich bin gestern von einem blauen Auto angefahren worden.

Auf die Frage „Warum hinken Sie?" ist das „blau" sinnlos und daher überflüssig. Der Zuhörer muss das Wort aber verarbeiten und fragt sich vielleicht, was es soll, und gibt ihm womöglich eine Bedeutung, die es nicht hat. Hingegen ist „blau" sinnvoll, wenn die Polizei fragt, wie das Auto aussah.

Ähnliche Probleme macht der Satz:

Bitte gib mir doch mal das rote Lexikon.

Gibt es nur ein *rotes* Lexikon, so kann die Bitte verwirrend sein für jemanden, der das nicht weiß. Er kann sich fragen: „Gibt es mehrere Lexika in verschiedenen Farben und der Bittende will gerade das rote?" Und das ist auch der Zweck eines Adjektivs: unterscheiden und charakterisieren – nicht eine typische oder zwangsläufig verbundene Eigenschaft voranstellen. Gibt es nur ein Lexikon und das ist rot, genügt somit der Satz:

Bitte gib mir doch mal das Lexikon.

Zur Klarstellung ergänzt um den Satz: *Das ist das rote Buch dort.*

Erst recht sollten Sie keine wichtigen Botschaften mit einem Adjektiv (hier genauer: ein Partizip, das wie ein Adjektiv eingesetzt ist) transportieren:

Sie brüllte den schlafenden Kollegen an.

Genauer und daher besser:

Sie brüllte den Kollegen an, weil er schlief.

Dass das Schlafen der Grund fürs Brüllen war, wird im ersten Satz nicht deutlich. Wenn das Schlafen nicht der Grund fürs Brüllen war, ist das Attribut „schlafenden" hier überflüssig, weil es sinnlos ist.

Wenn Sie Adjektive benutzen, bitte nur gezielt, um zu unterscheiden, zu werten, zu charakterisieren oder zu bekräftigen:

Es war das blaue Auto (nicht das grüne).
Es war der große Mann (nicht der kleine).
Holger Müller ist ein erfahrener Texter.
Das ist ein weiser Richter.
Sie ist eine wunderschöne Frau.

Und noch ein Problem kann das Adjektiv mit sich bringen:

Was ist zum Beispiel ein *ärztlicher Mitarbeiter?*

Der Mitarbeiter eines Arztes, also eine Sprechstundenhilfe oder eine medizinisch-technische Assistentin? Oder ist es doch eher ein Arzt, der zum Beispiel Mitarbeiter im Krankenhaus ist? Wird dort vielleicht unterschieden zwischen ärztlichen und nichtärztlichen Mitarbeitern? Das ist dem Adjektiv so nicht zu entnehmen. Es stiftet Verwirrung. Schreiben Sie daher konkret, was Sie meinen: Ärzte oder Pfleger.

2.4 Verben, keinen Nominalstil

Wie Hausschwamm verbreitet sich Nominalstil, das Hauptmerkmal für Verwaltungsdeutsch: *Veränderungen werden durchgeführt* statt *zu verändern*. Sogar in journalistischen Texten und in Pressetexten macht er sich breit, und gerade dort gehört er nicht hinein. Substantivierte Verben sind für den Leser meist schwierig zu verstehen. Nominalstil – auch **Hauptwörterei** genannt – ist umständlich, gestelzt, klingt obrigkeitlich distanziert und daher unfreundlich. Damit schaffen Sie Abstand zwischen sich und dem Leser. Viele Menschen empfinden Nominalstil als hochnäsig und arrogant. Zudem ist der Nominalstil länger als ein Satz mit normalem Verb; schon allein das spricht gegen ihn. Aber wie Sie sehen werden, ist Nominalstil oft auch verwirrend und führt zu Missverständnissen.

Verfechter des Nominalstils behaupten, Nominalstil klinge klüger und gewählter als Verben. Das ist ein Trugschluss: Sich kompliziert, distanziert und hochnäsig auszudrücken, hat mit gewählter Ausdrucksweise nichts zu tun. Sich gewählt ausdrücken bedeutet, die Wörter treffend zu wählen. (siehe Kapitel 4)

Der gestelzte Satz:	**Heißt nichts anderes als:**
Wir betrauen ihn mit der Durchführung der Untersuchung der Angelegenheit.	Er soll die Sache untersuchen. **Oder:** Wir beauftragen ihn, die Sache zu untersuchen.
Unsererseits muss die Sache einer Prüfung unterzogen werden.	Wir müssen die Sache prüfen.
Er muss die Buchung vornehmen.	Er muss buchen.
Setzen Sie ihn in Kenntnis.	Informieren Sie ihn.

Das Gesetz muss zur Anwendung gebracht werden.	Das Gesetz muss angewendet werden.
Es erfolgt eine Umstrukturierung des Unternehmens durch einen Wirtschaftsberater.	Ein Wirtschaftsberater strukturiert das Unternehmen um.
Wir nehmen die Erstattung des ... vor.	Wir erstatten ...
ein Angebot machen	anbieten
zur Auszahlung bringen	auszahlen
ein Zugeständnis machen	zugestehen

Der Nominalstil stammt aus der Juristensprache, aus Gesetzen, Verordnungen und Urteilen. Ein Grund für den Nominalstil mag sein, dass die Überschriften zu Gesetzen meist nur aus Hauptwörtern bestehen, zum Beispiel Begutachtung, Personenbeförderung, Eheschließung. Daraus folgt dann, dass

- eine Begutachtung durchgeführt, die Personenbeförderung vorgenommen und die Eheschließung vollzogen wird.

Genau so gut und viel kürzer kann es heißen:

- begutachten, Personen befördern und heiraten.

Zeichen für Nominalstil sind: die Substantiv-Endungen *ung* und *keit* und die Verben *erfolgen, durchführen, vornehmen, vollziehen.*

Also Achtung, wenn Sie diese Wörter schreiben. Prüfen Sie, ob Sie Nominalstil verwendet haben. Meist ist Nominalstil noch mit der Passivform verbunden, die ebenfalls tabu sein sollte (siehe Kapitel 2.5, Viel Aktiv, wenig Passiv).

Ein komplexes Beispiel aus der Stahlbranche:

- Ziel dieses Vorhabens ist, die Entwicklung einer Verfahrenskombination aus Gefrierkristallisation und Fällungskristallisation zur Verringerung der Abwassermengen und der Metallsalzfrachten aus Beizprozessen.

Das ist selbst für Fachleute schwer zu verstehen, weil hier der Autor Hauptwörterei betrieben hat. Er hat gleich eine ganze Kette von Nominalkonstruktionen gebastelt. Leserfreundlicher ist:

- Ziel dieses Vorhabens ist eine Kombination aus Gefrier- und Fällungskristallisation zu entwickeln, um das Abwasser und die Metallsalzfrachten aus Beizprozessen zu verringern.

Noch etwas einfacher:

- Ziel des Vorhabens: Gefrier- und Fällungskristallisation zu kombinieren, um Abwasser und Metallsalzfrachten aus Beizprozessen zu verringern.

Ein anderes Beispiel, von einer Krankenkasse:

- Bestätigen die gutachterlichen Aussagen die Notwendigkeit einer Weiterbehandlung zur Beseitigung von Beschwerden oder zur Herstellung der Funktionstüchtigkeit des Zahnersatzes, ist die weitere Vorgehensweise mit dem Versicherten zu besprechen.

Mit Verben geht es einfacher:

- Bestätigt ein Gutachter, dass eine Weiterbehandlung nötig ist, um Beschwerden zu beseitigen oder den Zahnersatz funktionstüchtig zu machen so besprechen Sie mit dem Versicherten, wie vorzugehen ist.

Verben anstelle der Hauptwörter machen den Text klarer und kürzer. An diesem Beispiel konnten Sie auch sehen, dass vor allem die Kombination mehrerer substantivierter Verben verwirrend ist, weil der

Leser nur schwer erfassen kann, wie die Wörter sinnvoll zu kombinieren sind. Nominalstil ist also nicht nur umständlich und lang, er kann auch zu Missverständnissen führen, wenn substantivierte Verben zu **Nominalstilketten** aufgereiht werden. Ein Beispiel:

- Ziel der Aktion waren Beschlagnahmen, Durchsuchungen und Identifizierungen von Fahrzeugen und Kleidung des Täters.

Was gehört wie zusammen? Es gibt mehrere Möglichkeiten die Nominalstilkette zu verstehen:

1. Fahrzeuge und Kleidung des Täters wurden beschlagnahmt, durchsucht und identifiziert.

2. Es gab Beschlagnahmen und außerdem gab es Durchsuchungen und Identifizierungen der Fahrzeuge und Kleidung.

3. Es gab Beschlagnahmen und Durchsuchungen und es gab Identifizierungen der Fahrzeuge und Kleidung.

4. Es gab Beschlagnahmen, Durchsuchungen und es gab Identifizierungen der Fahrzeuge und außerdem war die Kleidung des Täters Ziel der Aktion.

Mit Verben kann das nicht passieren:

- Ziel der Aktion war es, Kleidung und Fahrzeuge des Täters zu beschlagnahmen, zu durchsuchen und zu identifizieren.

Oder:

- Bei der Aktion sollten Kleidung und Fahrzeuge des Täters beschlagnahmt, durchsucht und identifiziert werden.

Selbst in kurzen Sätzen sind Nominalstilketten verwirrend und führen zu Missverständnissen. Ein Beispiel:

Neu eingeführt wurde in § 10 Ziff. 1 Kategorie 1 e) die Bewertung von Audiodeskriptionen von Filmen für Blinde, wie sie insbesondere ARTE sendet, mit 5 Punkten.

Hier stellen sich zwei Fragen:

1. Was ist neu? – Die Bewertung insgesamt? Oder nur die Bewertung mit 5 Punkten? Oder ist neu, dass das Ganze jetzt in § 10 Ziffer 1 Kategorie 1 e) steht?

2. Worauf bezieht sich der Nebensatz? Was also sendet ARTE? - Etwa Filme für Blinde? Oder Audiodeskriptionen für Filme für Blinde? Oder die Bewertungen?

Die Antworten auf Frage 1 weiß nur der Autor. Weil hier Nomina aneinandergereiht sind, ist der Sinn des Satzes nicht zu erfassen. Solche Konstruktionen kommen zum Beispiel in Gesetzen häufig vor und führen dann zu unterschiedlichen Auslegungen – nur weil jemand schlecht und mehrdeutig formuliert hat.

Bei Frage 2 kann man sich die Antwort erarbeiten: ARTE sendet Audiodeskriptionen (gesprochene Untertitel unter Filmen); denn Filme für Blinde zu senden ist wohl Unsinn. Mit solchen Konstruktionen kann der Autor totale Verwirrung stiften, weil der Leser nicht weiß, worauf sich der Nebensatz beziehen soll und ihn falsch zuordnet. Zusätzlich ein Fremdwort („Audiodeskriptionen") in die Kette einzureihen, macht die Sache für den Leser noch schwieriger.

Ein Vergleich zur Mathematik verdeutlicht das Problem. Beim Rechnen sind Zuordnungen und Verknüpfungen stets durch mathematische Regeln festgelegt:

$$a+b+c+d \cdot e$$

Hier ist klar, dass „•e" sich nur auf d bezieht, denn die Regel heißt „Punktrechnung geht vor Strichrechnung". Möchte man, dass „•e" sich auch auf c bezieht, setzt man eine Klammer:

a+b+(c+d)•e

Schon ist die Verknüpfung klar. In der Sprache gibt es solche Regeln nicht. Nehmen wir an, „•e" wäre in einem Satz ein Genitiv:

Der Kurier und der Diener des Königs lachten über den Brief.

Hier kann der Kurier sowohl der Kurier des Königs sein als auch ein Kurier eines anderen. Es gibt keine Regel für die Verknüpfung. Der Genitiv kann sich auch auf den Kurier beziehen oder nicht.

Das war auch das Problem bei dem Beispiel mit den „Beschlagnahmen, Durchsuchungen und Identifizierungen" und bei dem Beispiel mit den „Filmen für Blinde, wie sie insbesondere ARTE sendet". Vor allem wenn ein Genitiv oder ein Relativsatz hinter einer Nominalstilkette steht, macht die Zuordnung Probleme. Der Duden empfiehlt zwar, dass sich ein Relativsatz auf das letzte Hauptwort vor dem Komma beziehen soll (gleichen Geschlechts wie das Relativpronomen), aber diese Empfehlung wird oft nicht beachtet – wie auch der Beispielsatz zeigt:

„... Bewertung von Audiodeskriptionen von Filmen für Blinde, wie sie ..."

Auf *Blinde* soll sich *sie* nicht beziehen. Hier kommt das Problem hinzu, dass alle Wörter der Kette auf das Relativpronomen *die* passen.

2.5 Viel Aktiv, wenig Passiv

Ein anderes typisches Übel aus der Verwaltungssprache ist das Passiv.

> Statt aktiv: *Der Arzt untersucht ihn.* schreiben Verwaltungstexter passiv: *Er wird vom Arzt untersucht.*

Das Passiv ist umständlich, meist länger, zäumt das Pferd von hinten auf und verschweigt oft, wer der Handelnde ist. Das Passiv klingt deshalb, wie der Nominalstil, leicht geheimnisvoll, distanziert und obrigkeitlich. Verwaltungsdeutsch besteht oft aus der Kombination von Passiv und Nominalstil. Das klingt dann besonders distanziert – und ist daher leser- und kundenfeindlich.

Besonders gestelzt klingt das Passiv, wenn Sie anstelle des *von* die Wörter *durch* oder *seitens* verwenden.

Er wird seitens des Arztes / durch den Arzt untersucht.

Also nicht:
Er wird von einem großen schlanken Mann im schwarzen Mantel im Park verfolgt.
Der Gesuchte wurde am Freitag von der Polizei festgenommen.
Das Formular wird Ihnen von uns übergeben.
Der Antrag wurde von Herrn Müller bearbeitet.
Das Formular wird durch den Versicherten ausgefüllt.
Sie wird seitens des Vorstandes gerügt.
Der Pfarrer erhielt einen Brief von uns.
Das Auto wurde seitens des Beamten geparkt.

Durch ist zudem meist falsch, weil es *mittels* bedeutet. Wenn bei Gericht davon gesprochen wird, dass zum Beispiel ein Urteil des Landgerichts *durch* die 7. Strafkammer entschieden hat, ist das sprachlich korrekt, weil die 7. Strafkammer als „Werkzeug" des Landgerichts insgesamt dient. (Stilistisch ist es allerdings grässlich.) Wenn aber ein Bild *durch* Peter aufgehängt wird, ist das sprachlich und nicht nur stilistisch übel.

Ein weiteres Manko: Das Passiv benötigt immer zwei oder gar drei Prädikatsteile - ein oder zwei Hilfsverben und ein Hauptverb *(wird geschlagen/ist geschlagen worden).* Daher kann es bei längeren Sätzen passieren, dass die Prädikatsteile auseinandergerissen und im Satz verstreut sind. Auch das ist leserfeindlich, weil der Leser oft erst am Ende des Satzes (mit dem letzten Teil des Prädikats) erfährt, um was es geht (siehe Kapitel 2.11, Regel 7).

Sondern:
Ein großer schlanker Mann im schwarzen Mantel verfolgt ihn im Park.
Am Freitag nahm die Polizei den Gesuchten fest.
Wir geben Ihnen das Formular.
Herr Müller bearbeitete den Antrag.
Der Versicherte füllt das Formular aus.
Der Vorstand rügt sie.
Wir schickten dem Pfarrer einen Brief.
Der Beamte parkte das Auto.

Besonders gefährlich ist die so genannte **Passivfalle**:

⊘ Wir wissen nicht, ob der Antrag von Herrn Müller bearbeitet wurde.

Die Frage ist hier: Welche Rolle spielt Herr Müller? Der Autor weiß es genau. Denn er hat den Satz verbrochen. Der Leser aber hat zwei Möglichkeiten, den Satz zu verstehen:

> Wir wissen nicht, ob Müllers Antrag bearbeitet wurde.
>
> Wir wissen nicht, ob Müller den Antrag bearbeitet hat.

Im ersten Fall ist Müller Antragsteller, im zweiten ist er Sachbearbeiter.

Die Verwirrung ist noch zu steigern. Auf einem Hinweisschild auf dem Juristentag 2000 stand:

⊘ **Achtung!**
Am heutigen Donnerstag findet in der Glashalle um 13.00 Uhr eine Führung durch Frau Dr. Ladwig-Winters durch die Ausstellung „Anwalt ohne Recht" statt.

Eine typische Sprachkonstruktion mit Passiv und Nominalstil. Wie Sie bemerkt haben, bringt das Passiv hier sogar ungewollten Humor: *Führung durch Frau Ladwig-Winters* (etwa Körperwelten auf dem Juristentag?).

Viel kürzer und klarer geht es ohne Passiv und ohne Nominalstil:

⊕ Heute führt Frau Dr. Ladwig-Winters um 13 Uhr in der Glashalle durch die Ausstellung „Anwalt ohne Recht ".

Wenn der Text so kurz und klar ist, wird auch die Überschrift „Achtung!" überflüssig, die ohnehin als leicht boshaft verstanden werden kann. Denn „Achtung" klingt fast so, als solle vor der Führung gewarnt werden.

2.6 Hauptsachen in Hauptsätze, Nebensachen in Nebensätze

Wichtiges muss nicht nur im Text vorn stehen (siehe Regel 1.: Wichtiges nach vorn), es gehört auch innerhalb des Satzgefüges seiner Bedeutung entsprechend in einen Hauptsatz. Verstecken Sie Hauptsachen nicht in Nebensätzen! Wer eine Information im Nebensatz liest, vermutet, dass es keine wichtige Information ist, jedenfalls weniger wichtig als die im Hauptsatz. Leser orientieren sich bei der Gewichtung der Inhalte mehr oder weniger bewusst daran, ob der Autor die Inhalte in einen Hauptsatz oder in einen Nebensatz gestellt hat.

Schreiben Sie nicht:

Der Mann hatte den Antrag ausgefüllt, den er am Schalter abgab.

wenn es auf das Abgeben ankommt, sondern:

Der Mann gab den Antrag am Schalter ab, nachdem er ihn ausgefüllt hatte.

Ein klassischer Verstoß gegen die Hauptsachen-in-Hauptsätze-Regel sind einleitende Floskel-Sätze. Sie führen meist dazu, dass die Hauptsache in einem „Dass-Satz" steht, also einem Nebensatz. Nicht schreiben:

Wir haben festgestellt, dass er unseren Text noch nicht korrigiert hat.

sondern:

Er hat unseren Text noch nicht korrigiert.

Beliebte Einleitung ist auch:

Tatsache ist, dass ...

Nach dem *dass* kommt im Nebensatz das Wichtige. Vermeiden Sie daher „Dass-Sätze".
Eine weitere typische Verdrehung von Haupt- und Nebensatz sind „Sodass-Sätze":

- Die Frau hatte die Schlüssel verloren, sodass sie die Tür nicht öffnen konnte.

Wichtiger ist aber das Ergebnis, erst dann folgt der Grund:

- Die Frau konnte die Tür nicht öffnen, weil sie die Schlüssel verloren hatte.

Noch ein schönes Beispiel dafür, wie ein Verstoß gegen die Regel Verwirrung stiftet. Was bedeutet das?

- Der Chef hat eine Rede zur Geschäftslage gehalten, die er für schlecht hält.

Der Chef hält die Rede für schlecht? So kann man das verstehen. Das sollte aber anders heißen:

- Der Chef hat eine Rede zur Geschäftslage geschrieben. Er hält die Lage für schlecht.

Oder noch treffender:

- Der Chef hält die Geschäftslage für schlecht, wie er in seiner Rede geschrieben hat.

Weil der Autor die Hauptsache im Nebensatz versteckt hat, war der Satz verwirrend.

Exkurs: Vorsicht beim Relativsatz

Der Relativsatz stellt den Leser vor allem in Fachtexten besondere Fallen. Der Relativsatz soll Begriffe charakterisieren (*das Buch, das spannend ist*), wird aber oft falsch eingesetzt und daher zum Verwirrspiel für den Leser.

Schreiben Sie nicht:

⊖ Die Frau, die Sozialleistungen erschlichen hatte, wurde festgenommen.

wenn Sie sagen wollen:

⊕ Die Frau wurde festgenommen, **weil** sie Sozialleistungen erschlichen hatte.

Schreiben Sie nicht:

⊖ Der Mann, der aus dem Fenster geklettert war, wurde festgenommen.

wenn Sie sagen wollen:

⊕ Der Mann wurde festgenommen, **nachdem** er aus dem Fenster geklettert war.

Natürlich könnte grammatisch richtig auch ein Relativsatz stehen, aber er drückt nicht klar aus, was der Erzähler oder Verfasser sagen wollte. Wenn es eine treffende Konjunktion gibt (*weil, obwohl, wenn, nachdem, bevor*), sollten Sie diese benutzen, nicht den schwammigen Relativsatz. Der Relativsatz wird oft ziellos eingesetzt, wo eine treffende Konjunktion hingehört. Bei einem Relativsatz ist daher immer Vorsicht angebracht; er hat **keine zwingend logische Verbindung** zum Hauptsatz. Daher kann ein Relativsatz verwirrend, missverständlich und mehrdeutig für den Leser sein.

Auch wenn der Relativsatz richtig als Erläuterung eingesetzt ist, birgt er eine Gefahr in sich: Man kann nicht immer erkennen, ob er **bestimmend oder erklärend** ist.

⊖ Politiker, die sehr weise sind, entscheiden immer richtig.

Wären alle Politiker sehr weise, so wäre der Relativsatz eine bloße Erklärung. Da aber nicht alle Politiker sehr weise sind, ist der Relativsatz hier bestimmend; denn ohne ihn könnte der Leser zwar ahnen, dass nur die Gruppe der weisen Politiker gemeint sein soll, aber das wäre nicht zwingend. Um zu unterscheiden würde allerdings genügen:

Weise Politiker entscheiden immer richtig.

Bestimmende Relativsätze können also meist durch eine kurze Ergänzung des Substantivs ersetzt werden.

Wäre der Relativsatz oben nur erklärend gemeint, müssten Sie formulieren:

Politiker entscheiden immer richtig; denn sie sind sehr weise.

So gibt es keinen Zweifel über den Inhalt des Satzes.

Der Relativsatz wird oft auch fälschlich statt eines neuen Hauptsatzes eingesetzt:

Er begegnete dem Mann, den er begrüßte.

Richtig muss es heißen:

Er begegnete dem Mann und begrüßte ihn.

Ein typisches Beispiel, bei dem der Relativsatz **überflüssig** ist, weil er den Satz sinnlos verlängert:

Ein Kollege, der mit mir befreundet ist, hilft mir bei der Steuererklärung.

Es genügt ein Adjektiv:

Ein befreundeter Kollege hilft mir bei der Steuererklärung.

Ein typisches Beispiel, bei dem der Relativsatz verwirrend ist, weil er Platz für Fehldeutungen lässt:

Ein Richter, der studiert hat, kann manche Probleme einfacher Leute nicht verstehen.

Dieser Satz kann unterschiedlich verstanden werden:

> Ein Richter kann manche Probleme einfacher Leute nicht verstehen, **weil** er studiert hat.

> Ein Richter kann manche Probleme einfacher Leute nicht verstehen, **obwohl** er studiert hat.

Manche Leser werden sogar denken, der Relativsatz ist ganz überflüssig, weil alle Richter studiert haben:

> Ein Richter kann manche Probleme einfacher Leute nicht verstehen.

Andere können denken, er solle den Gegensatz zum Schöffen, zum Laienrichter herausstellen:

> Ein **studierter** Richter kann manche Probleme einfacher Leute nicht verstehen.

Je nachdem, wie der Leser den Relativsatz beim Lesen betont, je nach Vorwissen oder Vorurteilen, kann er den Satz anders verstehen.

Fazit: Setzen Sie Relativsätze nur mit Bedacht ein und wenn, dann gezielt, um ein Substantiv zu bestimmen:

> Ich habe das Geld gefunden, das er verloren hat.

2.7 Kurze Hauptsätze, wenige Nebensätze, keine Schachtelsätze

👎 In Deutschland sind englische Wörter, die vor allem bei Werbefachleuten, bei Computerspezialisten und bei Jugendlichen, weil sie modern wirken möchten, was aus deren Sicht durchaus verständlich sein mag, beliebt sind, aus Sicht von Sprachexperten zu stark verbreitet.

Haben Sie das verstanden? Sicher nicht beim ersten Lesen. Schachtelsätze können Inhalte bis zur Unkenntlichkeit zersetzen. Wer Sätze verschachtelt, verschachtelt die Gedanken des Lesers. Die Form des Schachtelsatzes **vernebelt den Inhalt**. Wer den Schachtelsatz lesen muss, ist so damit beschäftigt, ihn formal, grammatisch und in seiner Logik zu verstehen, dass er den Blick für den Inhalt verliert. Viel einfacher ist:

👍 Aus Sicht von Sprachexperten sind englische Wörter in Deutschland zu stark verbreitet. Sie sind vor allem bei Werbefachleuten, Computerspezialisten und Jugendlichen beliebt, weil sie modern wirken möchten; das ist aus deren Sicht durchaus zu verstehen.

So ist der Satz klar aufgebaut und leicht erfassbar. Der Leser bekommt eine Information nach der anderen (erstens, zweitens, drittens) – und nicht miteinander vermischt. Setzen Sie Haupt- und Nebensätze hintereinander. Dann versteht der Leser Ihren Satz.

Glauben Sie also nicht, Schachtelsätze sprächen für besondere Sprachgewandtheit, wie manche Sprachakrobaten behaupten. Aber selbst wenn es so wäre: Was nutzt die akrobatischste Wortgewandtheit, wenn sie keiner versteht? Warum nicht so, wie Sie es vermutlich zu Hause oder im Büro erzählen würden? Denken Sie an den „Küchenzuruf"!

Eines der größten Probleme bei Schachtelsätzen: Subjekt und Prädikat oder zwei Prädikatsteile sind oft weit auseinandergezogen. Der Leser erfasst den Satzkern und damit die Aussage des Satzes erst, nachdem er mehrere Einschübe überwunden hat. Um für das Problem des Schachtelsatzes noch sensibler zu werden, sollten Sie sich in die Lage eines Simultan-Dolmetschers hineinversetzen. Er kann mit der Übersetzung erst beginnen, wenn er den ganzen Satz gehört hat. Hoffentlich hat er dann die Einschübe nicht wieder vergessen.

Zwingen Sie Ihre Leser nicht dazu, Ihre Texte zwei- oder dreimal zu lesen, um sie zu verstehen. Das raubt ihnen die Zeit. Meist können Sie einen Satz einfach entschachteln, indem Sie das weit entfernte Verb nach vorn vor das Komma ziehen.

- Kunden bleiben, wenn sie nicht innerhalb von zehn Minuten von einem Verkäufer bedient werden, nicht mehr im Laden.

Leserfreundlicher ist es, den Nebensatz anzuhängen statt einzuschieben:

- Kunden bleiben nicht mehr im Laden, wenn sie nicht innerhalb von zehn Minuten von einem Verkäufer bedient werden.

So vermeiden Sie auch einen falschen Zwischensinn. Der Leser kann bei der verschachtelten, ersten Version zunächst denken, der Kunde bliebe. Erst wenn er den Satz ganz gelesen hat, erfasst er den ganzen Sinn.

Noch mehr Verwirrung wegen des falschen Zwischensinns vor dem Komma stiftet solch ein Satz:

- Die Verkäuferin setzte sich dem Kunden gegenüber, nachdem er sie mit seiner Krücke angegriffen hatte, zur Wehr.

Angehängt ist der Nebensatz keine Hürde:

- Die Verkäuferin setzte sich dem Kunden gegenüber zur Wehr, nachdem er sie mit seiner Krücke angegriffen hatte.

Ein weiteres, komplexes Beispiel:

- Die meisten anwesenden Teilnehmer (zum Beispiel Pfarrer, Politiker und Soziologen) und die, wie schon im vergangenen Jahr, über Video zugeschalteten Zuschauer waren mit dem Vortrag, den der Dozent zum ersten Mal hielt, zufrieden.

Einen so geschachtelten und gestopften Text versteht man erst nach mehrmaligem Lesen. Der erste Schritt, einen solchen Text zu entschachteln: Bringen Sie den zweiten Teil des Prädikats, *zufrieden*, mit dem ersten Teil, *waren*, zusammen:

- Die meisten anwesenden Teilnehmer (zum Beispiel Pfarrer, Politiker und Soziologen) und die, wie schon im vergangenen Jahr, über Video zugeschalteten Zuschauer waren zufrieden mit dem Vortrag des Dozenten, den er zum ersten Mal hielt.

Jetzt liest sich das doch schon etwas einfacher. Nächster Schritt: entschlacken und Bezüge korrigieren.

- Die meisten der Teilnehmer (zum Beispiel Pfarrer, Politiker und Soziologen) und der über Video Zugeschalteten waren zufrieden mit dem Vortrag. Der Dozent hielt ihn zum ersten Mal.

Warum lange, verschachtelte Texte schwer zu erfassen sind, erklärt sich auch aus dem so genannten **Gesetz der drei Sekunden.** Danach kann ein Leser einen Gedanken höchstens drei Sekunden behalten, dann springt der Gedanke um. Das heißt: Ein eingeschobener Satz darf höchstens drei Lese-Sekunden lang sein, sonst besteht die Gefahr, dass der Leser den Satz vergisst, in den der andere eingeschoben wurde. Drei Lese-Sekunden sind etwa zwölf Silben oder vier bis fünf Wörter.

Das Gesetz der drei Sekunden wurde daraus hergeleitet, wie lange es dauert, bis ein so genanntes Springbild für den Betrachter umspringt:

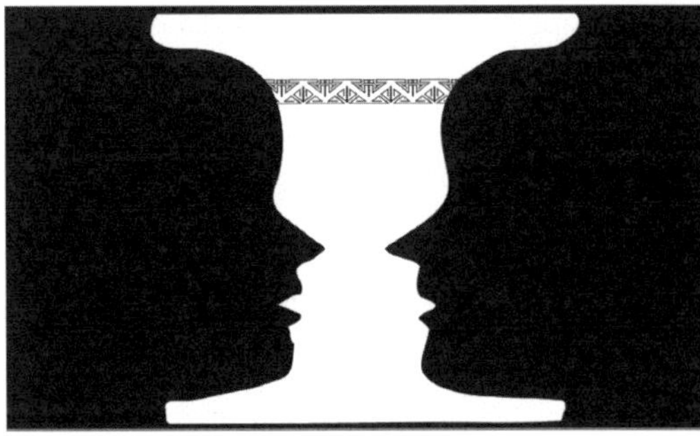

Wer zuerst die Vase sieht, sieht nach etwa drei Sekunden die beiden Gesichter, und umgekehrt. Der erste Gedanke kann nur drei Sekunden gehalten werden.

Und noch ein Letztes zum Schachtelsatz: Wer kompliziert schreibt, denkt auch kompliziert, und wer kompliziert denkt, macht Fehler. Darum ist ein Schachtelsatz höchst **fehlerträchtig**. Oft verfängt der Autor sich in seinem Schachtelsatz, weiß nach mehreren Einschüben nicht mehr, was er sagen wollte und wie er den Satz richtig beenden soll.

15 Wörter pro Satz

Kurze Sätze zu schreiben bedeutet nicht, Hack- oder Hechelstil zu produzieren: nicht nur Hauptsätze mit Subjekt, Prädikat, Objekt und Schluss. Das würde zu langweiligen Texten führen. Gerade abwechselnd lange Sätze bringen einen interessanten und kurzweiligen Leserhythmus. Nebensätze sind erwünscht. Kurz bedeutet vor allem: übersichtlich und gut erfassbar. Eine alte Faustregel sagt: Nicht mehr als 15 Wörter in einem Satz – Hauptsatz plus Nebensätze. Bitte orientieren Sie sich an dieser Länge. Je nach Inhalt können aber 15 Wörter schon zuviel sein oder ein Satz mit 20 Wörtern ist noch gut zu erfassen. Es kommt dabei auch auf die Länge der Wörter und deren Verständlichkeit an.

2.8 Konkret formulieren, nicht allgemein

Würden Sie das so sagen?

Ich habe am Sonntag einer nahen Angehörigen Blumen geschenkt.

Wohl kaum. Sie würden sagen:

Ich habe am Sonntag meiner Mutter Rosen geschenkt.

Wenn Sie das Konkrete kennen, dann schreiben Sie auch das Konkrete. Nennen Sie den speziellen, den besonderen Begriff. Abstrakte, allgemeine Formulierungen sind nur nötig, um viele konkrete Fälle allgemein zu erfassen, aber im konkreten Fall müssen Sie nicht abstrahieren.

Sie müssen also nicht schreiben:

Der Täter verletzte das Opfer, indem er ihm ein Messer ins Bein stach. Der Täter war Herr Müller, das Opfer hieß Meyer.

Dass der Messerstich das Opfer verletzte, ist jedem Leser auch dann klar, wenn Sie nur das Konkrete schreiben, also:

Schulze stach Meyer mit einem Messer ins Bein.

Dass Schulze Täter und Meyer Opfer war und dass Meyer verletzt wurde, ergibt sich aus dem Satz.

Zu abstrakt ist:

Das ist höchstrichterlich entschieden.

Konkret sollte das heißen:

Das hat der Bundesgerichtshof entschieden.

Niemand weiß, was genau gemeint ist, wenn Sie schreiben:

- Die Haushaltsangestellte machte die Backwerkgrundlage, indem sie sie mit einem elektrischen Küchengerät kräftig bearbeitete, genussvoller.

Jeder weiß es, wenn Sie so formulieren:

- Die Köchin rührte den Kuchenteig mit einem Mixer locker und cremig.

Das Problem der allgemeinen Begriffe: Menschen können sich keine abstrakten Vorstellungen machen. Wenn jemand zum Beispiel den Begriff *Getränk* hört oder liest, kann er nicht *Getränk* vor seinem geistigen Auge sehen. Er wird zum Beispiel Tee, Kaffee, Limonade, Wasser oder Bier sehen – etwas Konkretes. Das Abstrakte kann er nicht sehen. Da er eine konkrete Vorstellung hat, wenn er einen abstrakten Begriff hört, besteht auch die Gefahr, dass er eine falsche Vorstellung hat. Mit konkreten Begriffen erzeugen Sie konkrete Bilder.

Statt:	Besser:
Getränk	Kaffee, Tee, Wasser, Limonade, Bier, Sekt, Wein
Bekleidung	Hemd, Hose, Jacke, Rock
sprechen	faseln, flüstern, nuscheln, schreien, rufen, lamentieren, lallen
Tier	Hund, Katze, Maus, Pferd, Kuh, Schwein, Vogel
Vogel	Adler, Drossel, Sperling, Specht, Amsel, Schwalbe

Verwandter	Onkel, Neffe, Vetter, Vater
Gebäude	Haus, Fabrik, Stall, Kirche, Brücke, Turm
getötet	erschossen, ertränkt, erstickt, vergiftet, erschlagen, erstochen
Straftat	Mord, Raub, Diebstahl, Betrug
Kommunikationsmittel	Brief, E-Mail, Fax, Telefon
Kraftfahrzeug	Auto, Lastwagen, Sattelschlepper, Traktor, Motorrad
Person	Mann, Frau, Mädchen, Junge

Selbstverständlich gibt es Fälle, in denen Sie nicht nur konkrete Begriffe benutzen können, sondern abstrakte Begriffe brauchen, weil Sie gerade die vielen konkreten nicht aufzählen wollen; es würde zu lang werden. Dann nennen Sie den abstrakten und bringen typische Beispiele. Auch das bedient den Wunsch des Lesers nach Konkretem.

Dort gab es viele Tiere, vor allem Vögel und Katzen.

Dort gab es viele Vögel, vor allem Schwalben und Amseln

Überhaupt: Arbeiten Sie mit Beispielen! Beispiele lockern auf und beleben die Erzählung. Also nicht nur erzählen:

Müller schrie im Finanzamt herum.

Sondern auch konkret oder beispielhaft, was er schrie:

Müller schrie in der Eingangshalle des Finanzamtes herum: „Ihr Blutsauger, ihr Ausbeuter!"

Schwierige technische oder wissenschaftliche Sachverhalte können Sie oft nur mit Beispielen vermitteln. Hier ist es besonders wichtig, sich in die Denkweise des Lesers hineinzuversetzen. Beispiele aus dem Umfeld, aus der Kenntnis der Zielgruppe sind sehr nützlich, um die Botschaft zu veranschaulichen. Also nicht ohne Beispiel schreiben:

> Die Bahn muss ab 1. Januar ihren Fahrgästen höhere Entschädigungen zahlen, wenn Züge verspätet sind. Die Entschädigung richtet sich nach der Dauer der Verspätung und der Länge der Verbindung.

Liebe Nachbarn,

schöne Grüße aus unserem wunderschönen Urlaubsort. Das Wetter ist prima, die Leute sind nett. Die Sprache klingt allerdings sehr fremd für unsere Ohren. Das Wasser hat die richtige Temperatur und wir fühlen uns in der Umgebung wohl. Wir unternehmen viel. Unsere Unterkunft ist komfortabel und hat viele Extras. Ihr solltet auch einmal hierherfahren. Es ist ja nicht weit.

Beste Grüße
Eure Nachbarn

So allgemein gehalten passen Urlaubsgrüße selbstverständlich immer. Aber keiner weiß Konkretes.

2.9 Positive Begriffe, keine Verneinungen

Vielen Menschen, vor allem Juristen und Beamten, sind Verneinungen schon in Fleisch und Blut übergegangen: *unwesentlich, nicht unerheblich, nicht mangelhaft.* Sie klingen aber negativ und in der typischen Doppelform *nicht unwesentlich* ist ihr Sinn schwer zu erfassen. Außerdem sind sie oft so abstrakt, dass nicht klar ist, was konkret gemeint ist. Benutzen Sie positive Begriffe.

Schreiben Sie nicht:

Er hat den Ausweis nicht vergessen.

Sondern besser:

Er hat den Ausweis mitgebracht.

Üblicherweise denken Menschen geradlinig und – formal gesehen – positiv. Das heißt, sie denken *bewölkt,* wenn sie Wolken am Himmel sehen, und nicht *keine Sonne.* Umgekehrt übersetzt unser Hirn die Botschaft *keine Sonne* meist in *bewölkt.* Das ist konkret und positiv in der Formulierung (nicht dem Inhalt nach). Wenn Sie *nicht bewölkt* sagen, hat der Zuhörer die Vorstellung *klarer Himmel.* Er muss vom Negativen ins Positive übersetzen. Verneinungen zwingen den Leser, um die Ecke zu denken. Muten Sie ihm das nicht zu. Ein einzelnes verneinendes Wort allein ist in der Regel nur eine kleine Hürde; die wird aber groß, wenn Sie mehrere Verneinungen in einen Satz einbauen. Bei Kettenverneinungen muss das Hirn vielfach Übersetzungsarbeit leisten.

Außerdem: Wenn Sie ein Wort verneinen, transportieren Sie oft genau den Begriff, den Sie vermeiden wollen. Sie erzeugen die Vorstellung im Kopf des Zuhörers oder Lesers, die er gerade nicht haben soll, nach dem Motto: Denken Sie jetzt nicht an einen Elefanten.

Wenn zum Beispiel Ihr Zahnarzt Sie beim Bohren ablenken möchte, wäre es kontraproduktiv, wenn er sagen würde:

> Denken Sie jetzt nicht daran, dass ich bohre. Denken Sie auch nicht daran, dass ich den Nerv treffen könnte, und vor allem nicht daran, dass ich ohne Betäubung arbeite.

Ihr Zahnarzt sollte Ihnen besser seine Urlaubserlebnisse erzählen. Ob Sie das in diesem extremen Fall wirklich völlig ablenkt, darüber lässt sich selbstverständlich streiten. Der oben genannte Ansatz wäre aber ganz sicher erfolglos.

Unten finden Sie einige Beispiele und Anregungen. Die Begriffe in der rechten Spalte sind nur mögliche Deutungen oder Erklärungen für den negativen Begriff links. Wenn Sie für „Un-Wörter" und andere negative Ausdrücke stets den **konkreten positiven Begriff** suchen, wird sich Ihr Vokabular nach und nach vergrößern.

Statt:	Besser:
unwesentlich	belanglos, geringfügig
unangenehm	peinlich, lästig, aufdringlich, schmerzhaft
unrechtmäßig	rechtswidrig, verboten, falsch
unerlaubt	verboten
unrichtig	falsch
unentgeltlich	gratis, kostenlos, frei
nicht mangelhaft	in Ordnung
nicht annehmen	ablehnen
Kaffee ohne Milch	schwarz
zuungunsten	zulasten

unumgänglich	zwingend, verbindlich, bindend
unbeherrscht	aufbrausend, jähzornig, wütend
hat keine Frau/keinen Mann	ledig, alleinstehend, Single
ohne Begleitung	allein

Wenn Ihnen jemand sagt, das Brandenburger Tor sei nicht unweit vom Berliner Dom, so glauben Sie sehr vermutlich, die beiden Gebäude seien nah beieinander. Das ist ein Irrtum: *nicht unweit* bedeutet *weit.* Gerade die **doppelte Verneinung** ist schwierig zu erfassen, wenn die Begriffe für den Leser fremd sind.

Wenn jemand *nicht unabgeneigt* ist, dann ist er *abgeneigt,* obwohl es anders klingt. Hier ist eine weitere Hürde, dass *abgeneigt* bereits negativ ist. *Nicht unabgeneigt* ist inhaltlich eine dreifache Verneinung.

Doppelte Verneinungen sind besonders umständlich und verwirrend – aber auch sinnlos, denn sie sagen meist das Gleiche als das nackte Wort ohne Verneinung:

nicht unstreitig	streitig, umstritten
nicht unwesentlich	wesentlich, bedeutend
nicht unglaubwürdig	glaubwürdig
nicht unweit	weit
nicht unzweckmäßig	zweckmäßig, sinnvoll
nicht unzweifelhaft	zweifelhaft
nicht ohne	mit, inklusive
nicht unfallfrei	hatte einen Unfall

Weit verbreitet sind auch gestreckte doppelte Verneinungen, meist über zwei Satzteile. Auch sie sind meist sinnlos:

Das gilt nicht für Frauen, die keine Kinder haben.

Das ist umständlich und birgt das Risiko, dass es falsch verstanden wird. Viel einfacher und sofort zu verstehen:

Das gilt nur für Frauen, die Kinder haben.

oder zusätzlich nach anderen Regeln entschlackt (siehe Kapitel 1, 6):

Das gilt nur für Frauen mit Kindern.

Oder noch kürzer:

Das gilt nur für Mütter.

Ein Schild auf dem Parkplatz vor einer Polizeiwache:

Unberechtigtes Parken für Unbefugte unzulässig.

Einfacher wäre gewesen:

Parken nur für Dienstfahrzeuge

oder schlicht

Parken verboten

Dass Polizeifahrzeuge dort trotzdem parken dürfen, ist selbstverständlich.

Was meint der Autor des folgenden Textes?

> Die Geschäftsführung kann nicht zweifelsfrei widerlegen, dass der Arbeitgeber keine unrichtige Auskunft durch einen bereits ausgeschiedenen Mitarbeiter erhalten hat.

Das wird wohl sein Geheimnis bleiben.

Nebenbei: Zum positiven Formulieren gehört auch die richtige innere **Einstellung**. Wer mies gelaunt oder zornig einen Text schreibt, wird sich bei der Wortwahl fast automatisch negative Wörter suchen; der ganze Text wird negativ und unfreundlich. Der Leser merkt das – manchmal bewusst, meist aber im Unterbewusstsein. Die negative Tonart, **das Moll**, infiziert ihn und er wird sehr wahrscheinlich negativ reagieren. Sprechen und schreiben Sie **Dur**. Bewahren Sie sich stets eine positive Haltung zum Leser. Das trägt zu positiven und damit freundlichen Texten bei.

Und noch etwas: Linguisten haben herausgefunden, dass die Vorsilbe *un* zu allem anderen Übel einen negativen Klang hat. Menschen, die *un* hören, sind dem Sprecher gegenüber erst einmal abgeneigt – vor allem wegen des geschlossenen Vokals u. Das trifft auch auf einen geschriebenen Text zu, denn der Leser liest sich ja in aller Regel den Text im Kopf vor.

2.10 Wenige Fremdwörter, Fachbegriffe und Abkürzungen

In wissenschaftlichen und technischen Abhandlungen und anderen Texten, die sich an speziell gebildete Menschen richten, mögen manche Fachbegriffe nötig sein. In journalistischen Texten, Pressemitteilungen und Briefen, die sich an „normale Menschen" richten, sind Fremdwörter und Fachbegriffe aber schädlich, weil viele Leser sie nicht verstehen. Wenn Sie Fremdwörter und Fachbegriffe benutzen, müssen Sie also ganz besonders an Ihre **Zielgruppe** denken. Benutzen Sie nur dort Fremdwörter oder Fachbegriffe, wo sie nötig sind und der Leser sie kennt. Seien Sie sehr sparsam. Denken Sie daran: Fachleute verstehen **auch** die einfachen Begriffe, Laien **nur** die einfachen.

Einige Beispiele für häufig verwendete Fremdwörter, die Sie für Laien/ Durchschnittsleser übersetzen müssen:

Im Koffer waren eine Gasflasche und ein Monoblock.	Im Koffer waren eine Gasflasche und eine Batterie.
Ein Hämoglobin-Mangel kann auch mit einer anderen Therapie ...	Ein Mangel an rotem Blutfarbstoff kann auch mit einer anderen Methode ...
Lumbago	Hexenschuss
konvex	nach außen gewölbt
prekär	schwierig, heikel
Gastroskopie	Magenspiegelung
Zerealien	Haferflocken, Getreideflocken
Mediation	Vermittlung, Aussöhnung

nach § 1 Absatz 2 SGB V	... das ist im Sozialgesetzbuch geregelt (5. Buch, § 1 Absatz 2)
sporadisch	vereinzelt, gelegentlich
Prävention	Vorbeugung
Rafting	Wildwasserfahrt im Schlauchboot
pittoresk	malerisch
phlegmatisch	schwerfällig
Defätismus	Mutlosigkeit
Chuzpe	Dreistigkeit, Unverschämtheit

Solche Fremdwörter sind für den Laien/Durchschnittsleser zwar nicht zu verstehen, aber er weiß wenigstens, dass es Fremdwörter sind, und kann nachfragen oder nachschlagen. Viel gefährlicher für die Kommunikation sind Begriffe, die es auch in der normalen Sprache gibt, im Fachjargon aber etwas anderes bedeuten:

> Der Antragsteller war einfach zu bescheiden.

soll heißen:

> Der Antragsteller bekam einen einfachen Bescheid.

Darauf muss man erst einmal kommen.

Ein anderes Beispiel:

> Der Zug wird beim nächsten Fahrplanwechsel eingestellt

ist Bahnerdeutsch und bedeutet, dass der Zug vom nächsten Fahrplanwechsel an eingesetzt wird und nicht etwa wegfällt. Auch das kann ein

Normalsterblicher nur falsch verstehen. *Eingestellt* bedeutet im normalen Leben etwas anderes.

Anglizismen und Modewörter

Zu den Fremdwörtern gehören auch die englischen Begriffe, die sich immer mehr einschleichen, und die Modewörter (die ja meist auch englische Begriffe sind). Für sie gilt dieselbe Regel wie für alle Fremdwörter: Erscheint es für die Zielgruppe, den Anlass und den Zweck sinnvoll, einen englischen Begriff oder ein Modewort gezielt einzusetzen, dann bitte gern. Im allgemeinen aber ist Zurückhaltung geboten.

Patienten wollen Fachausdrücke hören

Frankfurt/Main (AP). Patienten lassen sich lieber wegen akuter Rhinitis als wegen eines banalen Schnupfens behandeln - auch wenn beides exakt das Gleiche ist. Kranke Menschen fühlten sich besser aufgehoben bei Ärzten, die in der Sprechstunde in medizinischen Fachausdrücken schwelgten, berichtete das Apothekenmagazin „Gesundheit" unter Berufung auf eine Studie der Universität London. Mediziner, die sich um eine Laiensprache bemühen, haben dagegen mit Zweifeln an ihrer Kompetenz zu kämpfen.

Das widerspricht gerade nicht der Regel „Fachausdrücke vermeiden". Diese Untersuchung bestätigt sie. Die Patienten wollen ja, dass Ihr Chef nichts versteht.

In der Computerbranche zum Beispiel wäre es wohl überwiegend Unfug, ja beinah gequält, nur deutsche Begriffe zu benutzen. Aber *Programm* statt *Software* ist durchaus branchenverträglich. Auch *herunterladen* statt *downloaden* ist kein Zeichen für eine ablehnende Haltung gegenüber Computerfreunden oder -freaks. *Link* kann auch gern einmal *Verknüpfung* heißen.

Vor allem in Unternehmen (companies), bei Unternehmensberatern (consultants) und in der Finanzwelt wimmelt es von englischen Begriffen und Modewörtern, auch wenn deutsche Angestellte deutsche Mitteilungen innerhalb oder zwischen deutschen Unternehmen austauschen. Vieles davon erscheint wichtigtuerisch. So ist *Outsorcing* in, aber es könnte auch ebenso gut *Auslagern* in Mode sein. Ob ein schwacher

Mitarbeiter als *low performer* bezeichnet werden muss oder ein Stammkundenbetreuer nur als *key account manager* Erfolg hat, ist doch ganz stark anzuzweifeln. *Facility manager* klingt für einen besseren Hausmeister oder Hauswart auch etwas übertrieben; *Leiter der Haustechnik* täte es auch. Kundenbindung klingt doch gut, *customer relationship* muss also wirklich nicht sein. Und ob das vorhandene oder potenzielle Personal sich gern als *human ressources* sieht, ist äußerst fraglich. So wird ein Personalchef eben auch zum *HR-Manager*. Und ein *disease manager* klingt beinah krank.

Eine Tabelle ist hier überflüssig, weil die Begriffe bekannt sind und ihre deutschen Entsprechungen ebenfalls. Die Nutzer (user) müssen es aber eben wollen. Und sie sollten bitte wollen.

Besonders merkwürdig erscheint es, wenn ausgerechnet beim Thema klares Deutsch oder professionelles Texten Fremdwörter benutzt werden. Die *Do's* und *Dont's* der klaren Sprache klingt paradox, ebenso *wording* und *wording analyzer*. Aber offenbar gehört das alles zu den neuen *Texter-Tools. Ebenso wie die B-to-B-Mailings*. Statt *E-Mail* den deutschen Begriff *elektronische Post* zu benutzen, klingt hingegen eher gezwungen.

Abkürzungen

Abkürzungen sind eine besondere Form des Fachbegriffs und für den Leser schwer zu verstehen, wenn er nicht täglich damit umgeht. Wer als Fachmann täglich mit Abkürzungen arbeitet, darf nicht darauf vertrauen, dass Laien die Abkürzungen verstehen. Daher müssen Sie Abkürzungen vermeiden. Schreiben Sie das Wort aus, damit der Leser ohne Abkürzungslexikon auskommt. Manche Abkürzungen sind sogar doppelt besetzt: *BMI* versteht der Verwaltungsbeamte als *Bundesministerium des Inneren*, der Gesundheitsbewusste als *Body-Mass-Index*.

Kommt ein Begriff vielfach im Text vor und ist die Abkürzung sinnvoll, weil Sie sonst den Leser wiederholt mit Wortungetümen belästigen müssten, ist die gängige Methode selbstverständlich erlaubt: Schreiben Sie zunächst den Begriff aus und nennen Sie die Abkürzung dafür. Dann benutzen Sie weiter die Abkürzung:

Deutsches Patent- und Markenamt, kurz: DPMA.

Berliner Verkehrsbetriebe, kurz: BVG (Kein Tippfehler!)

Ob Sie die Abkürzung in Klammern setzen oder wie oben anfügen, ist Geschmackssache. Aber bitte nicht diese Methode benutzen, wenn der Begriff nur zweimal im Text vorkommt. Bei einem Mal ist sie sogar Unfug.

Selbst bei **gängigen Abkürzungen** ist zu bedenken: Jede Abkürzung ist ein Lesehemmnis, da der Leser zwar die Abkürzung geschrieben sieht, aber trotzdem die Langform liest und spricht. Klassisches Beispiel: *z. B.* liest jeder *zum Beispiel.*

Schreiben Sie so, wie der Leser liest. Verwenden Sie nur gängige, allgemein bekannte Abkürzungen, die auch als Abkürzung gesprochen werden: SPD, CDU, PS, ZDF, FIFA, AIDS. Ein Indiz, an dem Sie erkennen, wie Abkürzungen gesprochen werden, ist der Punkt hinter der Abkürzung. Laut Duden bedeutet der Punkt, dass die Abkürzung in vollem Wortlaut gesprochen wird; ohne Punkt wird sie als Abkürzung gesprochen. Das ist aber nur ein Indiz, denn manche Unternehmen nutzen den Punkt als grafisches Element, also ohne sprachliche Bedeutung, zum Beispiel *F.D.P.*

Keine Abkürzungen im Text verwenden – Beispiele

Abk.	Abkürzung
d. J.	dieses Jahres

z. B.	zum Beispiel
z. K.	zur Kenntnis
sog.	so genannte
i. A.	im Auftrag
i. V.	in Vertretung
MfG (sehr unfreundlich!)	Mit freundlichen Grüßen
Stk.	Stück
sdd.	süddeutsch
allg.	allgemein

Noch eine Feinheit: Ein **Datum** wirkt freundlicher, wenn Sie den Monat als Wort schreiben. Allerdings ist das zum Beispiel bei Serienbriefen aus technischen Gründen nicht immer machbar.

Nicht:	**Besser:**
1.3.2004	1. März 2004

Falls Sie über Recht und Gesetz schreiben: Eine Mischung aus Fachwörtern und Abkürzung sind Paragrafen. Bitte quälen Sie den Laien damit nicht gleich am Anfang eines Textes. Das sind echte Rausschmeisser. *§ 17 SGB V* ist für die meisten ein Rätsel. Bringen Sie die Rechtsgrundlagen eher beiläufig, zum Beispiel am Ende eines Textes oder an einem gesonderten Platz, in Behördenbriefen ähnlich einer Fußnote unter der Unterschrift.

Übungsbeispiel

Bitte lesen Sie diesen Text und hören Sie auf, wenn Ihnen der Spaß am Lesen vergangen ist.

Spiel mit dem Feuer

Auf Hawaii fand im November die 65. Tagung der IEEE-Projektgruppe 802 LAN an MAN Standards Comittee statt. In traumhafter Umgebung rangen die 470 Kommunikationsspezialisten in erster Linie um die Weiterentwicklung von Ethernet. Diese Technik ist dabei, den traditionellen LAN und Metropolitan Network Area Networks zu verlassen und spielt nun mit dem WAN-Feuer.

Die ansprechende Umgebung trug mit Sicherheit dazu bei, dass die schwierigen Fragen einer Antwort näher kamen, mit denen sich die Experten des LAN and MAN Standard Comittee (LMSC) des Institute of Electrical and Electronics Engineers (IEEE) auf Ihrer 65. Tagung beschäftigten. Dies galt insbesondere für das Thema 10-Gbit/s-Ethernet, das die Arbeitsgruppe IEEE 802.3ae 10 Gigabit/s-Ethernet bearbeitete. Die Thematik war auch deshalb so brisant, weil der Arbeitskreis LMSC damit eindeutig seinen Wirkungsbereich verlassen hat. Anders als bei Einführung der MAN-Technik IEEE 802 DQDB änderte das Komitee allerdings diesmal nicht seinen Namen.

Es ist auch nicht zu erwarten, dass die Mitglieder künftig unter LMWSC firmieren, das heißt als LAN & MAN & WAN Standards Comittee auftreten. Dagegen spricht, dass Ethernet in erster Linie immer noch eine LAN-Technik ist. Außerdem würde eine Erweiterung in Richtung Weitverkehrsnetz die Frage aufkommen lassen, ob dann überhaupt noch Ethernet beziehungsweise CSMA/CD im Mittelpunkt des Interesses der Working Group stünde. Denn dafür besitzt die Arbeitsgruppe eine offizielle Autorisierung in Form eines Project Authorization Request (PAR), darf also entsprechende Standards erarbeiten.

Auf Hawaii erarbeitete die IEEE-802.3-Gruppe folgende Themen:

...

Nun sind Sie endlich entlassen aus diesem Text aus einer Computerzeitschrift. Der Text quält in dieser Art noch über weitere 130 Zeilen den Leser mit Fachbegriffen und Abkürzungen. Der Laie steigt aus dem Text schon nach wenigen Zeilen aus. Aber auch für den Fachmann, für den

„Computer-Freak" ist der Text schwer zu lesen. Denn selbst, wenn man alle Abkürzungen und Fachbegriffe kennt und versteht, so belastet das geballte Zusammentreffen der Abkürzungen und Fachbegriffe den Lesefluss. Selbst der Fachmann ermüdet früher oder später. Wenn Sie in Fachtexten Fachbegriffe und Abkürzungen verwenden müssen, sie also nicht vermeiden können, so sollten Sie genügend „klare Luft" dazwischen bringen. Lassen Sie die Fachbegriffe und Abkürzungen nicht derart aufeinander prallen.

▶ Exkurs: Trennungen und Bindestriche

Auch Trennungen am Ende einer Zeile können für den Leser eine große Hürde sein, wenn sie sinnentstellend sind. Bitte trennen Sie Wörter sinnvoll und damit für den Leser verständlich. Wenn Sie etwa das Wort

Maluten - silien

so trennen, kann der Leser es kaum erfassen. Trennen Sie sinnvoll:

Mal - utensilien

Hier haben Sie vielleicht schon gemerkt, dass es auch zweckmäßig sein kann, ein Wort mit Bindestrich zu schreiben, damit der Leser den Sinn schneller erfassen kann, auch ohne Zeilentrennung. *Mal-Utensilien* gibt dem Leser gleich die Hilfe mit, wie er das Wort lesen muss, also wie es sich nach seiner Bedeutung zusammensetzt. Aber bitte benutzen Sie den Bindestrich nicht inflationär, sondern bewusst nur dort, wo er bei schwierigen Wörtern wirklich eine Lesehilfe ist.

Sinnlose, verwirrende Trennungen – Beispiele

Urin-stinkt	Ur-instinkt
Urin-sekt	Ur-insekt
Beat-mungsgerät	Beatmungs-gerät
Badeder-matitis	Bade-dermatitis
Re-serverad	Reserve-rad
Gasen-ergie	Gas-energie
Ma-sernimpfung	Masern-impfung
Magento-nikum	Magen-tonikum
bein-halten	be-inhalten
Bau-ernregeln	Bauern-regeln
beun-ruhigen	be-unruhigen
bevor-raten	be-vorraten
Gelbe-handlung	Gel-behandlung
Dentalla-bor	Dental-labor
Stauen-de	Stau-ende
Hima-layazeder	Himalaya-zeder

2.11 Übungen und Muster

Übung macht den Meister. Erst selbst die Lösung suchen, dann den Lösungsvorschlag anschauen.

Übung zu Regel 1 – Wichtiges nach vorn

1. Stell dir vor, was passiert ist: Bei uns ist heute Nacht ein Dieb durch das Fenster eingestiegen, hat sich durch den Flur geschlichen, ist ins Wohnzimmer gegangen. Unser Hund wurde wach und bellte. Da hat der Dieb ihn erschlagen.
2. Der Arzt ist krank. Die Operation, die am 17. Oktober stattfinden sollte, ist deshalb verschoben worden. Der neue Termin ist nunmehr am 31. Oktober.
3. In vorgenannter Angelegenheit möchten wir Ihnen hiermit mitteilen, dass aus den bereits mündlich besprochenen Gründen die Baukosten zu hoch sind. Daher sehen wir uns zu unserem Bedauern gezwungen, das Bauvorhaben nicht durchzuführen.

Lösung:

1. Unser Hund ist von einem Dieb erschlagen worden. Der Dieb war heute Nacht in unser Wohnzimmer geschlichen. Unser Hund wurde wach; da hat der Dieb zugeschlagen.
2. Die Operation wird am 31. Oktober stattfinden. Der ursprüngliche Termin am 17. Oktober entfällt, weil der Arzt krank geworden ist.
3. Wir müssen das Bauvorhaben absagen. Die Kosten sind zu hoch; das haben wir Ihnen mehrfach gesagt.

Übung zu Regel 2 – Überflüssiges, Belangloses und Binsenweisheiten weglassen

1. Die im Theaterraum anwesenden Zuschauer waren begeistert.
2. Der Angeklagte sagte zu dem Tatvorwurf aus.
3. Der mit dem Fall vertraute Sachbearbeiter bemerkte den angewandten Trick.
4. Der Täter bekam im Urteil eine Freiheitsstrafe von 5 Jahren Gefängnis.

Lösung:

1. Die Zuschauer im Theater waren begeistert.
2. Der Angeklagte sagte aus.
3. Der Sachbearbeiter bemerkte den Trick.
4. Der Täter bekam eine fünfjährige Freiheitsstrafe.

Übung zu Regel 3 – Vorsicht mit Adjektiven

1. Der freundliche Verkäufer bot den anwesenden Personen Kaffee an.
2. Der vor der Frau stehende Mann schaute ihr in ihre geöffneten, großen, blauen Augen.
3. Die höchstrichterliche Rechtsprechung des Bundesgerichtshofes enthält oft schlecht ausgedrückte Formulierungen.

Lösung:

1. Der Verkäufer bot den Anwesenden Kaffee an.
2. Der Mann schaute der Frau in ihre großen, blauen Augen.

3. Die Rechtsprechung des Bundesgerichtshofes enthält oft schlechte Formulierungen.

Übung zu Regel 4 – Verben einsetzen, keinen Nominalstil

1. Durch die vorgenommene Sperrung der Unterführung Ebertplatz wurde eine Senkung der Unfallquote an diesem Gefahrenpunkt auf Null erreicht.
2. Universitätsseitig wird die Beantragung einer Bezuschussung der Seminarreise nach Berlin seitens des Bildungsministeriums in Erwägung gezogen.
3. Ich schaue zu, wie er die Arbeitseinteilung der Reporter vornimmt.
4. Die Erfolgsaussichten unterliegen der Beurteilung durch den Sachverständigenrat.

Lösung:

1. Seit die Unterführung am Ebertplatz gesperrt ist, geschehen dort keine Unfälle mehr.
2. Die Universität will einen Zuschuss zur Seminarreise nach Berlin beantragen.
3. Ich schaue zu, wie er die Reporter zur Arbeit einteilt.
4. Der Sachverständigenrat beurteilt die Erfolgsaussichten.

Übung zu Regel 5 – Viel Aktiv, wenig Passiv

1. In das Restaurant in der Fidicinstraße ist am Samstag von drei maskierten Männern eingebrochen worden.

2. Peter hat von einem Mitschüler eine Ohrfeige bekommen.
3. In der Pressestelle hat eine Renovierung seitens der Malerfirma Müller stattgefunden.
4. Das Urteil wurde gestern durch das Gericht verkündet.

Lösung:

1. In das Restaurant in der Fidicinstraße sind am Samstag drei Maskierte eingebrochen.
2. Ein Mitschüler hat Peter eine Ohrfeige gegeben.
3. Die Malerfirma Müller hat die Pressestelle renoviert.
4. Das Gericht hat gestern das Urteil verkündet.

Übung zu Regel 6 – Hauptsachen in Hauptsätze, Nebensachen in Nebensätze

1. Der Kunde, der in der Agentur einen Herzinfarkt erlitt, hatte kurz zuvor ein Glas Wasser getrunken.
2. Als das Licht ausging, kam Peter zur Tür herein.
3. Der Arzt betrat den Raum, nachdem der Patient gerade gestorben war.

Lösung:

1. Der Kunde erlitt in der Agentur einen Herzinfarkt. Er hatte gerade ein Glas Wasser getrunken.
2. Das Licht ging aus, als Peter zur Tür hereinkam.
3. Der Patient war gerade gestorben, als der Arzt den Raum betrat.

Relativsätze

1. Ein Arzt, der Zwangsmitglied in der Ärztekammer ist, kann bei unkollegialem Verhalten eine Rüge von der Kammer bekommen.
2. Ein Gerichtsverfahren, das sehr lange dauert, kann den Kläger zur Verzweiflung bringen.
3. Soziologen, die ohne zu überlegen Sätze formulieren, verwirren ihre Leser oder Zuhörer.

Lösung:

1. Ein Arzt kann bei unkollegialem Verhalten eine Rüge von der Ärztekammer bekommen. Jeder Arzt ist Zwangsmitglied der Kammer.
2. Ein Gerichtsverfahren kann den Kläger zur Verzweiflung bringen, wenn es sehr lange dauert.
3. Soziologen verwirren ihre Leser oder Zuhörer, weil sie ohne zu überlegen Sätze formulieren.

Übung zu Regel 7 – Kurze Hauptsätze, wenige Nebensätze, keine Schachtelsätze

Hier sollen Sie nicht nur entschachteln, sondern auch gleich Sprachschwulst und Blähdeutsch entfernen.

1. Der Polizist, der sich auf dem Weg, der zu der Kirche, die neben dem Markt steht, führt, befand, wurde schwer beleidigt.
2. Der Beleidigte setzte sich dem Angreifer gegenüber, dem er eine Reihe von Warnungen erteilte, zur Wehr und zeigte ihn an.
3. Peter war, als die Notärztin, die telefonisch verständigt worden war, eintraf, schon tot.

Lösung:

1. Der Polizist wurde auf dem Weg zur Marktkirche schwer beleidigt.
2. Der Beleidigte wehrte sich gegen den Angreifer. Er warnte ihn mehrfach und zeigte ihn an.
3. Peter war schon tot, als die Notärztin eintraf. Sie war telefonisch verständigt worden.

Übung zu Regel 8 – Konkret formulieren, nicht allgemein

Hier müssen Sie sich das konkrete Geschehen ausdenken, da die abstrakte Formulierung es ja gerade offen lässt. Und das wird zum Problem für den Leser.

1. Gestern hat sich ein schwerer Unfall ereignet; daher sollen an der betreffenden Kreuzung unfallverhütende Maßnahmen getroffen werden.
2. Der Wintersportler brach sich zwei obere Extremitäten.
3. Der Büroleiter schloss einen Kaufvertrag über neue Büromöbel ab.
4. Er hat medizinischen Rat eingeholt.

Lösung:

1. Gestern überfuhr ein Bus zwei Rentner an der Kreuzung Müllerweg/Meyerstraße. Nun will die Stadt dort Fußgängerampeln aufstellen.
2. Der Skifahrer brach sich beide Arme.
3. Der Büroleiter kaufte fünf neue Schreibtische.
4. Er hat seinen Arzt gefragt.

Übung zu Regel 9 – Positive Begriffe, keine Verneinungen

1. Er hat unverständlich und nicht laut gesprochen.
2. Chefredakteur Meyer war unfähig.
3. Der Pressesprecher hat nicht gesagt, dass er unsere Auffassung nicht teilt.
4. Wenn Sie nicht glauben, dass ich Ihnen nicht schaden will, kann ich Sie nicht beraten.

Lösung:

1. Er hat genuschelt.
2. Chefredakteur Meyer hat versagt.
3. Der Pressesprecher hat angedeutet, dass er unserer Meinung ist.

   Oder:

   Der Pressesprecher hat offen gelassen, ob er unserer Meinung ist.
4. Wenn Sie daran zweifeln, dass ich Ihnen helfen will, müssen Sie auf meinen Rat verzichten.

Übung zu Regel 10 – Fremdwörter, Fachwörter und Abkürzungen vermeiden

1. Mögen Sie Majuskeln?
2. Wir könnten das Problem im Rahmen eines Meetings klären.
3. Wir favorisieren eine Prophylaxe.

Lösung:

1. Mögen Sie Großbuchstaben?
2. Wir können das Problem mit einem Gespräch lösen.
3. Wir bevorzugen eine Vorsorge.

3 Wortwahl

3.1 Das richtige Wort für die Zielgruppe, den Anlass und den Zweck

Sich gewählt auszudrücken bedeutet - wie das Wort sagt - die richtigen Wörter auszuwählen: passend für die Zielgruppe und den Zweck. Es bedeutet gerade nicht, den Satzbau bis zur Unkenntlichkeit zu verwirren oder Beamtendeutsch einzusetzen (siehe Kapitel 2.4). Gestelzte und verworrene Sprache hat mit Niveau nichts zu tun.

Sie können je nach Anlass, Zielgruppe und Zweck schreiben:

> Ein Mitarbeiter hat *gestohlen* oder *geklaut* oder *entwendet* oder *stibitzt.*

Sie sagen mit jedem der Wörter im Grunde das Gleiche. Sie drücken es aber jeweils neutral, hart, bürokratisch oder sanft aus.

Sie wollen sagen, dass jemand gelogen hat, es aber nicht so hart ausdrücken? Dann verwenden Sie *schwindeln* oder *flunkern.* Sie wollen es besonders hart ausdrücken? Dann sagen Sie *heucheln* oder *hochstapeln.*

Von Werbetexten kann man eher boshaft behaupten, sie wollten den Leser *verführen* oder *verleiten.* Oder sie meinen es nett und sagen *bezaubern* oder *bezirzen.*

Apropos bezirzen, flunkern und stibitzen. Seltene Begriffe erregen mehr Aufmerksamkeit beim Leser als übliche oder gar abgenutzte.

Mehr als Beispiele und Anregungen möchte ich hier nicht bringen. Für Ihren Text müssen Sie selbst kreativ werden. Dabei hilft Ihnen das schöne Buch von Textor: „Sag es treffender", erschienen bei rororo. Wenn Sie den treffenden Begriff für Ihren Zweck, Ihren Anlass oder Ihre Zielgruppe suchen, finden Sie ihn höchstwahrscheinlich hier. Es ist aus meiner Sicht das Beste, was es dazu gibt.

3.2 Beispiele für verschiedene Wortniveaus

Wie ich Ihnen schon gezeigt habe, macht sich Sprachniveau nur selten am Satzbau oder am Kanzleistil fest. Besonders gewählt drückt sich hingegen aus, wer Begriffe verwendet, die sich sprachlich auf einem hohen Niveau befinden – wer also seine Worte richtig wählt.

Wollen Sie zum Beispiel ausdrücken, dass etwas überflüssig ist, können Sie sagen:

- ☐ Das brauchen wir nicht.
- ☐ Es ist überflüssig.
- ☐ Es ist obsolet.

Je nachdem, für welche Zielgruppe Sie texten. Sie sagen das Gleiche, aber verpacken es anders. So können Sie rein formal auf Ihre Zielgruppe eingehen. Meist müssen Sie nur das Kernwort, das Schlüsselwort des Satzes ändern und Sie haben das Niveau des ganzen Satzes verändert. Und das Kernwort ist in aller Regel das Verb. Die Hauptwörter können Sie getrost neutral halten. So können Sie denselben Text mit wenigen Handgriffen für verschiedene Zielgruppen „umstricken".

Ein Beispiel:

> Seit es die Schranke am Bahnübergang Müllerstraße gibt, gibt es dort keine Unfälle mehr.

Das klingt sehr schlicht und sogar holprig wegen der beiden *gibt.*

Nun drehen wir am Niveau. Die erste Umdrehung:

> Seit es die Schranke am Bahnübergang Müllerstraße gibt, passieren dort keine Unfälle mehr.

Und weiterdrehen:

> Seit die Schranke am Bahnübergang Müllerstraße angebracht ist, passieren dort keine Unfälle mehr.

Und weiter:

> Seit die Schranke am Bahnübergang Müllerstraße angebracht ist, geschehen dort keine Unfälle mehr.

Und noch eine Umdrehung:

> Seit die Schranke am Bahnübergang Müllerstraße installiert wurde, geschehen dort keine Unfälle mehr.

Und die letzte Runde:

> Seit die Schranke am Bahnübergang Müllerstraße installiert wurde, ereignen sich dort keine Unfälle mehr.

Sie müssen nur an den Verben drehen. Vor allem mit der Kombination der beiden Verben bestimmen Sie das richtige Niveau für Ihre Zielgruppe.

In der folgenden Tabelle finden Sie einige Beispiele, die dasselbe auf unterschiedlichen Niveaus ausdrücken. Es sind Beispiele, die zum Nachdenken anregen sollen, keine Vorgaben. Die aufgeführten Begriffe sind jeweils eher der betreffenden Kategorie zuzuordnen. Es gibt allerdings immer Grauzonen und Schnittmengen.

Umgangssprachlich:	**Neutral:**	**Gehoben:**
besoffen	betrunken	alkoholisiert
mein Alter	(Ehe-) Mann	Gatte
hat Kohle	reich	wohlhabend, vermögend

ins Gras beißen	sterben	versterben, ableben, das Zeitliche segnen
unter die Haube kommen	heiraten	sich vermählen, ehelichen
loslegen	anfangen	beginnen
es gibt (einen Unfall)	passieren	geschehen, sich ereignen
kriegen	bekommen	erhalten
von sich geben	sagen	äußern, bemerken
da sein	geben, es gibt (Dinge)	vorhanden sein, existieren
braucht man nicht	überflüssig	obsolet
dick, fett	schwer	wohlgenährt
hat Grips, clever, hat was in der Birne	schlau	klug
im Eimer	kaputt	defekt
andauernd	immer	stets
gebrauchen	benutzen	verwenden
Hummeln im Hintern	unruhig, zappelig	unstet, quirlig
Stuss, Humbug	Unsinn, Quatsch	Unfug, Getue, Farce
Finger davon lassen	wegbleiben	unterlassen

Bitte bedenken Sie bei der Wortwahl, dass es auf den Anlass, die Zielgruppe und den Zweck der Botschaft ankommt. So kann ein Wort, das ansonsten eher umgangssprachlich ist, durchaus bei passender Gelegenheit auch in einem eher neutralen oder gar gehobenen Text das richtige Wort sein. Auch sind je nach Zweck und Inhalt der Aussage die Wörter in einer Zeile der Tabelle oben nicht immer gleichbedeutend.

Bedenken Sie auch, dass zu viele gehobene Wörter einen Text gestelzt und hochnäsig klingen lassen, zu viele umgangssprachliche Begriffe den Text flach erscheinen lassen – ganz unabhängig vom Inhalt. Am besten benutzen Sie eine Mischung aus vielen neutralen und einigen gezielt und mit Bedacht eingesetzten gehobenen oder umgangssprachlichen Wörtern.

3.3 Vorsicht, doppeldeutig

Vor allem in Texten über Sachthemen sollten Sie Sprachbilder, Metaphern, Doppeldeutigkeiten und Begriffe im übertragenen Sinne vermeiden, die aus dem Bereich stammen oder mit Begriffen aus dem Bereich verwechselt werden können – es sei denn, Sie setzen den Begriff ganz bewusst und gelungen ein. Dann müssen Sie aber sicher sein, dass Ihre Leser den Wortwitz verstehen.

Beispiele:

Medizin	Abstriche machen, harter Knochen, über Gebühr, auf den Zahn fühlen, auf Herz und Nieren prüfen, Kopf hoch, Stuhl, Durchfallquote, in den Finger geschnitten, durchleuchten, Zahnersatz ist in aller Munde
Recht/Gericht	In der Tat, zu Recht, plädieren, Pistole auf die Brust setzen, die Hand heben
Geologie	harter Brocken, der Sache auf den Grund gehen, den Boden bereiten
Elektronik	Schlag auf Schlag, Spannung, Widerstand, steht unter Strom, auf Draht, hinters Licht führen, aus der Fassung bringen, vom Schlag getroffen werden
Landwirtschaft	viel ackern müssen, Schwein haben, ausmisten, ins Gras beißen

Kirche	in Teufels Küche kommen, ins Gebet nehmen, abkanzeln, den Teufel an die Wand malen, Gott einen guten Mann sein lassen, Heidenspaß, die Leviten lesen, muss dran glauben, das Zeitliche segnen
Ernährung	alles Käse, alles in Butter, da haben wir den Salat
Bau	alles im Lot, Brett vorm Kopf, den Nagel auf den Kopf treffen, Schraube locker, Dachschaden, schlechte Basis
Möbel	die Fronten passen hinten und vorn nicht, Schubladendenken
Schuhindustrie	Absatzschwierigkeiten, in die Schuhe schieben, bei seinem Leisten bleiben
Luftfahrt	Pilotprojekt, guter Start, Überflieger, abschmieren, Zeit vergeht wie im Fluge, Höhenflug, er ist (raus)geflogen, schwebt in Lebensgefahr
Bahn	die Weichen stellen, Schwellenangst, aufs Abstellgleis, der Zug ist abgefahren
Körperpflege	kein gutes Haar an ihm lassen, Nagelprobe, dicke Lippe riskieren, hautnah

4 Textaufbau und Gliederung

Sie haben es bereits bei einzelnen Beispielsätzen und -texten gemerkt: Wenn Sie einfach drauflos formulieren, können Sie sich verrennen und viel Schwulst produzieren. Auch Aufbau und Gliederung eines Textes können den Leser verwirren. Darum gilt auch hier: **Erst denken, dann schreiben.**

Der Computer verleitet leider dazu, draufloszuschreiben, weil Sie ja später immer noch Textpassagen ausschneiden und versetzen können. Das aber führt zu Aufbaufehlern. Und Aufbaufehler führen zu Schachtelsätzen und Wiederholungen, weil Sie den falschen Aufbau mit Rückbezügen oder Einschüben „heilen" müssen.

Lassen Sie den Computer am besten zunächst einmal ausgeschaltet. Bevor Sie mit dem Schreiben beginnen, müssen Sie den „Küchenzuruf" finden. Steht der Küchenzuruf fest, machen Sie – je nach Länge Ihres Textes – auf einem Zettel oder im Kopf eine Skizze davon, was Sie in Ihrem Text mitteilen wollen. Machen Sie einen **Text-Fahrplan**. Damit vermeiden Sie, dass Sie zusammengehörende Punkte über den ganzen Text verstreuen oder doppelt schreiben.

Ganz oben notieren Sie den Küchenzuruf und Ihre Zielgruppe, damit sie beides nicht aus den Augen verlieren. Darunter schreiben Sie die Aspekte Ihres Textes in **Stichworten** auf. Zu jedem Aspekt notieren Sie die zugehörigen Punkte. Die Aspekte sind später Ihre Absätze.

Wenn Sie die Zahl der Aspekte kennen, kennen Sie auch die Zahl Ihrer Absätze. Haben Sie vier Aspekte, werden Sie auch vier Absätze haben. Faustregel der Textgliederung: Was zusammengehört, muss in einen Absatz. Ein Absatz entspricht einem Gedanken, einem Aspekt. Daraus folgt: Jeder neue Gedanke, jeder neue Aspekt erfordert einen neuen Absatz. Kommt kein neuer Gedanke, darf kein neuer Absatz kommen.

Was Sie zu einem Aspekt und damit zu einem Absatz zusammenfassen, wie Sie also gliedern, ergibt sich manchmal von selbst aus der natürlichen Reihenfolge des Sachverhalts, über den Sie schreiben. Meist hängt es aber von Ihrer Logik, von Ihrem Geschmack ab, was Sie zu einem Gedanken und damit zu einem Absatz machen. Es kann zum selben Thema durchaus viele gelungene Gliederungen geben; der Leser muss sie aber alle verstehen können

Wenn Sie die Aspekte ihres Textes aufgelistet haben, stellt sich die Frage nach dem Anfang: Mit welchem Aspekt, mit welchem Absatz beginne ich? Das Wichtigste muss grundsätzlich im ersten Absatz stehen. Dann gibt es vor allem zwei Methoden:

1. Weiter nach der Bedeutung gliedern, die Absätze nach Wichtigkeit ordnen.
2. Nach dem ersten Absatz chronologisch aufbauen

Welche Methode Sie wählen, hängt von Ihrem Text ab. Wenn Sie etwas aufzählen, Fakten, Thesen oder Argumente aneinanderreihen, bietet sich die erste Methode an. Wenn Sie einen Vorgang, einen Ablauf oder eine Entwicklung beschreiben, bietet sich eher die zweite Methode an.

Zwar gibt es auch andere Aufbaumöglichkeiten: mit einem Spannungsbogen oder einem szenischen Einstieg, zum Beispiel bei Reportagen. Aber das sind Besonderheiten, die in den folgenden Abschnitten erläutert werden. Für die meisten Texte gilt: Wichtiges nach vorn. Und das ist das Neue, das Interessante oder das Nützliche für den Leser.

Bei längeren Texten müssen Sie nicht nur in Absätzen, sondern **in Abschnitten oder Kapiteln denken**. Ordnen Sie Ihren Text zunächst grob nach den beiden Methoden in Abschnitte/Kapitel ein, dann die Absätze innerhalb eines Abschnitts nach der einen oder anderen Methode – je nachdem, welche besser passt. Sie können die Methoden also mischen.

Noch ein Tipp: Scheuen Sie sich nicht davor, bei Aufzählungen Gedankenstriche oder Punkte zu verwenden. Das macht den Text übersichtlicher und lesbarer.

Zu feine Untergliederungen vermeiden, zum Beispiel mit Ziffern (wie 1.1.1) oder Buchstaben (wie aaa.). Das kann der Leser schwer überblicken. Zumeist sind die feinen Untergliederungen aus sich heraus zu verstehen und bedürfen keiner weiteren Einteilung; es genügt eine Überschrift ohne Ziffern oder Buchstaben. Oft ist eine sehr feine Untergliederung sogar ein Zeichen dafür, dass die wesentliche Aussage des Textes in Einzelteile zerlegt und somit schwer zu erkennen ist. In journalistische Texte gehört ohnehin nicht eine solche Feingliederung mit 1.1.1 oder aaa.

Der rote Faden

Wenn Sie Ihren Text mit Hilfe einer Skizze stichwortartig gegliedert haben, werden Sie in aller Regel automatisch einen roten Faden knüpfen. Roter Faden bedeutet: Der Leser kann den Text ganz selbstverständlich „glatt herunterlesen", ohne anzuecken, ohne auf Lücken im Erzählfluss zu stoßen.

Neben dem Aufbau, speziell der Reihenfolge der Absätze, ist dafür auch wichtig, wie der erste Satz eines neuen Absatzes an den letzten Satz des vorherigen Absatzes anknüpft. Hier darf es keine Brüche geben.

Letzter Satz eines Absatzes:

> ... So musste der Präsident also sein Amt niederlegen.

Der folgende Absatz beginnt nun nicht so:

Ȯ Dr. Angela Merkel will seine Nachfolgerin werden, wie sie gestern mitteilte.

Oder so:

- Gestern teilte Dr. Angela Merkel mit, dass sie seine Nachfolgerin werden will.

Sondern:

- Nachfolgerin will nun Dr. Angela Merkel werden, wie sie gestern mitteilte.

So knüpft der neue Absatz an das an, womit der vorhergehende Absatz inhaltlich endete.

Ähnlich ist es auch innerhalb eines Absatzes mit der Anknüpfung an den jeweils vorangegangenen Satz:

- Ich gehe nach Hause. Dort treffe ich Martin. Er war mein bester Freund an der Universität.

Und nicht:

- Ich gehe nach Hause. Ich treffe Martin dort. An der Universität war er mein bester Freund.

Schreiben Sie:

- Der Sommer war zu heiß. Schuld daran ist die Klimaveränderung.

Und nicht.

- Der Sommer war zu heiß. Die Klimaveränderung ist schuld daran.

500 Zeichen pro Absatz

Damit ein Absatz für den Leser übersichtlich bleibt, sollte er nicht zu lang sein. Als Faustregel gilt: Nicht deutlich mehr als 15 Zeilen à 35 Zeichen (das ist etwa die durchschnittliche Zeilenlänge bei Zeitungen und Zeitschriften.) Auf dem früher üblichen Manuskriptpapier mit 60

Zeichen pro Zeile sollte ein Absatz nicht deutlich mehr als 8 Zeilen haben. Auf Zeichen umgerechnet lautet also die Faustregel:

Nicht deutlich mehr als 500 Zeichen pro Absatz.

Aber bitte auch nicht deutlich weniger als 500 Zeichen. Ist ein Absatz mit 800 Zeichen vermutlich zu lang für den Leser, so ist ein Absatz mit nur 100 Zeichen (3 Zeilen á 35 Zeichen) kaum als eigenständiger zusammenfassender Gedanken zu identifizieren.

Übungsbeispiel

Im folgenden Text ist das Wort *einerseits* unterstrichen. Bitte suchen Sie das *andererseits*. Es steht nicht wörtlich, sondern nur sinngemäß im Text.

Über das Internet einzukaufen stößt bei vielen Online-Usern in Deutschland auf ein geteiltes Echo. Einerseits ist diese Art des Shoppings für den Kunden bequem: Er muss keine Rücksicht auf Ladenöffnungszeiten nehmen und kann von zu Hause oder seinem Arbeitsplatz aus bestellen. Außerdem hat er die Möglichkeit, schnell und einfach Preise zu vergleichen, weil die Geschäfte quasi nur einen Mausklick voneinander entfernt sind. Ein weiterer Bonus ist, dass viele Shops die Waren mittlerweile versandkostenfrei liefern.

Doch diesen Vorzügen steht eine Reihe von „Pferdefüßen" gegenüber. So haben viele Nutzer Bedenken wegen der Sicherheit, weil sie beim Internet-Handel sensible Daten herausgeben, etwa Kreditkarteninformationen. Ein weiteres Manko sind die Verbindungsgebühren. ...

Haben Sie das *andererseits* entdeckt: Es versteckt sich zu Beginn des zweiten Absatzes in *Doch diesen Vorzügen steht eine Reihe von „Pferdefüßen" gegenüber.*

Haben Sie es dort erwartet? Wohl nicht. Sie haben es gleich nach dem *einerseits* erwartet, jedenfalls noch im ersten Absatz.

Für herausgestellte Textteile, die nur aus optischen Gründen wie ein eigener Absatz hervorgehoben sind, gilt diese Faustregel selbstverständlich nicht. Sie können auch nur eine Zeile haben; das hat mit dem Inhalt nichts zu tun.

Die Faustregel „500 Zeichen" ergibt sich übrigens vor allem daraus, dass Absätze in aller Regel kaum deutlich länger oder kürzer sind, wenn man seine Gedanken übersichtlich strukturiert hat. Fasst man Fakten und Ereignisse in einem Gedanken, zu einem Absatz zusammen, entsteht fast

Und das zeigt: Sie denken in Aspekten, in Sinneinheiten. Das *andererseits* muss noch im ersten Absatz kommen, denn es gehört zum *einerseits.* Aber hier nur, weil der Autor den Absatz unter den Aspekt *geteiltes Echo* gestellt hat. Er beginnt den Absatz mit ... *stößt auf geteiltes Echo.* Das ist sein Gedanke, sein Aspekt für diesen Absatz. Und nun erwartet der Leser, dass der Autor ihm das geteilte Echo darstellt. Dazu gehört ganz selbstverständlich das *einerseits* und das *andererseits.* Und somit gehört beides in den Absatz.

Kommt das *andererseits* erst im folgenden Absatz, zerbricht der Autor den Gedanken. Und das hemmt den Lesefluss, den roten Faden. Selbstverständlich könnte der Autor das Einerseits und das Andererseits in zwei getrennten Absätzen darstellen. Dann darf er aber den ersten Absatz nicht mit *geteiltes Echo* einleiten. Hieran erkennen Sie, wie der Autor die Gliederung durch seine Gedankenführung bestimmen kann.

Nun können Sie sagen: Wenn das Einerseits und Andererseits in einem Absatz kommt, wird der Absatz zu lang. Das ist richtig, wenn der Autor gleich alles zusammen bringt. Aber hier bietet es sich an, zunächst in einem Absatz das geteilte Echo kurz im Überblick darzustellen (einerseits ist es so, andererseits so) und dann in zwei weiteren Absätzen jeweils das Für und Wider zu erläutern.

automatisch diese Größenordnung. Es ist also ein Erfahrungswert. Ein Absatz kann durchaus auch einmal 650 Zeichen haben oder gar 700, aber darüber hinaus ist er zu lang für den Leser. Auch 250 Zeichen können einmal ausreichend sein, aber darunter wird es kaum möglich sein, einen Gedanken, einen Aspekt darzustellen.

Ist ein Absatz deutlich zu lang oder deutlich zu kurz, ist das ein schwerwiegendes Indiz für eine falsche Gliederung. Gibt es gleich mehrere solcher Absätze, können Sie schon beim ersten Blick auf einen Text erkennen, dass er höchstwahrscheinlich miserabel ist und überarbeitet oder sogar neu geschrieben werden muss.

In Absätzen denken – Zeit sparen

Mit dem Text-Fahrplan und der Faustregel „15 Zeilen oder 500 Zeichen pro Absatz" können Sie viel Zeit sparen.

Text-Fahrplan: Wenn Sie zunächst drauflosschreiben, Rückbezüge und Schachtelsätze produzieren, sich in Ihren Formulierungen mangels rotem Faden verstricken, müssen Sie Ihr „Gewurschtel" später entwirren oder oft sogar neu beginnen. Mit dieser planlosen Herangehensweise brauchen Sie für Ihren Text erfahrungsgemäß fast zwei- bis dreimal länger als mit einem Text-Fahrplan. Mit einem Textfahrplan sparen Sie also bis zu 70 Prozent Arbeitszeit.

Faustregel 500 Zeichen: Wenn Sie zum Beispiel für Ihren Text 90 Zeilen á 35 Zeichen Platz haben, wissen Sie, dass Sie vier, höchstens fünf Absätze schreiben können. Sie haben also nur Platz für vier oder fünf Aspekte. Wenn Sie Ihren Beitrag planen und skizzieren, müssen Sie auch nur so viele Aspekte bedenken. Jeder weitere Aspekt, den Sie einbauen möchten, passt nicht mehr. Über ihn nachzudenken, ist vertane Zeit.

Bedenken Sie also, wie sehr es sich bezahlt machen kann, professionell an einen Text heranzugehen.

5 Ein bisschen Duden – typische Fehler

Journalisten, Pressesprecher und alle anderen, die professionell texten, sollten vorbildlich formulieren und fehlerfrei schreiben und sprechen. Doch leider gibt es Standardfehler, die offenbar auch Profis nicht vermeiden können. Die folgende kleine Auswahl typischer Fehler und Fallen ist kein Rechtschreibkursus, sondern soll zu Aha-Effekten führen und zum sauberen Schreiben und Sprechen anregen.

Zu Beginn gleich einer der peinlichsten Fehler: „Erscheint *vierzehntägig*" – dieser Lapsus prangt noch immer auf den Titelseiten mancher Zeitschriften, die alle zwei Wochen erscheinen. Dort ist er besonders blamabel. Alle zwei Wochen heißt *vierzehntäglich*. Ein Urlaub kann *vierzehntägig* sein. Dann dauert er vierzehn Tage. Die Zeitschrift erscheint aber nicht nur vierzehn Tage lang.

Ein Fehler hat sich schon so eingeschlichen, dass er wohl kaum noch auszumerzen ist: *diesen Jahres*. Wenn etwas im Januar des aktuellen Jahres stattgefunden hat, dann fand es im Januar *dieses Jahres* statt, nicht *diesen Jahres*. Also auch nicht: *ein Auto diesen Typs*. Sondern: *ein Auto dieses Typs*. Das Demonstrativpronomen *diese* wird immer stark gebeugt. Vermutlich wird das häufig falsch gemacht, weil es vornehmer klingt.

Die Pluralformen von *Bergmann*, *Kaufmann* und *Seemann* heißen *Bergleute*, *Kaufleute* und *Seeleute*, nicht *-männer*. Doch sogar in der Überschrift eines großen Magazins stand: „Die Seemänner von Schwerin". Erlaubt ist die Pluralbildung von *-männer*, nur dann, wenn speziell Männer der Berufsgruppe gemeint sind: *Zwei Feuerwehrmänner haben die Geschäftsmänner gerettet.*

Ähnlich falsch „eingebürgert“ hat sich das Partizip Perfekt von winken: *Das Kind hat seiner Mutter gewunken* – aber nur in Teilen Südwestdeutschlands kann ein Kind das. Richtig heißt es: *gewinkt.*

Wir haben den besten Koch angestellt und erstklassigen Wein. Hier hakt etwas beim Verb: Das erste *haben* ist ein Hilfsverb, das zweite – weggelassene – *haben* ein Vollverb. Es ist bei einer Aufzählung aber nur möglich, eines von zwei gleichartigen Verben wegzulassen, also wenn beide Verben Vollverben oder beide Verben Hilfsverben sind: *Wir haben erstklassigen Wein und beste Speisen.* Oder: *Wir haben Peter weggeschickt und Klaus geholt.*

Ein typisches Problem sind auch Aufzählungen mit einem voranstehenden Adjektiv: *Dort gibt es kostenlose Getränke und Snacks.* Hier wird der Leser vor die Frage gestellt, ob die Snacks auch kostenlos sind. Sind Getränke und Snacks kostenlos, dann schreiben Sie besser: *Getränke und Snacks sind kostenlos.* Sind nur die Getränke kostenlos, dann zweifelsfrei: *Es gibt Snacks und kostenlose Getränke.*

Bruchteile machen häufig beim Verb Probleme: *Ein Drittel der Soldaten ist krank* muss es heißen, nicht: *Ein Drittel der Soldaten sind krank.* Ein Einschub macht den Plural noch verführerischer: *Ein Drittel der Soldaten, fünfhundert Mann, ist krank.* Hier klingt das Richtige merkwürdig und das Falsche erscheint richtig: *Ein Drittel der Soldaten, fünfhundert Mann, sind krank.* Zu empfehlen ist, dem Problem auszuweichen: *Fünfhundert Soldaten sind krank, ein Drittel der Streitmacht.*

Ähnliche Schieflage zwischen richtig und gefühlt richtig: *Das ist einer der besten Beiträge, den ich je gelesen habe* ist falsch. Richtig muss es heißen: *Das ist einer der besten Beiträge, die ich je gelesen habe.*

Viele können mit *und* und *oder* nicht umgehen. Bei Aufzählungen steht *und: Wir haben Äpfel, Birnen und Bananen.* Nicht: *Wir haben Äpfel, Birnen oder Bananen.* Ebenso verhält es sich bei beispielhaften Aufzählungen: *Wir haben Obst, zum Beispiel Äpfel, Birnen und Bananen* – nicht *oder.* Bei beispielhaften Aufzählungen ist übrigens ein *usw.* am Ende überflüssig. Denn wenn wir zum Beispiel *Äpfel, Birnen und Bananen haben,* ist klar, dass es *usw.* geben muss, sonst wäre es keine beispielhafte, sondern eine abschließende Aufzählung. Auch Entscheidungen fallen diesbezüglich schwer: *Sie können wählen zwischen Äpfeln, Birnen und Bananen* – nicht *oder. Äpfel, Birnen oder Bananen* bedeutet: Es gibt nur eines davon, es gibt also keine Wahl.

Ein weiteres Oder-Problem garniert mit Singular und Plural: *Peter oder Klaus kommen zu Besuch* ist in aller Regel falsch, denn es kommt ja nur einer. Also: *Peter oder Klaus kommt zu Besuch.*

Das bestmöglichste Ergebnis erzielen Sie mit dem nächstliegendsten Mittel. Beide Wortbestandteile zugleich dürfen Sie nicht steigern. Bei *bestmögliche* gibt es nur diese Steigerungsform, bei *nächstliegende* auch die Möglichkeit naheliegendste zu sagen. In den meisten Fällen können zusammengesetzte Adjektive sowohl mit dem ersten Wortteil als auch mit dem zweiten Wortteil gesteigert werden. Aber nur mit einem von beiden. Ein Blick ins Wörterbuch hilft.

Dass der Genitiv uns immer öfter Schwierigkeiten bereitet oder sich sogar zugunsten des Dativs aus unserer Sprache verabschiedet, ist nicht erst seit Verona Feldbusch-Pooth so. *Wegen dem* und *statt dem* sind nur Kleinigkeiten. Falsch und zusätzlich verwirrend sind aber andere Formen des Volks-Genitivs: *Die Rückkehr von Tante Erna* soll bedeuten *Tante Erna kehrt zurück* oder *Tante Ernas Rückkehr.* Es bedeutet aber (zumindest auch), dass irgendwer von Tante Erna zurückkehrt. Dieser „Von-Genitiv" ist also verwirrend. *Wir hoffen, dass das Auto von Peter repariert wird* sagt dem Leser oder Zuhörer nicht, ob Peter der Besitzer ist oder der Mechaniker. Also entweder: *Wir hoffen, dass Peters Auto repariert wird.* Oder: *Wir hoffen, dass Peter das Auto repariert.*

Nicht nur der Genitiv bereitet Probleme. Auch der Dativ macht manchem *Autoren* das Leben schwer. Denn es heißt eben nicht *dem Autoren*, sondern schlicht *dem Autor*. Umgekehrt geht es *dem Architekt*. Ihm wird meistens das ihm zustehende *en* verweigert, das *dem Autor* geschenkt wird. Also: *dem Architekten*. Bei Zweifeln bitte ins Wörterbuch schauen - und bitte oft zweifeln.

In E-Mails und in Briefen mit freundschaftlichem Ton wird immer häufiger die Grußformel *Hallo* benutzt. Wann das angemessen ist, darüber will ich hier nichts sagen (siehe Kapitel 11.4). Das grammatische Problem beim *Hallo* ist das Komma. Schreibe ich *Hallo, Herr Müller* oder *Hallo Herr Müller*. Die meisten schreiben es ohne Komma. Der Duden aber vertritt die Auffassung, die ich bevorzuge: *Hallo, Herr Müller*, also mit Komma.

Es ist ein *Her* und *Hin* mit manchen Regeln. Oder ein Hin und Her? Auch diese beiden kleinen Wörtchen führen oft zu Fehlern. *Komm mal hierhin* ist ein Widerspruch. *Hin* ist von mir weg. *Her* ist zu mir. *Er ist hin und weg* heißt es aus gutem Grund. *Hierher* und *dorthin* muss es heißen. Er geht ins Zimmer *hinein*. Aber: Er kommt zu mir ins Zimmer *herein*. „Herein, wenn's kein Schneider ist", heißt eine alte Redewendung.

Zum Schluss noch etwas zu Fremdwörtern und deren Schreibweise. Das wohl am meisten falsch geschriebene Wort ist *E-Mail*. *E-Mail* ist die einzig richtige Schreibweise, jedenfalls wenn man dem Duden folgt. Falsch sind *Email, e-mail, E-mail und e-Mail*. Aber es gibt noch einige andere Wörter, die sehr gern falsch geschrieben werden – trotz des Rechtschreibprogramms. Schauen sie bei Fremdwörtern, die Sie zwar häufig sprechen, aber selten schreiben, sicherheitshalber ins Fremdwörterlexikon.

Richtig:	Typische Fehler:
Obolus	Obulus
Fisimatenten	Fiesematenten
Stegreif	Stehgreif
Tohuwabohu	Tohouwabohou
Reflexion	Reflektion
Clinch	Klinsch
krakeelen	krakehlen
Mumpitz	Mummpitz
Geratewohl	Geradewohl
Reling	Reeling
Bredouille	Bredulie
abgekartet	abgekartert
Quarantäne	Quaratene
Exhibitionist	Exibitionist
gang und gäbe	gang und gebe
Eigenbrötelei	Eigenbrödelei
Akquise	Aquise
Parodontose	Paradontose
Chirurg	Chirug

II Journalistische Texte

6 Die Textformen

6.1 Allgemeine Regeln

Vor allem journalistische Texte müssen professionell getextet sein: kurz, klar und leserfreundlich. Die zehn Regeln für klares Deutsch und der Küchenzuruf gelten für journalistische Texte also ganz besonders, und zwar für alle journalistischen Textformen und Genres. Je nach Genre und dessen Eigenheiten müssen die Regeln allerdings leicht modifiziert werden. Ich habe die zehn Regeln hier für Journalisten knapp und locker aufbereitet. Überschneidungen mit Kapitel 1 sind also gewollt.

Die 10 Tipps für klares Deutsch, für Journalisten aufbereitet

▶ Regel 1: Wichtiges nach vorn

Erzählen Sie keine Märchen. *Es war einmal ein Mädchen, das hatte jedermann lieb* ist keine journalistische Form. Bei der Nachricht gehört das Wichtigste und Neueste nach vorn (*Mädchen aus Wolfsbauch gerettet*), bei der Reportage das Interessanteste *(Wolf heimlich ohne Betäubung operiert*), beim Porträt das Beeindruckendste (*Selbst nach einer Stunde im Wolfsbauch sah Rotkäppchen schön aus*). Vorn bedeutet nicht, dass es zwingend im ersten Satz stehen muss; ein hinführender Einleitungssatz kann sinnvoll und elegant sein (*Da staunte der Jäger: ...*). Aber noch im ersten Absatz muss dem Leser klar werden, um was es geht. Bei der Reportage kann es auch der zweite Absatz sein, falls ein Spannungsaufbau angebracht ist.

▶ Regel 2: Belangloses und Binsenweisheiten weglassen

Schreiben Sie kein überflüssiges Wort, erst recht keinen überflüssigen Satz. Ersparen Sie es dem Leser, Dinge lesen und verarbeiten zu müssen, die für die Geschichte ohne Bedeutung sind. Der Leser ist dankbar, wenn

Sie eine Information in zehn Zeilen präsentieren, für die andere zwanzig brauchen. Bei Rotkäppchen tut es nichts zur Sache, wie alt der Wolf und der Jäger waren oder welche Sorte Wein im Korb war.

Lassen Sie vor allem Floskeln weg: *auch, aber, allerdings, jedoch* sind häufig Füllwörter. Vor allem Doppelungen sollten Sie meiden: *Er tritt mit dem Fuß, sie nickt mit dem Kopf, er boxt mit der Faust, sie singt ein Lied.* Bei diesen Sätzen genügen die Verben; die Objekte tragen nichts zur Information bei. Doppel-Blödsinn ist auch: *normaler Standard, aktueller Status Quo, permanente Dauerbelastung, kleine Nuancen.*

Das bedeutet nicht, dass Sie konkrete Beschreibungen weglassen sollen. Im Gegenteil, Beschreibungen sind wichtig (siehe Regel 7). Sie sollen aber nur das schreiben, was für den Leser von Bedeutung ist. Dass zum Beispiel ein Bankräuber eine blaue Hose trug, ist nur dann wichtig, wenn die Polizei nach dem Räuber fahndet.

Regel 3: Hauptsachen in Hauptsätze, Nebensachen in Nebensätze

Ein Leser, der die Wichtigkeit der Informationen nicht kennt, ordnet die Bedeutung automatisch danach ein, ob eine Information im Hauptsatz oder im Nebensatz steht. *Der Wolf fraß das Rotkäppchen, weil er Hunger hatte.* Dort ist das Wichtigere, dass der Wolf Rotkäppchen gefressen hat. Zweitrangig ist der Grund. *Der Wolf hatte großen Hunger, sodass er Rotkäppchen fraß.* Hier ist der Hunger das Wichtigere.

Darum darf im Hauptsatz nichts Zweitrangiges und im zugehörigen Nebensatz nicht das Wichtigere stehen. Vermeiden Sie aus diesem Grund auch Dass-Sätze. Darin steht meist das Wichtige nach dem *dass*, also im Nebensatz. *Tatsache ist, dass der Wolf Rotkäppchen gefressen hat.* Die Einleitung ist überflüssig und schiebt das Wichtige in den

Hintergrund. *Der Wolf hat Rotkäppchen gefressen. Das steht fest.* Die Bekräftigung hinten nur, falls sie nötig ist.

Regel 4: Kurze Hauptsätze, wenige Nebensätze, keine Schachtelsätze

Schachtelsätze gelten unter Sprachakrobaten wohl als ein Salto-Mortale mit dreifacher Schraube. Vor allem Akademiker und andere Bildungsbürger pflegen den Schachtelsatz. *Der Wolf war, bevor er die Großmutter, die er mit verstellter Stimme täuschte, und das Rotkäppchen, das er in Großmutters Kleidern überlistete, auffraß, sehr hungrig gewesen.* Diesem Schachtelsatz wird der Leser und Zuhörer kaum folgen können. Wenn er bei *hungrig gewesen* angekommen ist, weiß er nicht mehr, welches Subjekt dazugehört. So vergrault man Leser und Zuhörer. Mit Sprachkunst oder gehobener Formulierung hat das nichts zu tun, es zeugt von verworrenem Denken. *Der Wolf war sehr hungrig. Er fraß die Großmutter und das Rotkäppchen. Zuvor hatte er die Großmutter mit verstellter Stimme überlistet und das Rotkäppchen mit Großmutters Kleidern getäuscht.* Der Leser wird Ihnen die klaren Sätze danken.

Regel 5: Verben einsetzen, keinen Nominalstil

Einen ähnlich wichtigtuerischen Ursprung wie der Schachtelsatz hat der Nominalstil: die Substantivierung von Verben, auch als „Hauptwörterei" bezeichnet. *Um die Durchführung der Fressung seitens Großmutter und Rotkäppchen einem Erfolg näher zu bringen, setzte der Wolf die List als Methode ein.* Klingt gut, ja. Aber wer versteht so etwas? Und wer mag das lesen? *Um die Großmutter und das Rotkäppchen fressen zu können, überlistete er sie.* Kürzer, klarer, leserfreundlicher. Nominalstil hingegen wirkt obrigkeitlich, überheblich und distanziert, oft auch arrogant. Er ist typischer Teil des Verwaltungsdeutschs.

Aber es gibt noch ein weiteres Problem: Nominalstil kann zu Missverständnissen führen, wenn er geballt auftritt. *Inhalt des Märchens sind unter anderem das Täuschen, das Auffressen und die Befreiung der Großmutter und des Rotkäppchens.* Hier sind die Bezüge nicht zu erkennen. Beziehen sich *das Täuschen* und *Auffressen* auch auf Großmutter und Rotkäppchen oder stehen die beiden Wörter isoliert? Ohne Vorwissen ist das nicht zu erkennen. Mit Verben werden die Bezüge klar: *In dem Märchen werden Großmutter und Rotkäppchen getäuscht, aufgefressen und gerettet.* Oder wenn es anders wäre: *In dem Märchen wird getäuscht und aufgefressen, und die Großmutter und das Rotkäppchen werden gerettet.*

Regel 6: Viel Aktiv, wenig Passiv

Ebenfalls ein typischer Teil des Verwaltungsdeutschs ist das Passiv und daher oft mit dem Nominalstil verbunden. Das Passiv versteckt meist den Handelnden und wirkt deshalb auch obrigkeitlich und distanziert. Journalisten sollen aber gerade die Frage „Wer hat was getan?" beantworten. Darum ist das Passiv keine journalistische Ausdrucksweise. *Großmutter und Rotkäppchen wurden gefressen.* Wer war denn der Fresser? Zudem schiebt das Passiv das Objekt an den Satzanfang; dort vermutet der Leser aber in der Regel das Subjekt und gerät so oft aufs falsche Gleis.

Gegen das Passiv spricht noch ein weiterer Grund: die Passivfalle. *Es steht fest, dass die Großmutter von Rotkäppchen gefressen wird.* Hier gibt es zwar die Antwort auf die journalistische Frage „Wer?". Aber nun stellt sich die Frage: Wer ist hier wer? Ist Rotkäppchen die Enkelin oder die Fresserin? Ohne Vorwissen hat der Leser keine Chance, das herauszulesen. Oft stellt er sich aber nicht einmal die Frage, sondern liest es in der einen oder in der anderen Art. Die Chancen sind 50:50, dass der Leser das Gegenteil von dem liest, was der Autor meint. Er wird keine innere Diskussion führen, ob der Autor in dem einen Fall wohl besser einen Genitiv benutzt hätte.

Regel 7: Konkret, nicht abstrakt erzählen

Einer der Fehler, den vor allem Volontäre oft machen: Sie beschreiben nicht konkret. Vor allem in Reportagen und Porträts. Ohne konkrete Beschreibung kann der Leser sich aber kein Bild machen von Orten, Personen oder Gegenständen, die eine Rolle in dem Beitrag spielen. *Ein Mädchen mit einer farbigen Kopfbedeckung, das seiner älteren nahen Verwandten ein Getränk bringt, und ein wildes Tier, das beide Personen frisst.* Das ist nicht konkret, nicht anschaulich genug. Bedenken Sie: Menschen können keine abstrakte Vorstellung von Personen oder Gegenständen im Kopf haben: Wenn Sie Getränk lesen, haben sie ein konkretes Getränk vor Augen: Cola, Bier, Kaffee, Wasser oder Wein. Kopfbedeckung kann Hut, Mütze oder Kopftuch sein. Wenn der Leser etwas Konkretes vor seinem geistigen Auge sehen soll, muss er es so konkret wie möglich beschrieben lesen.

Schreiben Sie also nicht *junger Mann*, sondern *der 28-Jährige*, nicht *schöne Frau*, sondern *die langbeinige, blauäugige Blondine*. Sonst hat der Leser womöglich einen 16-Jährigen und eine dunkle Schönheit vor Augen.

Regel 8: Wenige Adjektive, kräftige Substantive

Auch eine gespreizte Ausdrucksweise scheint als klug zu gelten. In Mode sind Begriffe wie *anwaltlicher Berater, ärztlicher Beistand, warnender Hinweis, gestriger Tag, nachteilige Auswirkungen*, obwohl *Anwalt, Arzt, Warnung, gestern* und *Nachteil* genügen. Rotbekapptes oder rotkappiges Mädchen klingt belämmert. Benutzen Sie treffende Substantive. Ein Adjektiv vor ein allgemeines Substantiv zu setzen macht den Begriff nur länger. Mit Niveau hat das wenig zu tun; Formulierungskunst zeigt sich gerade im Gegenteil an einer präzisen Wortwahl.

Das Adjektiv wird aber auch überflüssigerweise eingesetzt, um ein Substantiv zu verstärken oder zu konkretisieren, wo es dessen nicht bedarf: *geballte Faust, hoher Wolkenkratzer, heftiger Orkan.* Das Adjektiv verursacht eine Doppelung und hat keinen Informationswert (siehe dazu schon Regel 2).

Ein weiteres Problem kann auftreten: Sie wollen mit dem Adjektiv etwas definieren, der Leser kann das Adjektiv aber als Unterscheidung verstehen. Sie stellen also eine Falle auf. *Rotkäppchen ging mit ihrem großen Korb zu ihrer lieben Großmutter.* Hatte es auch einen kleinen Korb und eine böse Großmutter?

Resümee: Benutzen Sie Adjektive sparsam und gezielt und nur, um zu bekräftigen, zu charakterisieren oder zu unterscheiden.

Regel 9: Positive Begriffe, keine Verneinungen

Vielen Menschen, vor allem Verwaltungsmenschen, sind Verneinungen schon in Fleisch und Blut übergegangen: *unwesentlich, nicht mangelhaft.* Verneinungen gehören zum Berufsalltag. Vermeiden Sie Verneinungen: Sie klingen negativ, der Leser muss um die Ecke denken und vor allem in der Doppelform *nicht unwesentlich, nicht unweit* ist ihr Sinn schwer zu erfassen. *Nicht unweit der drei Eichen stand Großmutters Haus.* Soll heißen: *Nahe der Eichen.* Es heißt aber: *weit weg.*

Benutzen Sie positive Begriffe: *belanglos* statt *unbedeutend*; *verboten* statt *unerlaubt*; *zulasten* statt *zuungunsten*; *kostenlos* statt *unentgeltlich*; *mit* statt *nicht ohne*.

Rotkäppchen kam nicht ohne den Wein. Nein, sondern: *Sie brachte den Wein mit.*

Regel 10: Fremdwörter und Fachbegriffe vermeiden

Hier kommt es selbstverständlich auf die Zielgruppe an. In einer Computerzeitschrift sind mehr Fachbegriffe erlaubt und nötig als in einer Lokalzeitung. Aber bedenken Sie: Einfache Begriffe verstehen auch Fachleute, Fachwörter nur Fachleute. Daher nur dort, wo nötig,

Fachbegriffe einsetzen. Zu Fachbegriffen gehören nicht nur die klassischen Fremdwörter. Gerade die Wörter, die im Normaldeutsch eine andere Bedeutung haben als im Fachdeutsch, sind gefährlich. Mit *Lampe* ist im Elektrikerfachdeutsch nur das gemeint, was wir gemeinhin *Glühbirne* nennen, nicht die gesamte Leuchte. Wenn die Deutsche Bahn einen Zug Anfang Januar im Fahrplan *einstellt*, dann wird er erst ab Januar eingesetzt, fährt erst ab dann. Der Leser glaubt aber das Gegenteil.

Also: Fachwörter meiden und für den Laien übersetzen. *Lupus brachte Red-Cap zum Verzehr* ist Unfug.

6.2 Redigieren

Ein wunderschöner Text: gut recherchiert, flüssig und verständlich geschrieben, geschliffen formuliert. Dem Autor sei das Lob, vielleicht sogar ein Preis gegönnt. Doch hat er das allein verdient - oder überhaupt? Oft ist es erst der Redakteur, der aus der Rohmasse des Autors das Meisterwerk schafft.

Damit ein Redakteur aber nicht - wie es gelegentlich geschieht - aus einem Meisterwerk einen Trümmerhaufen macht, muss er Sprachgefühl und Sprachsicherheit haben, ein detektivisches Gespür für Verständnisfallen und versteckte Fehler, und er muss über ein gute Allgemeinbildung, bei Fachthemen über ausreichendes Fachwissen verfügen.

Mit diesen Eigenschaften ausgestattet hat er - stets sein Blatt, seinen Leser und die Textart vor Augen - folgende Hauptaufgaben zu leisten:

- Einordnen und Bewerten des Textes: Wie viel und welchen Platz soll das Thema einnehmen? Ist der Text gut?
- Prüfen und Korrigieren des Inhalts: Sind die journalistischen „Ws" enthalten? Stimmen die Fakten, vor allem Namen und Zahlen?
- Sprache, Aufbau, Stil überarbeiten: Korrektur; kurz, klar, flüssig formulieren; Stilblüten entfernen; schleifen.
- Einpassen ins Layout: Kürzen oder verlängern?
- Oftmals Formulieren der Überschrift und des Bildtextes.

Diese Punkte sind weder in einer bestimmten Reihenfolge zu sehen, noch sind sie klar voneinander zu trennen. Oft überschneiden sie sich gleich mehrfach oder bedingen sich gegenseitig.

Bewerten und Einordnen

Die Überschneidungen zeigen sich etwa beim Bewerten des Textes. Wenn der Text nicht flüssig geschrieben ist, keinen roten Faden hat, der Aufbau verworren ist, voller schwieriger Sätze und Formulierungen steckt, so ist es zunächst einmal ein schlechter Text, auch wenn der Inhalt richtig ist.

Doch meist ist ein kompliziert formulierter Text ein schwerwiegendes Indiz für einen fehlerhaften Text. Denn wer kompliziert formuliert, wer umständlich schreibt, der denkt auch so, macht deswegen Fehler oder baut Leserfallen. Denken Sie nur an die Passivfalle: *Wir wissen nicht, ob der Text von Peter Müller überarbeitet wurde.* Wer ist Müller? Autor oder Redakteur?

Der Redakteur kann also nach rein formalen, sprachlichen Kriterien den Text insgesamt einschätzen: Verstößt der Autor oft gegen die zehn Regeln für klares Deutsch, kann er davon ausgehen, dass auch am Inhalt etwas faul ist.

Auch bei der Überschrift wird die Überschneidung der Punkte klar: Die Überschrift soll den Text entweder zusammenfassen oder mit dem wichtigsten, interessantesten Aspekt für den Text werben. Findet der Redakteur nur schwer eine Überschrift oder nicht einmal einen Arbeitstitel, dann fehlt dem Text die Aussage, die Botschaft oder der „Küchenzuruf": bei der Nachricht das wichtige Neue, bei der Reportage das Interessante oder die Geschichte, beim Kommentar die These, die Moral, beim Porträt die Antwort auf die Frage „Was ist das für einer?".

Inhalt prüfen

Zunächst sucht der Redakteur nach den journalistischen „Ws". Hat der Autor dem Leser alle Fragen beantwortet: Wer hat was, wann, wie, wo, warum und wozu getan? Fehlen Antworten auf nahe liegende Fragen, muss der Autor nacharbeiten.

Ob die Antworten, ob also der Inhalt richtig ist, kann der Redakteur nicht immer zweifelsfrei beantworten, selbst wenn er die Allgemein- oder Fachbildung hat. Nachprüfbare Fakten, Daten, Zahlen sind meist nicht das größte Problem. Dass die Schweiz nicht in der EU ist, gehört zur Allgemeinbildung. Die gegenteilige Behauptung des Autors ist schnell aus dem Artikel gestrichen oder ins Richtige geändert (Schweden war gemeint, wie sich aus dem Zusammenhang erkennen lässt. Typischer Faktensalat). Oft ist es aber gerade Neues, schwer Nachprüfbares, worüber der Autor schreibt. Um dort Fehler zu finden, bedarf es des detektivischen Gespürs: Kann es wirklich sein, dass zu einer Vorlesung an einer Berliner Universität kein Zuhörer kommt und deshalb auch der Professor fernbleibt, wie der Autor geschrieben hat? Oder hat der Autor bloß nicht gewusst, dass die Vorlesung verlegt wurde? (So war es.)

Meist genügt eine Plausibilitätsprüfung: Kostete die Restaurierung des schiefen Turms von Pisa tatsächlich 55 Milliarden Mark? Mehr als die gesamten Kosten des Regierungsumzuges nach Berlin? Nein, das war ein klassischer Übertragungsfehler. 55 Milliarden Lire kostete die Restaurierung, etwa 55 Millionen Mark.

> **Schiefer Turm von Pisa bald wieder betretbar**
>
> **Pisa** (dpa). Nach elfjähriger Intensiv-Therapie ist der berühmteste Patient Italiens über den Berg: Um fast 44 Zentimeter ist der 58 Meter hohe Schiefe Turm von Pisa aufgerichtet worden. 55 Milliarden Mark kostete die Rettungsaktion. Im November dürfen die ersten Touristen wieder aufsteigen - 25 Mark kostet die Besteigung. Um jedes Risiko auszuschließen, dürfen jeweils nur 30 Personen auf den Turm.

Kann es sein, dass der Bodensee-Pegel in sieben Jahren um 80 Zentimeter gesunken ist, wie dpa am 15. Juni 2006 bundesweit meldete und wie die meisten Zeitungen dann auch druckten? Hätte der Redakteur bei dieser Meldung an der Plausibilität gezweifelt und bei der Primärquelle nachgefragt, wäre ihm nicht verborgen geblieben, dass hier das Jahr 1999 mit dem Jahrhunderthochwasser und das Jahr 2006 mit extremem Niedrigwasser verglichen worden sind, also keine repräsentativen Jahre. Fehlalarm für den Bodensee!

Vor allem Zahlen sollten sehr kritisch betrachtet werden. Stellen Sie sich ein Backrezept vor, in dem beim Zucker eine Null zu viel steht (1000 Gramm Zucker) oder einen Polizeibericht mit Zahlendreher (ein 91-jähriger Bankräuber).

Aber bitte: Nicht einfach ändern und gleich in Druck geben, sondern stets Rücksprache mit dem Autor halten. Womöglich kam ja wirklich keiner zur Vorlesung und die Restaurierung des schiefen Turms hat doch 55 Milliarden Mark gekostet. Der süße Kuchen braucht womöglich tatsächlich 1 Kilo Zucker und der Räuber war steinalt und wollte nun auch noch steinreich werden. Aber dann sind das ganz andere Geschichten und müssen daraufhin umgeschrieben werden.

> **Spata statt Sparta**
>
> „Schreiber, kommst Du nach Spa...“ und hättest Du aufgepasst, wäre das nie passiert. Aufmerksamen Lesern ist es natürlich nicht entgangen, dass wir in der Ausgabe vom vergangenen Sonntag einen kapitalen Bock geschossen haben. Bei dem Bericht über den neuen Athener Flughafen wurde dem Autor kurzerhand in sein korrekt geschriebenes Spata – Standort des neuen Athens Airport – ein „r“ eingefügt. Das dann, wie sollte es auch anders sein, zu allem Überfluss auch noch in der Überschrift landete. Wie viele Leser, weiß nun auch der Redakteur, dass Sparta ganz weit weg von Athen liegt, auf dem Peloponnes, und rein gar nichts mit Spata zu tun hat. Wir geloben Besserung und bitten um Entschuldigung. **Tsp**

Dem Redakteur, der nicht nachfragt, kann Peinliches passieren: In einem Artikel über den neuen Flughafen von Athen namens Spata hat der Redakteur „Spata" einfach in „Sparta" geändert, weil er dachte, der Autor habe sich mehrmals vertippt. Dem war aber nicht so: Der Flughafen heißt Spata und hat mit der Stadt Sparta nichts zu tun. Die wäre ja auch viel zu weit weg, um dort den Athener Flughafen zu bauen. Hier fehlte es dem Redakteur womöglich auch an der geographischen Allgemeinbildung.

Lesbar machen

Den Text sprachlich zu überarbeiten heißt, ihn leserfreundlich zu machen: klarer Aufbau, verständliche Sätze, treffende Wörter. Dabei helfen Ihnen die zehn Regeln. Schachtelsätze entwirren, Wortmüll, Floskeln und Überflüssiges streichen.

Vor allem bei Pressemitteilungen der meisten Verwaltungen muss das verwirrende, leserfeindliche Verwaltungsdeutsch raus: die Kombination aus Nominalstil, Passiv, Verneinungen und abstrakten Formulierungen. Denken Sie daran: Komplizierte Sätze vernebeln den Blick für den Inhalt und deshalb verstecken sich darin oft sachliche Fehler. Augen auf!

Zwei typische Leserfallen

Der Relativsatz ist oft ein Stolperdraht. *Wir danken den Dozenten, die kostenlos unterrichtet haben.* Soll das heißen: *Wir danken allen, weil sie kostenlos unterrichtet haben* oder *Wir danken nur denjenigen, die kostenlos unterrichtet haben*? Der eine Leser wird es so, der andere anders verstehen. Hier muss der Redakteur beim Autor nachfragen. Doch zunächst muss er die Falle erkennen. Relativsätze werden oft eingesetzt, wo eine logische Verknüpfung hingehört. Meist ist ein *weil*, *wenn* oder *obwohl* gemeint, aber der Autor schreibt nur *der*, *die* oder *das*. *Journalisten, die mit der Wahrheit etwas locker umgehen, sind schlecht angesehen. Weil* oder *wenn*? Oder nur diejenigen, *die*?

Zweiter typischer Stolperdraht ist der Stopfsatz. *Unklar ist, warum der weiße dressierte Tiger den gebürtigen Deutschen Roy Horn an seinem Geburtstag in Los Angeles auf offener Bühne am Hals verletzte.* Worauf bezieht sich hier *unklar ist*? Ist etwa nur unklar, warum er ihn ausgerechnet am Geburtstag anfiel? (Und an wessen Geburtstag?) Oder warum er ihn am Hals verletzte? Oder ist alles unklar? Der Leser muss oder kann es sich aussuchen. Redakteur und Autor müssen gemeinsam entwirren.

Rücksicht auf den Stil

Die rein sprachliche Überarbeitung ändert nur selten etwas am persönlichen Stil des Autors. Sie macht den Text nur leichter lesbar. Beim Überarbeiten des eigentlichen Stils (Wortwahl, Wortstellung, Rhythmus, Satzlänge) ist Zurückhaltung geboten. Lassen Sie den Autor seine Persönlichkeit im Text zum Ausdruck bringen. Drücken Sie ihm nicht Ihren Stil auf. Allerdings kommt es hier auf die Art des Textes, auf das Genre an. Bei Nachrichten und reinen Servicetexten (Tipps, Rezepte, Anleitungen) ist der Text des Autors nur Rohmasse und kann zum Wohle des Lesers beliebig stilistisch gehobelt und geschliffen werden. Zu Reportagen, Betrachtungen und Features, vor allem aber bei Kommentaren und Glossen gehört der Stil des Autors dazu. Stilblüten, Marotten, schiefe oder falsche Bilder müssen jedoch entfernt werden, um den Leser nicht vom Thema abzulenken und den Lesefluss nicht zu hemmen.

Ins Layout einpassen

Den Text ins Layout einzupassen, ist meist schon fast geschehen, wenn er sprachlich gestrafft und vom Wortmüll befreit ist. Ist der Text jetzt noch deutlich zu lang, muss mit dem Autor abgestimmt werden, was für den Leser weniger wichtig ist und wegbleiben kann. Ist der Text nur ein paar Zeilen zu kurz, kann er mit einigen Tricks leicht verlängert werden: Zum Beispiel wird aus Postfiliale die Filiale der Deutschen Post, aus Zeitungsladen wird Zeitungs- und Zeitschriftenladen. Das widerspricht zwar der Regel „so kurz wie möglich", ist an wenigen Stellen aber nur ein Schönheitsfehler und dient der schnellen Arbeit. Sind mehr als nur ein paar Zeilen zu ergänzen, muss der Autor wieder ans Werk, oder der Redakteur schreibt aus eigener Kenntnis einen Hintergrundabsatz oder -kasten dazu.

Diplomatie statt Krieg

Verstehen Sie als Redakteur den Autor als Partner, nicht als Befehlsempfänger oder gar Sklaven. Sie beide arbeiten gemeinsam an einer Sache: an einem guten Text. Daher sehen Sie die Zusammenarbeit, die Diskussionen und auch den kreativen Streit stets sachlich, niemals persönlich. Der Autor braucht Sie, aber Sie brauchen auch den Autor. Gehen Sie diplomatisch vor, wenn Sie dem Autor sagen müssen, dass sein Text nur mit starken Veränderungen gedruckt werden kann. Zum Beispiel: „Eine schöne Geschichte, gefällt mir gut. Man merkt, dass Sie sich auskennen. Aber für unser Blatt muss das noch mehr auf unsere Leserschaft zugeschnitten werden; mein Chef ist da sehr eigen. Das verstehen Sie als Profi doch sicher. Darf ich Ihnen ein paar Vorschläge machen?"

Presserecht: Was darf ein Redakteur verändern?

Ein Beitrag darf laut Urheberrechtsgesetz nur verändert werden, wenn und soweit das mit dem Autor vereinbart ist. Als stillschweigend vereinbart gilt unter Profis allerdings das übliche leichte Schleifen: Korrigieren, leichtes Kürzen, sanftes Redigieren. Niemals darf ein Beitrag entstellt, verfälscht oder in seinem Sinn verändert werden.

Zwischen sanftem Schleifen und grobem Zerhacken gibt es eine große juristische Grauzone. Die grobe Linie der Rechtsprechung lautet: Es gilt, was bei der konkreten Zeitschrift oder Zeitung üblich ist, wenn der Autor das dort Übliche kennt und dem nicht widerspricht. Als Faustregel gilt außerdem: Je mehr Vorlauf ein Beitrag bis zum Druck hat, desto mehr muss der Autor bei Änderungen gefragt werden. Monatsmagazine müssen also mehr fragen als Tageszeitungen – falls der Artikel kurzfristig erscheint. Wenn möglich sollte der Autor die Druckfassung freigeben.

Bei fest angestellten Autoren ist meist im Arbeitsvertrag geregelt, wer und wie viel am Text verändert werden darf.

(Mehr dazu in Michael Schmuck, Das neue Presserecht, Verlag Rommerskirchen 2006.)

6.3 Die Nachricht

„Das ist ein knallharter Nachrichtenmann." Haben Sie das auch schon über so manchen Journalisten-Kollegen gehört? Man ist beeindruckt, weiß aber nicht, was es bedeuten soll. Ist der Kollege besonders gerissen, besonders klug? Arbeitet er sehr schnell? Oder kann er ausgezeichnet Themen und Texte aus einem großen Agenturangebot auswählen? So ganz genau wird man das wohl nie erfahren. Vielleicht hilft es bei der Suche nach einer Antwort zunächst einmal zu wissen, was eine Nachricht ist.

Die Nachricht ist die kühlste journalistische Form. Sie muss dem Leser möglichst **objektiv** und **nüchtern** einen Sachverhalt mitteilen: ohne Meinung, ohne Wertung, ohne persönlichen Eindruck, ohne subjektive Elemente des Autors.

Eine Nachricht kann also nicht lauten: *An einem der schönsten Frühlingstage entschied sich der erfolglose Vorstandschef sein viel zu hohes Gehalt den Arbeitnehmern zur Verfügung zu stellen, um ihnen zu helfen. Dafür gebührt ihm Dank.* Das klingt schon mal nicht knallhart. Aber auch aus anderen Gründen muss diese Nachricht so formuliert sein: *Am 14. Mai teilte der Vorstandschef mit, dass er sein Jahresgehalt von fünf Millionen Euro dem Unternehmen zur Verfügung stellt, um Arbeitsplätze zu retten.* Meinung und Eindruck sind also fehl am Platz: *schönster, erfolglos, viel zu hoch, Dank.* Sie dürfen aber die Meinung anderer in die Nachricht einbauen, wenn sie wichtig ist: *Der Verein zum Schutz der Aktionäre hat das Gehalt mehrfach als unangemessen hoch angesehen.*

Schon bei der Wortwahl muss der Nachrichtenmann knallhart Vorsicht walten lassen, um Wertungen zu vermeiden. Oft verstecken sich in gebräuchlichen Begriffen Meinungen: *befürchten, freuen auf, erwarten, hoffen, behaupten, wollen.* Der Nachrichtenschreiber weiß zum Beispiel nicht, ob jemand wirklich das will, was er sagt (*Merkel will dies oder das nicht*), daher ist ein Zitat oder indirekte Rede besser: *Merkel sagt, sie wolle nicht.* Dann aber *sagt* und nicht *behauptet*, sonst werten Sie wieder.

Außerdem müssen in einer Nachricht **Fakten möglichst genau** sein: *14. Mai, 5 Millionen Euro, Arbeitsplätze retten.* Ja: Fakten, Fakten, Fakten! Das klingt knallhart. Aber auch: genau, genau, genau! Wenn Sie die Fakten nicht genau recherchieren können, schreiben Sie das: *Die Höhe des Gehaltes ist geheim oder war nicht zu ermitteln.* Und lassen Sie einen Fachmann sprechen: *Der Wirtschaftsexperte Müller schätzt es auf vier bis fünf Millionen Euro.* Genaue Fakten sprechen für journalistische Qualität und untermauern die Glaubwürdigkeit Ihres Beitrages.

Bei der Nachricht sind die **journalistischen „Ws"** von größter Bedeutung: *Wer, wann, wo, wie, was, wem, warum, wie viel?* In der Nachricht dürfen keine Fragen offen bleiben, denn die Nachricht kann Löcher in den Fakten kaum verstecken – im Unterschied etwa zur Reportage oder zum Kommentar, in denen schöne Beschreibungen und gelungene Formulierungen Faktenmängel übertünchen können.

Hintergründe und **Zusammenhänge** der Fakten sind ein Fakt für sich und bei vielen Nachrichten äußerst wichtig. Leider fehlen sie allzu oft. Der Leser erfährt sehr viel, weiß aber nicht, um was es geht oder was das soll. Das *Warum* fehlt sehr oft. Wenn eine Nachricht lautet, der Schuhgroßhändler Garant verklage den Energiekonzern EnBW wegen falscher Vorratsangaben im Schuhlager, so muss der Leser auch erfahren, was EnBW mit Schuhen zu tun hat.

Wenn es zu Fakten verschiedene Angaben aus unterschiedlichen Quellen gibt, dann schreiben Sie das; entscheiden Sie sich nicht einfach für eine. Wenn eine Quelle zum Beispiel von 32 Toten, eine andere von 37 und eine von mindestens 30 spricht, so thematisieren Sie das: *Es ist nicht sicher, wie viele Tote es bei dem Anschlag gab. Polizei, Feuerwehr und Augenzeugen machen unterschiedliche Angaben: von mindestens*

30 bis zu genau 37. Dem Leser zeigt das Ihre Ehrlichkeit und damit Glaubwürdigkeit, außerdem aber die Verwirrung, die nach dem Anschlag herrschte.

Bagdad – Bei einer Serie von blutigen Anschlägen im Irak sind am Donnerstag fast 50 Menschen getötet worden, die meisten davon Kinder. Allein in Bagdad starben nach Krankenhausangaben mindestens 41 Menschen bei der fast zeitgleichen Detonation von drei Autobomben. Unter den Opfern waren insgesamt 37 Kinder. Mehr als 200 Bewohner wurden verletzt in Krankenhäuser gebracht. Überlebende irrten nach den Anschlägen über Pfützen von Blut, in der Leichenhalle des Jarmuk-Krankenhauses weinten Eltern über den kleinen Leibern ihrer getöteten Kinder.

Der verheerendste der drei Anschläge ereignete sich bei der Einweihungsfeier einer Wasserpumpstation, wo laut Augenzeugen mindestens 32 Kinder starben. Bei zwei weiteren Autobombenanschlägen in und um Bagdad wurden insgesamt fünf Menschen getötet und 29 weitere verletzt. Eine radikalislamische Gruppe brachte unterdessen nach eigenen Angaben zehn Menschen im Irak in ihre Gewalt.

Ärzte im Jarmuk-Krankenhaus von Bagdad sprachen von 37 getöteten Kindern und vier getöteten Erwachsenen bei den drei Autobombenanschlägen. Nach der Explosion der ersten Autobombe bei der Feier an der Wasserpumpstation im Wohngebiet El Amel wurde Augenzeugen zufolge mindestens eine Anti-Panzer-Granate abgefeuert. Kurz darauf sei eine zweite Autobombe detoniert. Die Explosionen ereigneten sich laut Augenzeugen beim Vorbeifahren eines US-Konvois. Nahezu parallel detonierte ein Sprengsatz etwa einen Kilometer

BAGDAD - Bei einer Serie von Bombenanschlägen sind am Donnerstag in Bagdad weit mehr als 50 Menschen ums Leben gekommen, die meisten von ihnen Kinder. Mehr als 200 Menschen wurden verletzt in Krankenhäuser gebracht. Drei Autobomben detonierten nahezu zeitgleich. Damit erreichte die Gewalt im Irak nur wenige Wochen vor der Präsidentschaftswahl in den USA und vier Monate vor der Wahl im Irak neue Ausmaße. Trotz der neuen Welle der Gewalt will Premierminister Ijad Allawi die Wahl aber wie geplant im Januar stattfinden lassen.

Am verheerendsten war ein Anschlag während der Einweihungsfeier eines neuen Abwassersystems im Westen Bagdads. Bei der Vorbeifahrt eines US-Militärkonvois explodierten drei Autobomben, die mindestens 42 Menschen in den Tod rissen. Unter ihnen waren weit mehr als 30 Kinder – so viele wie nie zuvor seit

Pro Tag gibt es 80 Angriffe auf US-Soldaten – doppelt so viele wie vor einem Monat

Beginn des irakischen Aufstands vor 17 Monaten.Überlebende irrten nach dem

Wenn es wie hier offensichtlich unterschiedliche Todeszahlen gibt, müssen Sie das thematisieren und dürfen sich nicht für eine Zahl entscheiden.

Die **Quelle** für die Informationen gehört stets in die Nachricht, und zwar in den zweiten Satz, jedenfalls noch in den ersten Absatz. Der Leser muss gleich wissen, woher Ihre Informationen stammen. So kann er einschätzen, wie seriös und glaubhaft die Informationen sind. Außerdem sichern Sie sich in gewissem Umfang gegen Falschmeldungen ab.

Nachrichten, die auf eher unseriösen oder unsicheren Quellen basieren, sollten Sie allerdings erst gar nicht drucken. Berufen Sie sich auch nicht allein auf andere Medien, zum Beispiel andere Zeitungen oder Sender, die selbst keine Quelle angegeben haben. Ein anderes Medium ist keine Quelle, sondern nur ein Übermittler. Das gilt auch für Agenturen. Wenn in einer Agenturmeldung keine Quelle angegeben ist, muss der knallharte

32 Festnahmen nach Drogenrazzia

NEURUPPIN. Bei einem Großeinsatz gegen Drogenhandel sind in Brandenburg und Berlin 40 Objekte durchsucht und 32 Personen festgenommen worden. Wie die Staatsanwaltschaft Neuruppin am Donnerstag mitteilte, waren an der Aktion am Vortag zeitgleich mehr als 160 Beamte beteiligt. Sie stellten in Berlin sowie den Kreisen Uckermark, Barnim und Oberhavel größere Mengen verschiedener Betäubungsmittel, Utensilien zum Drogenkonsum sowie „nicht unerhebliche Bargeldbeträge" sicher. Sechs Männer befinden sich den Angaben zufolge bereits in Untersuchungshaft. Gegen zwei weitere beantragte die Staatsanwaltschaft ebenfalls Haftbefehle. *(dpa)*

Keine zusätzlichen Lehrer

Stuttgart (AP) – Wegen der schlechten Haushaltslage verschiebt das badenwürttembergische Kultusministerium die Einstellung von 200 zusätzlichen Lehrern um ein Jahr auf 2006. Ein Ministeriumssprecher bestätigte am Donnerstag einen Bericht der *Stuttgarter Nachrichten*. Vom nächsten Jahr an sollen neue Lehrer außerdem für die ersten drei Jahre kein Weihnachtsgeld bekommen. Die Landesregierung hatte am Dienstag die Eckpunkte des Etats vorgestellt.

Gut: Bei der Drogenrazzia nennt DPA die Quelle gleich im zweiten Satz. Schön: Der AP-Redakteur hat beim Ministerium gefragt, ob der Bericht der STUTTGARTER NACHRICHTEN korrekt war. Schlecht: Nur der RBB ist Quelle für den fehlenden Schüler.

Fehlen eines Schülers zehn Monate lang nicht bemerkt

Ein neunjähriger Spandauer Junge besucht seit zehn Monaten keine Schule mehr – und keine Stelle hat etwas davon bemerkt. Unter den zuständigen Behörden soll es keine Abstimmung gegeben haben, heißt es in einem Radiobericht des RBB. Der Junge hatte die Schule am Gartenfeld in Spandau besucht. Nach einem Vorfall auf dem Schulhof hatte der Vater ihn nicht mehr zur Schule geschickt. Der Schulrat habe ein Versprechen, sich um eine andere Schule zu kümmern, nicht eingehalten, sagte der Vater. Der Schulrat wiederum gab an, von der Schule nichts zu dem Vorgang gehört zu haben. Die Schule verwies darauf, nichts vom Schulrat gehört zu haben, worauf beide Seiten davon ausgegangen seien, dass „alles in Ordnung ist". *(dpa)*

Nachrichtenmann selbst die Sache recherchieren oder eine seriöse, handfeste Bestätigung für die Quelle finden.

Der **Aufbau** einer Nachricht ist streng hierarchisch. Das Wichtigste gehört nach vorn, nach hinten, wird es immer weniger wichtig. So erfährt der Leser sofort das Neueste oder Interessanteste und kann weiterlesen, wenn er mehr wissen möchte, und jederzeit aufhören, wenn es für ihn nicht mehr wichtig ist. Der Leser muss darauf vertrauen, dass dahinter nicht noch etwas Wichtigeres kommt.

Oft stellt sich aber erst einmal die Frage: Was ist das Wichtigste? Was ist denn die **Nachricht** an der Nachricht? Was ist das Neue oder Interessante? Was ist der „Küchenzuruf"? Wenn der deutsche Außenminister vor den Vereinten Nationen fordert, dass Deutschland einen ständigen Sitz im Sicherheitsrat bekommt, kann es viele Nachrichten, viel Wichtiges geben:

- Deutschland will in den Sicherheitsrat. – Nun, da sitzt Deutschland ja schon. Nur nicht als ständiges Mitglied. Also: keine Nachricht.

- Deutschland will ständiges Mitglied werden. – Das ist nicht neu. Aber jetzt verlangt Deutschland es offiziell. Das kann die Nachricht sein.
- Die meisten UNO-Mitglieder wollen Deutschland als ständiges Mitglied. – Damit ist Deutschlands wichtige Rolle in der Welt anerkannt. Ja, das kann die Nachricht sein.
- Deutschland fordert einen nationalen Sitz, keinen europäischen. – Das kann auch die Nachricht sein.
- Italien ist gegen einen ständigen Sitz Deutschlands. – Auch das kann die Nachricht sein.

Ein anderes Beispiel: Wenn Mediziner einen Kongress abhalten, um über Gefäßverkalkung zu debattieren, die Haupttodesursache in Deutschland (280.000 Tote pro Jahr), kann vieles das Wichtigste oder Interessanteste sein:

> **Gefäßerkrankungen sind Todesursache Nummer eins**
>
> LEIPZIG, 30. September (dpa). Gefäßerkrankungen sind die Todesursache Nummer eins in Deutschland. Jedes Jahr erlitten rund 280 000 Menschen einen Herzinfarkt oder Schlaganfall als Folge der Gefäßverkalkung (Arteriosklerose), wie der Leipziger Mediziner Joachim Thiery am Donnerstag zu Beginn des 1. Deutschen Atherosklerosekongresses mitteilte. Bis Samstag diskutieren in Leipzig 300 Mediziner über aktuelle Forschungsergebnisse zur Entstehung von Gefäßerkrankungen. Die Fachleute mahnten eine bessere Vorbeugung gegen die auch als Atherosklerose bezeichnete Arteriosklerose an. „Atherosklerotische Erkrankungen sind die Seuche des 21. Jahrhunderts", sagte Thiery. Bei älteren Patienten würden fast ein Viertel der Kosten durch Erkrankungen des Herzkreislaufsystems verursacht. Schlechte Ernährung, körperliche Inaktivität, Bluthochdruck und ein hoher Cholesterinwert gehörten zu den Risikofaktoren. Thiery rechnet damit, daß 2010 pro Jahr 360 000 Menschen an den Folgen erkranken.

- Gefäßverkalkung ist Todesursache Nummer 1 in Deutschland. – Ist nicht neu; daher wohl keine Nachricht.
- 280.000 Tote pro Jahr. – Die Zahl ist auch nicht neu, aber immer wieder interessant und offenbar nicht abschrekkend für Raucher, die Bevölkerungsgruppe, die am meisten von Gefäßerkrankungen betroffen ist. Dass Raucher sich von der Todesrate nicht abschrecken lassen, kann die Nachricht sein. Kurioserweise kommen die Raucher aber im Text gar nicht vor.

- Der Kongress findet statt. – Besonders dann interessant und neu, wenn es der erste ist. Kann in diesem Fall auch die Nachricht sein. Warum ein spezieller Kongress für Verkalkung?
- Verkalkte verursachen sehr hohe Kosten für die Krankenkassen. – Auch das kann die Nachricht sein. Dann sollte aber auch erwähnt sein, wie viele Raucher zu den Verkalkten zählen.
- So beugen Sie der Verkalkung vor. – Das wäre auch eine gute Nachricht.

Es kann viele Küchenzurufe geben. Den Treffendsten auszuwählen ist auch eine Aufgabe des knallharten Nachrichtenmannes. Hier kommt nun ganz natürlich auch Subjektivität ins Spiel. Aber auch objektive Kriterien: Welche Vorbildung, welchen Kenntnisstand hat mein Leser, Hörer oder Zuschauer? Der Küchenzuruf ist abhängig von der Zielgruppe. Wenn die SPD bei Wahlen Stimmen verliert, berichten die meisten das so. Die TAZ schreibt dann aber: „SPD über fünf Prozent". So hat jeder seinen Küchenzuruf.

Ist entschieden, was die Nachricht ist, muss oft noch über die **Länge** und damit über die **Bedeutung** des Beitrages entschieden werden. Ist der Beitrag über den Prozess gegen die Nachfahren der Meuterer von der „Bounty" nur eine Meldung wert? Oder wird es ein Zweispalter, Dreispalter oder gar der Aufmacher? Beim Rundfunk: 0:30 oder 2:30 Minuten? Auch das ist subjektiv und abhängig von der Zielgruppe.

Wissen Sie nun vielleicht, was ein knallharter Nachrichtenmann ist? So viel ist klar: Er muss nüchtern (das ist nicht persönlich gemeint), sachlich und schnell berichten und dabei ein Gespür haben, was denn überhaupt die Nachricht an einer Geschichte ist. Doch ist er deswegen knallhart?

Anklage gegen die Nachfahren der Meuterer

Auf der Pazifikinsel Pitcairn stehen mehrere Männer wegen Mißbrauchs vor Gericht / Von Alexander Hofmann

SYDNEY, 30. September. Eine größere Entfernung von der Zivilisation ist kaum denkbar. Mitten im größten Meer der Welt liegt die kleine Insel, zwei Kilometer breit, drei Kilometer lang, dicht bewachsen mit Palmen und hohen Nadelbäumen. Trotz ihrer Einsamkeit auf halbem Weg zwischen Neuseeland und Südamerika ist der Name der Insel Pitcairn berühmt, denn hier landeten 1789 die Meuterer von der Bounty. In den Filmen über die Meuterei sind die Aufständischen meist als aufrechte Seemänner dargestellt worden, die sich gegen den unmenschlichen oder gar wahnsinnigen Kapitän William Bligh wehrten. Die Nachricht von der Meuterei und der abenteuerlichen Reise Blighs auf einem winzigen Boot bis
ins heutige
Schlagzeile
der Meute
Denn seit D
nen auf ihre
Seit Anf
Richter, A
und Journa
Kolonie im
von 47 Me
der es nur
men gibt. D
gen Vergew
in 55 Fäller
nige der mu
hen vor vi
Verfahren
würfe gege
meister der
komme des
Fletcher C
mal zum S
nach Anga
aus. Insges
Vergewaltig

Handlungen zwischen 1964 und 1975 vorgeworfen.

In dieser Woche hatten mehrere Frauen die von ihnen sonst wenig geschätzten anwesenden Pressevertreter eingeladen, um die Vorwürfe gegen die Männer zu entkräften. Sex im Jugendalter sei eine polynesische Tradition, erklärten sie. Niemand sei gezwungen worden. Sex mit vorpubertären Kindern habe es nicht gegeben. „Es hat nie eine Vergewaltigung auf der Insel gegeben", sagte die Bewohnerin Carol Warren. „Ich war eines davon, ich hatte Sex mit 12. Ich wußte genau was ich tat, und ich wurde nicht dazu gezwungen." Einige Frauen haben inzwischen ihre Vorwürfe zurückgezogen. Fraglich bleibt, ob die Frauen das aus Überzeugung tun oder aus der Angst, daß im Falle einer Verurteilung der Hälfte aller männlichen Erwachsenen die winzige Kolonie nicht mehr überlebensfähig wäre.

Das Buch „Serpent in Paradise" der britischen Journalistin Dea Birkett hatte vor sieben Jahren Licht auf die Verhältnisse auf der Insel geworfen. Demnach entwickelten die Bewohner mangels überlieferter westlicher Moralvorstellungen „untereinander Beziehungen, die anderswo als unakzeptabel angesehen würden". So hätten sich zwei Schwestern einen Mann geteilt, Frauen hätten Kinder von mehreren Männern. Minderjährige unterhielten laut Birkett Beziehungen zu älteren Männern, und Mütter seien nicht selten erst 15 Jahre alt. Unter anderem wurden die Ermittlungen zu dem Fall nun dadurch erschwert, daß jeder mit jedem verwandt ist. Die Untersuchungen begannen vor fünf Jahren, als eine der Inselfrauen einer britischen Polizistin berichtete, daß sie mißbraucht worden war.

Auf der Insel sind bereits sechs Gefängniszellen entstanden, gebaut von den Männern, die im Falle eines Schuldspruchs dort einsitzen müßten. Dieselben Männer waren es auch, die ihre Ankläger im Langboot durch die Brandung auf die Insel brachten. Mehrere Zeugen der Anklage sollen per Videokonferenz aus Neuseeland und Australien zugeschaltet werden. Vier weitere Beschuldigte leben in Neuseeland, zwei in Australien. Ihnen soll zu einem späteren Zeitpunkt der Prozeß gemacht werden. Ein Antrag auf Aussetzung des Prozesses auf der Insel wegen Befangenheit des Richters wurde am Mittwoch abgelehnt.

Bisher haben die Pitcairner überlebt, indem sie neben der Bewirtschaftung ihrer Insel und dem Fischfang mit dem Verkauf von Briefmarken und Kunsthandwerk die nötigen Devisen zum Ankauf von Treibstoff für ihren Stromgenerator sowie Maschinen und Werkzeuge erwirtschaftet haben. Nach Schätzungen von Fachleuten wäre aber eine Bevölkerung von mindestens 100 Menschen nötig, um das kleine Gemeinwesen am Leben zu erhalten. Die meisten Pitcairner leben heute in Neuseeland oder auf der zu Australien gehörenden Norfolk-Insel. Vor allem junge Leute, die einmal die Vielfalt außerhalb ihrer winzigen Insel erlebt haben, kommen meist nicht mehr zurück. Pläne, einen Flughafen für Kleinflugzeuge zu bauen, sind bisher an Geldmangel gescheitert. Pitcairn kann nur per Schiff erreicht werden, hat aber keinen Hafen: Jeder Besucher muß mit dem Lang boot abgeholt werden.

eister Steve Christian (Mitte) auf dem Weg zum Gericht Foto AP

Prozess gegen „Bounty"-Nachfahren

AUCKLAND. Auf der winzigen Pazifikinsel Pitcairn begann am Donnerstag der Prozess gegen sieben Nachfahren der Meuterer von der „Bounty". Den sieben Männern werden Vergewaltigung und sexueller Missbrauch in 55 Fällen vorgeworfen. Zum Auftakt beschuldigte eine Zeugin den mitangeklagten Bürgermeister des Eilandes, Steve Christian, sie als Kind vier Mal vergewaltigt zu haben. Christian wies die Anschuldigungen zurück. Zum Prozessauftakt kamen fünf Zuschauer. *(dpa)*

Je nach Leserschaft und Ausrichtung des Blattes, aber auch nach Interesse des Redakteurs kann ein Thema als Meldung oder als Vierspalter erscheinen.

6.4 Die Reportage

Ja, genau: der Anfang. Der Anfang ist das große Problem. Ein dicker Schreibblock voller Informationen, Zitate, Beschreibungen liegt provozierend da. Und ein Stapel Zettel mit Notizen grinst förmlich vom Tisch, als würde er hämisch sagen wollen: Und nun? Was nun? Jetzt ist dir das Schreiben wohl vergangen?

Nein, vergangen ist es nicht, aber alle Denkkanäle sind voll und müssen erst einmal durchlüftet werden, bevor es losgehen kann. Denn die Antwort auf die Frage „*Wie* fang ich an?" hat gleich zwei Aspekte: „*Womit* fang ich an?" und „*Was* schreib ich hin, was lass ich weg?" Dabei hilft Gefühl erst einmal mehr als Denken. Die beste Methode ist gar keine: aus dem Bauch heraus anfangen. Was hat mich am meisten beeindruckt, was war außergewöhnlich, was spannend, traurig oder rührend? Und vor allem: Was ist die Geschichte – was will ich erzählen? Denn es ist mein subjektiver Blick, meine Perspektive, die ich für den Leser aufschreibe.

Hier hilft mal wieder der „Küchenzuruf", die Schwelle des Anfangs zu überwinden: Was habe ich als erstes erzählt, als ich von der Recherche zurückkam? Damit kann ich anfangen. Und dieser Einstieg deutet auch schon die gesamte Geschichte an, denn der Einstieg beginnt den roten Faden zu knüpfen.

Den Leser führen

Vom Einstieg an muss der Leser am roten Faden entlang geführt werden. Niemals darf er ihn verlieren. Welche Art von Einstieg Sie wählen, hängt von der Geschichte ab. Auch hier ist der Bauch zunächst wichtiger als ein überlegtes Vorgehen. Für manche Geschichte ist ein szenischer Einstieg gut, für eine andere ein tagebuchartiger, ein chronologischer. Manchmal ist eine Anmoderation oder einführende Frage passend, ein anderes Mal ein „knackiges" Zitat: richtungweisend, interessant, witzig oder entlarvend. Ganz gleich, womit Sie anfangen, danach müssen Sie die Geschichte für den Leser wie einen roten Teppich ausrollen. Dabei ist es gleich, ob Sie nun dabei äußerst planvoll vorgehen und die Rollrichtung und Geschwindigkeit zunächst detailliert planen oder ob Sie eine Eigendynamik entwickeln und beim Schreiben die Geschichte immer nur ein paar Zentimeter vor sich entwickeln. Allerdings kommen Sie ganz ohne Skizze, ohne Ablaufplan nicht aus, entweder im Kopf intuitiv spontan oder auf dem Papier dezidiert geplant.

Geschichten erzählen

Viel wichtiger ist, dass Sie überhaupt in der Lage sind, eine *Geschichte* zu erzählen. Denn daran mangelt es immer öfter. Viele Journalisten können zwar schön schreiben, aber sie können nicht erzählen. Wer Geschichten erzählen kann, schreibt automatisch spannend, kurzweilig und flüssig. Wer nur Eindrücke zusammenhanglos aneinanderreiht, wirft dem Leser Puzzlestücke hin, die er selbst erst zusammenfügen muss.

Sie können beispielsweise eine Reportage über eine alte Fabrik entlang der Bau-, Anbau- oder Umbauphasen erzählen oder entlang der Hallen und Räume, die sie nach und nach durchschreiten, oder entlang des Lebens des Hausmeisters, der von Anfang an dabei war. Der rote Faden bestimmt Ihre Geschichte und Ihre Geschichte den roten Faden.

Berücksichtigen müssen Sie in Ihrer Ablaufskizze jedenfalls die Länge der Reportage. Das ist wichtig fürs Luftholen am Anfang. Sie dürfen weder mit zu viel Luft starten, noch atemlos werden. Auf nur hundert Zeilen können Sie meist nur einen beispielhaften Ausschnitt, einen repräsentativen Teil der Geschichte unterbringen. Zweihundert Zeilen müssen für die ganze Geschichte in Kurzform genügen und auf vierhundert Zeilen können Sie den Leser in die Tiefe reißen.

Wer Augen hat zu sehen ...

Damit die Geschichte fesselt und der rote Faden nicht verloren geht, dürfen Sie nichts erzählen, was von Ihrer Geschichte abschweift. Keine Beschreibung, kein Zitat, keine Person, die mit der Geschichte nichts zu tun hat. Aber was ist denn nun die Geschichte und wie finde ich sie? Da muss man fast biblisch werden: Wer Ohren hat zu hören, der höre, und wer Augen hat zu sehen, der sehe. Und wer Hände hat zu tasten ... Genug! Wer keinen Blick für Geschichten hat, wer nicht hinhören, nicht beobachten, nicht empfinden kann, der kann natürlich auch keine Geschichte erzählen und sollte sich in der großen Vielfalt der journalistischen Sparten eine andere wählen.

Fast jedes Thema ist geeignet

Natürlich erzählt sich eine ohnehin spannende Geschichte voller Leben, Menschen und Attraktionen, etwa die Geschichte eines Spions, einfacher als eine auf den ersten Blick langweilige und leblose, etwa der Alltag eines Museumswächters. Aber im Grunde kann ein Thema für eine Reportage nur mehr oder weniger geeignet sein. Denn es ist ja gerade das Geschick eines guten Reporters, das Spannende, das Kuriose, das Besondere für den Leser herauszufinden und darzustellen. Darum sollte man nicht voreilig sein mit seinem Urteil, dass sich „so etwas für eine Reportage nicht eignet", wie häufig in Redaktionen zu hören ist. Es kommt auf den Blickwinkel, auf den Zugang an. In meinen Seminaren hat ein Volontär einmal sehr lebhaft und spannend über einen Kreuzberger Friedhof geschrieben, über Grüfte und blumengießende Witwen – entgegen meinen Befürchtungen. Er hat sehr gut beobachtet und die richtigen Worte gefunden.

Konkrete Bilder erzeugen

Zu einer Geschichte gehören Beschreibungen und Eindrücke, und zwar konkrete. Der Leser darf nicht raten müssen, wie eine Person, wie ein Raum, wie eine Maschine aussieht, riecht oder klingt. Der Reporter muss es ihm eindeutig mit klaren Worten mitteilen. *Jung und schön* ist keine Beschreibung, die konkret vor Augen führt. Konkret ist *zwanzigjährig, blauäugig, weißblond, schlank. Groß und breit* ist zu abstrakt und relativ. Konkret ist entweder *der Zwei-Meter-Mann* oder *ein Mann, der nicht durch eine Tür passt.*

Laut kann je nach Empfindlichkeit des Lesers verschiedene Vorstellungen wecken. Besser ist: *Es knallte, dass die Fensterscheiben vibrierten. Noch fünf Minuten danach dröhnte es mir in den Ohren und ich überhörte sogar das schrille Klingeln des Telefons.* Ein großer, dunkler Raum? Wie groß? So groß wie ein halber Tennisplatz? Wie dunkel? Ganz ohne Fenster, ohne Licht? Oder nur so dunkel, weil er wenige Fenster hatte und braun gestrichene Wände?

Vor allem die Personen, ganz besonders die Hauptpersonen, müssen genau beschrieben werden: Alter, Größe, Statur, Haarfarbe, Kleidung und Gebaren sind wichtig, um beim Leser ein konkretes Bild zu erzeugen. Ohne ein solches Bild sieht der Leser Ihren Protagonisten möglicherweise ganz anders als er war. Und dann versteht er Ihre Geschichte auch anders. Um sich gleich das richtige Bild machen zu können, müssen die Personen auch frühzeitig beschrieben werden, sonst schleppt der Leser über mehrere Absätze ein falsches Bild mit sich.

Wenige Darsteller

Damit der Leser Ihrer Geschichte folgen kann, dürfen Sie ihn allerdings auch nicht überfrachten mit Details und Personen. Details, die für die Geschichte ohne Belang sind, bleiben draußen. Und mehr als drei Hauptpersonen sind unerträglich. Der Leser verliert bald den Überblick;

denn alle Hauptpersonen müssen benannt und beschrieben werden. Am besten sind ein oder zwei Hauptdarsteller und zwei oder drei Nebendarsteller. Darsteller! Da sind wir nun bei dem berühmten Satz „Reportage ist Kino im Kopf". Dieser Satz wird gern als Mantra dieses Genres in fast allen Büchern über die Reportage genannt. Und er ist richtig. Alles, was für einen guten Film gilt, gilt auch für die Reportage und ist oben aufgeführt.

Fakten, Hintergründe, Zusammenhänge

Neben den Personen, Eindrücken und Beschreibungen sind auch Zusammenhänge und Fakten für den Leser wichtig, damit er die Geschichte richtig verstehen kann. Der Reporter muss alle Fragen beantworten, die sich der Leser stellt oder stellen kann. Historische, geografische oder wissenschaftliche Daten, Biografien, Verwandtschaftsverhältnisse, Unternehmensstrukturen können entweder geschickt in die Reportage selbst eingeflochten werden (*Der Suezkanal hat seit seiner Eröffnung 1862 eine gewaltige ...*), etwa mit Zitaten oder kurzen Hintergrundabsätzen; oder Sie setzen sie in einen Kasten. Bei einer Reisereportage zum Beispiel gehören klassischerweise Zug- oder Flugverbindungen, Preise, Umtauschkurs, Einreisebedingungen in einen Kasten.

Ich, ich, ich

Was viele Redaktionen verabscheuen, ist die Nabelschau des Reporters. Der Reporter ist im Auftrag des Lesers unterwegs, um ihm eine Geschichte zu erzählen. Reportieren heißt *zurücktragen*. Selbstverständlich ist es die Perspektive des Reporters, zweifellos sind es seine Eindrücke, die er schildert. Aber er darf sich dabei nicht zum Mittelpunkt machen. Ob die Nabelschau in der Ich-Form oder in der Betrachterperspektive geschieht, spielt dafür keine Rolle. Das immer wiederkehrende *Ich* wird aber von vielen Lesern zusätzlich als Zeichen von Egomanie verstanden.

Selbsterfahrungsreportagen können gelungen sein, wenn der Leser sich in den Reporter hineinversetzen kann, der Reporter die Selbsterfahrung also nur als Stilmittel benutzt, um dem Leser die Geschichte mitzuteilen (Klassiker: der erste Fallschirmsprung). Ein Reporter, der sich aber so wichtig nimmt, dass er glaubt, der Leser wolle über ihn und seine Meinung etwas erfahren, sollte besser Kommentare oder seine Autobiographie schreiben.

Keine Meinung, keine Reflexion

Apropos Kommentar: Meinung gehört nicht in die Reportage. Die Perspektive des Reporters ist ohnehin subjektiv. Sie haben bereits verkürzt, fokussiert und zugespitzt. Meinung gehört nicht zum Geschichtenerzählen. Die Meinung kann und soll sich der Leser selbst bilden.

Allerdings behaupten viele große Reporter, der Leser solle die kompetente Meinung eines großartigen Journalisten kennen. Kann er! Dann ist es aber keine Reportage mehr, sondern eine Betrachtung und sollte auch so für den Leser gekennzeichnet werden, zum Beispiel: *Walter Wüllenweber über den Alltag in .... Eine kritische Betrachtung des ...*

Wie wahr?

Der Reporter darf bei seiner Geschichte verkürzen, vereinfachen, zuspitzen und fokussieren, er darf aber nicht abstumpfen, banalisieren, überspitzen und mit Scheuklappen betrachten. Erst recht darf er nicht erfinden. Das scheint nicht allen klar zu sein; manche Reporter finden ihre Lügen sogar schick. Immer wieder ertappe ich in Seminaren Teilnehmer, die angeblich um der Geschichte willen Dichtung und Wahrheit mischen. Lassen Sie's! Wer gut recherchieren und schreiben kann, hat das nicht nötig. Erfindungen oder die verbreiteten Kunstfiguren – aus mehreren realen Personen zusammengezimmerte Fantasie-Charaktere –

brauchen nur die Reporter, die das wahre Leben nicht spannend genug beschreiben können. Auch die typische spannende Nacht auf der Reeperbahn, die in Wahrheit das Konzentrat aus mindestens sieben wenig spannenden Nächten war, ist Leserbetrug. Der Leser will wissen, wie es ist, nicht wie es sich ein fantasievolles Reporterhirn vorstellt.

Die Einstiege

Über Worte lässt sich trefflich streiten, darum gibt es auch viele Namen für Einstiegstypen. Einstiege in strenge Kategorien einzuteilen widerspricht allerdings der freien Form der Reportage. Deshalb will ich hier nur beispielhaft einige mögliche Einstiegstypen zeigen. Jede andere Form, jede Mischform ist möglich, wenn sie ihren Zweck erfüllt: den Leser in die Geschichte hineinziehen, ihn neugierig machen. STERN-Gründer Henri Nannen soll gesagt haben: „Mit einem Erdbeben beginnen und dann langsam steigern."

Der am meisten verbreitete Einstieg ist wohl der szenische: mittendrin beginnen, den Leser in die Geschichte entführen. Aber ihm auch sehr bald sagen, um was es geht.

> *Sören sitzt vor dem Spiegel und zischt durch seine Milchzähne. Kritisch schaut er auf sein breites Grinsen. „Sch" zischt er und zwängt seinen Atem hinter den Schneidezähnen hervor. „ßßß" tönt es rechts neben ihm. Hartmut Grüning zischt gegen den Spiegel, mit der gleichen Miene wie sein fünfjähriger blonder Schüler. Dann wiegt er den Kopf hin und her, ergreift die kleinen Hände und presst sie gegen seine Brust, seinen Kehlkopf und seine Lippen, während er sein „ßßß" ausstößt. Sören soll das Zischen spüren, den Luftstrom vor den Zähnen fühlen, denn er kann ihn nicht hören. Sören ist taub.*
>
> *In der Vorklasse der Schule für Hörgeschädigte lernt Sören das Sprechen ...*

Der **Tagebucheinstieg** eignet sich für chronologisch gegliederte Reportagen: *Freitag, 13.32 Uhr. Flug 783 landet sicher in Tegel ...* Das muss dann allerdings so weitergeführt und durchgehalten werden. Die Zeitangaben dienen hier gleichzeitig als Rhythmusinstrument.

Mit einem starken **Zitat**, meist der Hauptfigur, beginnen Sie zum Beispiel, wenn die Person eine sehr große Rolle spielt und das Zitat einen wichtigen Punkt der Geschichte anspricht: *„Ja, bei uns leben also Verrückte, Bekloppte – und die, die dafür gehalten werden", sagt der Direktor der Nervenheilanstalt ...* So angefangen, muss die Reportage darauf eingehen, warum manche nur für verrückt gehalten werden, es aber nicht sind. Sonst bieten Sie dem Leser ein falsches Entree.

Anmoderation, Feststellung oder Frage eignet sich, wenn ein Thema im Vordergrund Ihrer Geschichte steht. *Es gibt Gegenden auf der Welt, die sind einsam und unbekannt. So unbekannt, dass es der Welt wohl erst nach Jahren auffiele, wenn sie nicht mehr existierten. So eine Gegend ist ...*

Die **Rückblende** ist eine klassische, beinah inflationäre Art, den Leser neugierig zu machen. *Gestern war die Welt hier noch in Ordnung, gestern saßen die Alten noch im Café am Markt, ...* Oder ähnlich, aber gespiegelt: *Die Alten sitzen heute im Café an der Ecke, als sei nichts geschehen ...* Diese Methode ist bei einigen Auslandsreportern äußerst beliebt.

Die **Komprimierung** fasst die Geschichte in einem Satz oder kurzen Absatz zusammen und baut so Spannung auf: *Fünf Pfeiler aufstellen, zehn Fahrbahnstücke darüberlegen, das ganze mehrfach mit armdikkem Stahl verbinden, und fertig ist die dreihundert Meter lange Spannbetonbrücke. – Zwei Jahre, drei Monate und zwölf Tage dauerte es, bis die 100 Meter tiefe Schlucht über den ... Siebzig Arbeiter, dreizehn Ingenieure, Millionen Tonnen Beton und Stahl ...*

Das Handwerkszeug

Was braucht ein guter Reporter außer dem Blick für die Geschichte? Einen dicken Schreibblock und einen Kugelschreiber. Und damit notiert er sich alles, was interessant und bedeutend für die Geschichte ist und sein kann: Details, Zitate, Reaktionen, Eindrücke, Zusammenhänge, Hintergründe, Kontaktadressen. Der Reporter muss beim Schreiben aus dem Vollen schöpfen können. Wegwerfen ist besser als „hinterher-recherchieren" oder gar dazuerfinden.

Auch ein kleiner Fotoapparat kann nützlich sein, um manche Eindrücke im Bild festzuhalten und später in Worte zu übersetzen, zum Beispiel Stadt- und Straßenansichten. Oder Sie benutzen ein Diktiergerät, um Eindrücke schneller mit Worten festzuhalten. Das ist meist eine Frage der persönlichen Arbeitsweise und der Gewohnheit.

6.5 Das Porträt

Was macht dieser Mensch? Was will er? Was treibt ihn an? Was denkt er, was glaubt er? Wie lebt er? Auf diese Fragen soll das Porträt dem Leser eine umfassende Antwort geben. Kurzum, der Leser will wissen: Was ist das für ein Mensch? Die Antwort darauf ist der „Küchenzuruf" des Porträts, zum Beispiel: ein kluger Mann mit Zivilcourage und Weitblick oder eine schöne, intelligente Frau mit Durchsetzungsvermögen. So könnten die Resümees lauten, die der Leser nach Lektüre des Porträts zieht. Der Autor darf solche abstrakten Antworten allerdings nicht geben, sie sind zu wenig journalistisch, es mangelt am Konkreten, am Anschaulichen. Der Autor muss den Porträtierten genau beschreiben: mit Geschichten und Ereignissen aus seinem Leben, mit Details seines Äußeren. Wie bei einem Gemälde muss das geschriebene Porträt Konturen und Charakterzüge zeigen. Es darf weder verschwommen noch ausdruckslos sein.

Doch was gehört zu einer guten, detaillierten Beschreibung? Die Persönlichkeit eines Menschen setzt sich zusammen aus seinem Äußeren, aus seinem Charakter, seinem Verstand und seinem Erlebten, seiner Vita. Darum müssen diese Elemente alle hinein ins Porträt. Ihre Kombination beantwortet die Frage: Was ist das für einer?

Die Elemente sollten nach folgender Faustregel Anteil am Porträt haben:

- Äußeres 10 Prozent
- Vita 20 Prozent
- Verstand 20 Prozent
- Charakter 50 Prozent

Das ist ein Rezept, mit dem sich erfahrungsgemäß ein gutes Porträt schreiben lässt. Natürlich können die Anteile je nach Person, je nach Ziel des Porträts, je nach Zielgruppe oder Anlass anders verteilt sein. Das

Porträt ist wie jede journalistische Form Kunsthandwerk und der Schreiber kann seinen künstlerischen Stil einbringen. Aber bitte das Handwerk nicht vergessen: Fehlen sollte keines dieser Elemente.

Nun darf das Standardrezept 10:20:20:50 nicht so verstanden werden, dass von 100 Zeilen Porträt sich 10 mit dem Äußeren, 20 mit der Vita, 20 mit dem Verstand und 50 mit dem Charakter beschäftigen. Nein, bitte nicht! Das wäre langweilig und holprig. Elegant und flott ist es, die Elemente miteinander zu verbinden. Das spart zudem Platz. Also nicht schreiben:

- 1. Er hat ein schwarzes Kinnbärtchen.
- 2. Er ist nervös und unsicher.
- 3. Er hat sein Medizinstudium aufgegeben.

Sondern zum Beispiel:

- Auf die Frage, warum er sein Medizinstudium nach fünf Semestern aufgegeben hat, kratzt er sich nervös an seinem schwarzen Kinnbärtchen.

Das sagt dann auch noch etwas über seine Reaktion aus.

Ein Porträt ist kein tabellarischer Lebenslauf, sondern ein aus vielen Fäden kunstvoll und gezielt zusammengewirktes Tuch.

Schreiben Sie:

- Als er in russischer Kriegsgefangenschaft war und ihm die Zehen zu erfrieren drohten, nahm er eine Kneifzange und kniff sie ab. Er wusste, dass er sonst an einer Vergiftung gestorben wäre.

Das ist konkret und verknüpft Vita mit Charakter, Verstand und Äußerem.

Nicht:

1. Er war in russischer Gefangenschaft.

2. Er hat Mut.

3. Er ist klug.

Wenn Sie die Zivilcourage des Porträtierten beschreiben möchten, verknüpfen Sie es mit der Vita:

Als der frisch gewählte Bundespräsident Carstens ihn anrief und ihn bat, seine Siegesfeier zu moderieren, sagte er: „Ja, gern. Aber nur, wenn Sie in Ihrer SA-Uniform kommen."

Die vier Elemente im Einzelnen

Äußeres

Zum Äußeren gehört selbstverständlich das Aussehen: Größe, Hautfarbe, Haarfarbe, Gewicht, Statur, Kleidung, Brille. Auch Details wie Augen, Nase oder Wangenknochen, wenn sie aus dem Rahmen des Üblichen fallen: Hakennase, Stupsnase, stechend blaue Augen, hohe Wangenknochen. Narben, Sommersprossen oder Schmuck können Bedeutung haben. Wichtig für das Bild des Menschen ist noch mehr:

- Wie gibt er sich, wie sitzt er da? Lässig, verkrampft, gebeugt, betont gerade?
- Ist er wortkarg oder geschwätzig? Spricht er leise oder laut?
- Wie geht er? Schnell oder langsam? Schreitet er, schlurft er?
- Raucht er? Zigaretten oder Zigarren? Welche Marke? Trinkt er Kaffee oder Tee? Wasser oder Möhrensaft?
- Fingert er unruhig an seiner Zigarettenschachtel herum, der nächsten Pause entgegenfiebernd?
- Hat er andere Besonderheiten?

Vergleiche mit bekannten Personen sind eine Möglichkeit, dem Leser ein Bild vom Porträtierten zu zeichnen. Aber: Der Leser muss die bekannte Person kennen und den Vergleich verstehen. *Er sieht aus wie Konrad Adenauer als 20-Jähriger* funktioniert nur, wenn der Leser sofort ein Bild vor Augen hat. Er muss also Konrad Adenauer kennen und wissen wie er als 20-Jähriger aussah. Langes Grübeln hemmt den Lesefluss, ein falsches Bild verzerrt das Porträt. Bei Vergleichen spielt also die Leserschaft eine wichtige Rolle.

Ein klassischer Fehler im Porträt: Äußerlichkeiten an ganz unpassenden Stellen in den Text einzubauen und mit anderen Fakten zu verknüpfen.

> *Der Brillenträger ist ledig.*

Es steht zwar nicht dort, aber der Leser ist wegen der Kombination geneigt zu denken, der Mensch sei wegen seiner Brille noch ledig. Auch die Zusammenballung von Fakten als Synonyme ist unglücklich:

> *Als das Telefon der 60-Jährigen läutet, steht die Grauhaarige auf und geht zum Tisch. Die Rentnerin hebt ab und die Witwe meldet sich mit den Worten ...*

Natürlich ist das immer dieselbe Person. Der Autor wollte nur alle Fakten schnell abhaken.

Auch wenn zu dem Porträt ein Foto gestellt ist, darf der Autor nicht auf die Beschreibung des Äußeren verzichten. Manche Details müssen aber nicht so genau beschrieben werden. Vor allem muss der Autor das Foto vorher gesehen haben.

Der Verstand

Zum Verstand gehören vor allem Intellekt, Bildung und rhetorische Fähigkeiten. Welchen Beruf hat der Porträtierte, welche Ausbildung? Ist er Akademiker, hat er einen Doktortitel oder hat er einen Wissenschaftspreis gewonnen? Den Verstand beschreibt aber auch, wie er sich zum Beispiel im Gespräch gibt:

- Kann er druckreif sprechen oder verliert er oft den roten Faden?
- Sind seine Antworten oder Fragen intelligent? Kann er gut zuhören? Wie schnell versteht er die Fragen?
- Antwortet er ausweichend und weitschweifig, rasch oder nach langem Überlegen?

Der Charakter

Vor allem die Beschreibung des Charakters gibt Auskunft über die Person. Daher nimmt der Charakter den größten Teil des Porträts ein. Ist der Porträtierte ehrlich, mutig, tolerant, großherzig, engstirnig, weitsichtig, konservativ, gutmütig, egoistisch, ehrgeizig, machtbesessen, hilfsbereit, sozial? Ist er distanziert und zurückhaltend oder leutselig und offenherzig? Bedenken Sie, dass der Charakter auch von Elternhaus, Lebenserfahrung und Verstand geprägt wird. Daher sind es oft Daten aus der Vita, die dem Leser den Charakter zeigen. Ein Charakterbild ohne Vita ist schwer möglich. Und schon dabei zeigt sich, wie sehr die Elemente des Porträts miteinander verwoben sind.

Gerade beim Charakter zeigt sich auch die Subjektivität des Autors. Je nachdem, welche Puzzlestücke er dem Leser zum Charakter präsentiert, zeichnet er ein bestimmtes Bild dieses Charakters.

Das Leben, die Vita

Ein Porträt ohne Lebensdaten ist kaum möglich. Wenn Sie schreiben, dass der Porträtierte Arzt ist und einen Doktortitel hat, um seinen Verstand zu beschreiben, haben Sie automatisch Lebensdaten genannt. Und so verhält es sich mit vielem: Wenn Sie Äußeres beschreiben und seine große Narbe an der Wange erwähnen, die von einem Autounfall stammt, haben Sie auch ein Ereignis seines Lebens genannt.

Standard-Daten sind Alter, Ausbildung, Familienstand, Wohnort, Herkunft. Auch wenn das banale Dinge sind: Ohne sie fehlt dem Leser das Fundament der Person. Gerade Alter, Herkunft und Familienstand vergessen Anfänger häufig – weil sie ihnen zu banal erscheinen. Aber wie soll der Leser einen Vorstandschef einschätzen, wenn er sein Alter nicht kennt. Ein 60-Jähriger trifft schon aufgrund seines Alters und seiner Erfahrung höchstwahrscheinlich andere Entscheidungen als ein 25-Jähriger. Wenn eine Frau Familienministerin ist, die einen Mann, zwei Kinder und drei Enkel hat, wird sie für Probleme von Familien und Frauen vermutlich mehr Verständnis haben als eine Ledige. Jemand, der für seinen Beruf sehr viel Zeit aufwendet, muss sich die Frage gefallen lassen, wie seine Familie damit zurechtkommt, wenn er eine hat. Andererseits: Wer keine Familie hat, ersetzt das oftmals mit übermäßiger Hingabe zum Beruf. Manche haben statt Kindern einen Hund. Auch das kann für das Bild des Menschen interessant sein.

Einstieg und roter Faden

Wie bei der Reportage ist der erste Satz wegweisend für den Beitrag. Er muss dem Leser andeuten, wie er die Frage „Was ist das für einer?" beantwortet und welchen Schwerpunkt er dabei setzt. Er muss gleichzeitig den roten Faden anlegen, der sich durch den ganzen Beitrag zieht.

Falsch ist es, mit der Tür ins Haus zu fallen und sofort mit dem Küchenzuruf „So einer ist das" zu beginnen und dabei auch noch zu resümieren. Also nicht: *Peter Müller ist mutig, schön und reich. Darum lieben ihn die Frauen.* Damit ist alles gesagt und der Leser hat keine Möglichkeit mehr, sich selbst ein Bild zu machen. Sie haben ihn bevormundet. Auch der Name muss nicht gleich in den ersten Satz. Zunächst etwas Spannung aufzubauen kann die bessere Lösung sein.

Soll der Küchenzuruf sein, dass der Porträtierte ein erfolgreicher, vom Glück verwöhnter, aber bescheidener Mensch ist, so könnte der Einstieg heißen: *Schon seine Grundschullehrerin prophezeite ihm einen Sechser im Lotto und den Posten eines Vorstandschefs. Peter Müller hat es tatsächlich zum Chef der xx-AG geschafft und ist auch wegen glücklicher Aktiengeschäfte ein reicher Mann geworden. Aber er lebt noch immer in dem kleinen Reihenhaus, in dem er schon zu seiner Grundschulzeit mit seinen Eltern wohnte.*

So angefangen, müssen sich Glück, Erfolg und Bescheidenheit als roter Faden durch das ganze Porträt hindurchziehen.

Schön, wenn der Autor zum Einstieg einen **Schlüsselsatz** findet, der kurz, bildlich und beispielhaft das Porträt auf einen Nenner bringt, den Küchenzuruf bildhaft komprimiert. Das kann eine Anekdote aus dem Leben des Porträtierten, eine Szene aus dem Porträt-Gespräch sein, ein Zitat des Porträtierten oder eines Dritten.

Dieser Schlüsselsatz muss nicht zwingend der Einstieg sein. Es bietet sich aber an, ihn schon im ersten Absatz zu bringen.

Beispiel für einen Schlüsselsatz aus dem Nachruf über Anthony Quinn im SPIEGEL: „Darin (in dem Film „Alexis Sorbas"; Anm. des Verfassers) hatte er einen Satz, der zur Quinn-Quintessenz wurde: 'Ich habe noch so viel Wucht in mir, ich könnte die ganze Welt aufs Kreuz legen.' Zwei Oscars, 13 Kinder von fünf Frauen, das jüngste als 81-jähriger, Neben- und Hauptrollen in rund 300 Filmen: Quinn war eine Wucht."

Ein kurzes Wort zur Gliederung: Da es in dem gesamten Porträt nur um den Porträtierten geht. Darf grundsätzlich kein Absatz mit dem Namen des Porträtierten beginnen. Denn das ist kein neuer Gedanke.

Nicht:

- Peter Müller ist geboren und aufgewachsen in ...
- Peter Müller hat die Universität in Hamburg besucht und dann ...

Sondern:

- Geboren und aufgewachsen ist Peter Müller in ...
- Studiert hat er in Hamburg ...

Zitate

Hilfreich sind in einem Porträt Zitate des Porträtierten über sich. Das zeigt dem Leser gleich zweierlei: wie die Person über sich denkt und was sie anderen von sich mitteilen will. Zitate können aber auch Widersprüche zwischen dem Blick des Autors und dem Porträtierten aufdecken.

Beispiel: Ein 30-Jähriger Karrierist, Vorstandschef einer Internet-AG, sagt auf die Frage, ob er bei all der Arbeit noch Zeit für seine Frau und die beiden Kinder hat: *Ich liebe meine Familie sehr und denke viel an sie.* Der Autor setzt den Kontrapunkt: *Auf seinem Schreibtisch steht allerdings nur ein Foto von seinem Hund.*

Herausfinden sollte der Autor dann allerdings, ob das Foto der Familie nicht nur ausnahmsweise dort fehlte, etwa weil die Putzfrau es am Tag zuvor zerbrochen hat. Sonst wäre so ein Kontrapunkt unfair.

Eine weitere Möglichkeit, Zitate des Porträtierten einzubauen, sind ausgefallene Meinungen, eklatante Abweichungen von der Durchschnittsmeinung. Das kann ihn als Querdenker, Weitsichtigen oder Blödsinnigen darstellen. Solche Zitate zeigen den Verstand oder den Charakter des Menschen oder beides.

Der Anlass

Neben der Zielgruppe des Porträts ist der Anlass entscheidend für den Blickwinkel und den Schwerpunkt. Ist der Anlass, dass der Porträtierte den Nobelpreis gewonnen hat, liegt der Schwerpunkt auf seinem

Verstand und seiner Vita, weniger auf dem Äußeren und dem Charakter als beim Standardrezept.

Porträtieren Sie einen neuen Minister, werden Sie die Elemente Verstand, Äußeres, Charakter und Vita vor allem unter dem Gesichtspunkt betrachten, ob der Mann für die neue Aufgabe geeignet ist. Tritt ein Vorstandsvorsitzender zurück, werden Sie im Porträt insbesondere die Punkte beleuchten wollen, die dafür interessant sind.

Neben Wahl, Sieg, Beförderung und Rücktritt ist der Tod ein klassischer Anlass für ein Porträt. Dabei gilt die alte Regel „Über Tote nichts und wenn, nur Gutes" für Journalisten nur stark eingeschränkt. Auch in einem Nachruf-Porträt ist es erlaubt, Kritisches und Negatives zu schreiben. Der Ton sollte aber gemäßigt sein, nicht aggressiv oder gar beleidigend. Eine Berliner Boulevard-Zeitung schrieb zum Tod des Stasi-Chefs Mielke: „Sein böses Herz hörte auf zu schlagen." Das ist etwas zu sarkastisch und boshaft für einen Nachruf.

Schön ist es, wenn Redaktionen auch andere Anlässe als die Standards finden, zum Beispiel einfach nur deshalb interessante Menschen vorstellen, weil sie interessant sind. Vor allem im Lokalen bietet sich das an; denn Leser wollen wissen, welche interessanten Mitmenschen sie haben.

Ein subjektives Bild

Jeder Mensch hat seine Meinung über andere Menschen, seinen Blickwinkel, seine Vorurteile, mit denen er andere sieht. Das gehört auch zu einem Porträt. Kein Autor kann einen Menschen objektiv beschreiben. Und das soll er auch nicht. Das Porträt ist der subjektive Blick des Autors auf einen Menschen. Der Autor wählt aus, in welchen Farben und unter welchem Blickwinkel er den Menschen beschreibt. Zehn Porträts über dieselbe Person können zehn verschiedene Blickwinkel, zehn unterschiedliche Schwerpunkte haben und sie anders beschreiben. Auch Ironie ist erlaubt. Nur Willkür ist verboten. Werten heißt nicht verurteilen oder gar pöbeln. Wenn neun von zehn Porträts eine nette, hübsche, intelligente Frau darstellen, ist es Willkür, wenn das zehnte eine unsympathische, hässliche, dumme beschreibt – es sei denn die Sicht dieses Autors ist äußerst gut und sachlich begründet und er hat es zum Thema gemacht, dass die Person von den meisten anders gesehen wird.

Ein kleiner Trick, um den Porträtierten zu bewerten, ohne ihn selbst zu beurteilen oder gar zu verurteilen: Lassen Sie Freunde, Feinde oder neutrale Dritte sprechen. Zitate beleben das Porträt ohnehin (wie jeden Text). Lassen Sie also zum Beispiel den Oppositionsführer über den Bürgermeister sagen: *Der wirft das Geld zum Fenster raus.* Oder zitieren Sie indirekt: *Die Opposition wirft ihm Verschwendung vor.*

Kein Resümee ziehen

Auch wenn Sie subjektiv betrachten, dürfen Sie den Leser nicht mit Resümees bevormunden, sondern müssen konkret beschreiben. Schreiben Sie nicht: *Er ist klug.* Bieten Sie dem Leser Fakten, aufgrund derer er zu diesem Schluss kommen kann oder sogar muss: *Er hat sein Abitur bereits mit siebzehn Jahren nach der zwölften Klasse gemacht, sein Diplom nach nur drei Jahren Studium absolviert und als Zweiundzwanzigjähriger war er Doktor der Philosophie.* Dann kann der Leser die Klugheit selbst resümieren, aber auch noch denken: der Streber.

Schreiben Sie nicht: *Sie ist jung und hübsch.* Sondern: *Vor mir steht eine 1,75 Meter große, schlanke Frau mit schulterlangem Haar. Der Pagenschnitt der 25-Jährigen erinnert an die typischen Kleopatra-Bilder und betont ihre Stupsnase. Ihre dunkelbraunen, großen Augen blicken kurz etwas verlegen auf die schlanken, langen Finger. Die blaue Jeans und das weiße T-Shirt liegen eng an und betonen ihre Figur.* Dass diese Frau hübsch ist, kann der Leser daraus schließen.

Tipp

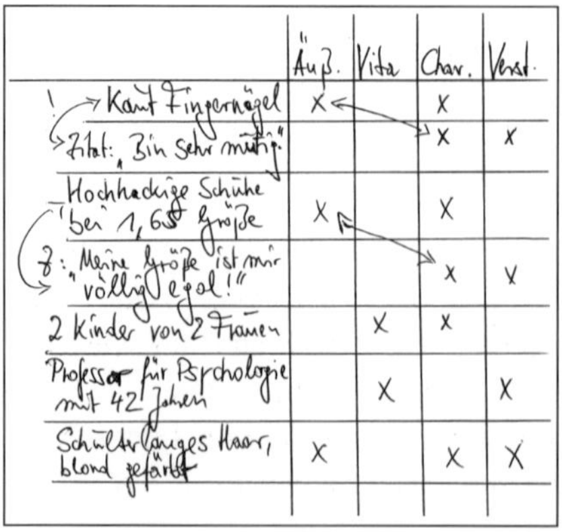

Machen Sie sich, bevor sie mit dem Porträtgespräch oder der Recherche beginnen, eine Tabelle, in der Sie die mitgeschriebenen oder gesammelten Fakten, Daten oder Zitate gleich einem der vier Elemente Äußeres, Verstand, Vita und Charakter zuordnen können. Betrifft ein Faktum gleich mehrere Elemente, können Sie mit einem Pfeil sofort kennzeichnen. Sie können auch eine Mind-Map benutzen und das Gesammelte mit Pfeilen verbinden.

Porträt-Beispiel

Der schwarz-weiß gestreifte Woll-Pullover ist zwei Nummern zu groß. Fast traurig hängt er an dem schmächtigen, kleinen Mann herunter, der leicht gebeugt am Tisch sitzt. Rudi Böhne hält sich an der Kaffeetasse fest, guckt freundlich unter seinem aschblonden Pony durch seine zu große, runde Brille und erzählt aus seinem Leben. Alles scheint zu groß gewesen zu sein für den 51-jährigen. Viel hat er angepackt, alles ist gescheitert. Das Bauingenieurstudium: „Drei Anfänge missglückt." Seine Karriere als Musiker: „Da kam ich an meine Grenzen". Als Konzertveranstalter: „Die Konkurrenz war zu mächtig." Seine beiden Musikzeitschriften: „Super, aber wirtschaftlich ein Chaos." Seine Zeitungen für Taxifahrer: „Ich bin betrogen worden." Seine Ehe: „Wir haben uns nicht mehr verstanden."

Doch immer packte er das nächste Projekt an. „Ich bin ein Stehaufmännchen", sagt er schmunzelnd. Zuletzt, 1996, ist er aufgestanden, das Frauenfußball-Magazin „Women's Soccer" zu machen – bis heute, allein in seiner Kreuzberger Wohnung, nur finanziell unterstützt von seinem Bruder. Eine Aufgabe, die nicht zu groß für Rudi Böhne scheint. Gegen die etablierte Ansicht der Sportmagazine, dass Frauenfußball belanglos sei, schreibt, redigiert, gestaltet, kopiert, faltet und verschickt er tausend DIN-A5-große, knallgelbe Heftchen. „Ich bin mein eigener Chef; das ist mir wichtig. Ein Acht-Stunden-Tag wäre nichts für mich. Lieber schufte ich Tag und Nacht." Die Nächte am Computer mit viel Tabak und Kaffee haben ihm tiefe Augenringe gezeichnet und die fahlen Wangen hohl gemacht. Trotzdem sprüht Energie aus seinen Augen. „Ich bin ein Einzelkämpfer."

Wie bei „Women's Soccer" kämpfte Rudi Böhne oft gegen Etabliertes. Für seine erste Gitarre schuftete er als 16-Jähriger auf dem Bau. Sein Vater wollte, dass er Geige oder Klavier lernt, wie seine drei Brüder und seine Schwester, und rückte kein Geld für die Gitarre heraus. Sein Kämpferherz muss auch geschlagen haben, als der 1 Meter 69 kleine Böhne sich als Jugendlicher entschloss, Basketball zu spielen – auch etwas zu groß für ihn. Dann widersetzte der noch Minderjährige sich dem Erpressungsversuch seines Vaters, der den Antrag auf Kriegsdienstverweigerung nur unterschreiben wollte, wenn sich der Sohn die Haare schneiden ließ. Als langhaariger Kriegsdienstverweigerer zog Rudi Böhne 1970 vom Elternhaus in Wolfenbüttel nach Berlin-Kreuzberg – und kämpfte gegen Etabliertes. „Wir haben viel demonstriert, aber ohne Kloppereien, ohne Gewalt."

Gibt es in einem solchen Kämpferherzen Platz für Gefühle? Über seine gescheiterte Ehe und Frauen überhaupt mag er nicht reden: „Mit Gefühlen kommste nicht weiter." Doch er kann die Tränen nicht verstecken, wenn er liebevoll von seiner Jane spricht, seiner Mischlingshündin. „15 Jahre hat sie mich begleitet. Jetzt ist sie im Hundehimmel." Aber auch „Women's Soccer" hat er ins Herz geschlossen; es ist sein Kind. Was würde Rudi Böhne tun, wenn er damit scheiterte? Wenn es zu groß für ihn würde? „Ach, mal sehen. Es geht immer irgendwie vorwärts."

6.6 Kommentar und Glosse

Der Kommentar

„Der Kommentar ist eine freie Form, in der Journalisten dem Leser ihre Meinung mitteilen. Regeln gibt es dafür nicht." Solche und ähnliche Weisheiten liest und hört man immer wieder. Oder: „Wie man seine Meinung vorträgt, ist eine Frage des persönlichen Stils." Diese Behauptung kommt der Sache schon näher. Der Kommentar ist eine sehr freie Form und – weil er den subjektiven Blick in sich trägt – sehr vom persönlichen Stil des Autors geprägt. Aber trotzdem gibt es Rahmenbedingungen, an die sich der Kommentator halten sollte, damit er sein Ziel erreicht: den Leser überzeugen oder zumindest einen Standpunkt erhellen und verständlich machen.

Ein Problem der Hygiene

VON CHRISTIAN BOMMARIUS

Fräße die Hyäne Gras statt Kadaver, wäre sie keine Hyäne. Duftete die Kloake nach edelsten Essenzen, dann wäre sie Parfum. Hätte die NPD auf ihrem Parteitag am vergangenen Wochenende nicht die Berichterstattung der Medien massiv behindert, hätte sie nicht klar zu erkennen gegeben, dass die einzige Bedeutung, die sie der Pressefreiheit zugesteht, in ihrer Abschaffung bestehen würde, hätte sie nicht den allgemeinen Eindruck von dieser Partei als kostümierter Schlägertruppe, als Bewegung der intellektuellen Null-Diät wieder einmal zu erkennen gegeben, hätte sie also Gras gefressen und ordentlich geduftet, dann wäre sie weder der Beachtung noch der Missachtung wert. Der Protest, mit dem sich jetzt der Deutsche Journalistenverband gegen die Behinderungen der Journalisten auf dem Parteitag wehrte, ist natürlich vollkommen berechtigt. Aber eben das macht ihn dramatisch sinnlos: Die NPD ist Kloake, die sich nicht dem Appell ergibt und sich ihm auch nicht ergeben kann, die Umwelt hinfort gefälligst zu beduften.

Doch ist das Problem, das diese Partei den Journalisten bereitet, auf Dauer eines der Partei. Je deutlicher ihre extremistische Seite hervortritt, je mehr sie sich also selbst dorthin zurückstößt, woher sie kommt – in die Gosse –, desto schneller werden ihre Bemühungen scheitern, sich als wählbare Protestpartei zu etablieren. Die NPD muss nicht verboten werden, um sie unschädlich zu machen, es genügt, wenn es sich den Wählern aus Gründen der Hygiene weiterhin verbietet, sie zu wählen.

Doch was ist der Rahmen, in dem ein Kommentar sich bewegen sollte. Dafür genügt zunächst ein Blick ins Lexikon. Das „Medienlexikon" von Kühner/Sturm definiert: „Der Kommentar ist eine Erklärung, Erläuterung eines meist aktuellen und politischen Themas. Subjektive Meinung des Kommentators, der Fakten in Zusammenhang bringt und Hintergründe erwähnt. Er beeinflusst die Meinung der Leser, Zuhörer und Zuschauer. Einzige Rubrik, in der dem Autor die Äußerung einer persönlichen Meinung gestattet ist."

Die Hau-drauf-Methode in Reinform: Dieser Kommentar mit glossierendem Beigeschmack will polarisieren und nicht überzeugen.

Erste Erkenntnis daraus: Der Kommentar erklärt, erläutert. Dem Leser bloß seine Meinung entgegenzuschleudern genügt also nicht. Der gute Kommentator erklärt dem Leser die Fakten, zeigt ihm Hintergründe und beleuchtet sie dann aus seinem Blickwinkel. Das nennt man **fundierte** Meinungsäußerung. Der Leser kann den Blickwinkel des Kommentators nun verstehen. Das Verflixte daran ist für die meisten Kommentatoren: Sie müssen etwas über die Sache wissen, um fundiert ihre Meinung äußern zu können.

Kameras sind keine Lösung Die Gewerkschaft der Polizei fordert die Abschaffung der Videoüberwachung in Brandenburg. Das macht Sinn. Denn: Ein Blick nach England hätte das Innenministerium von einer Einführung abgehalten. In London sind 200 000 Kameras installiert, eine Million im ganzen Land. Zunächst wurden überragende Rückgangs-Quoten beim Verbrechen gefeiert – bis zu 70 Prozent. Doch dann stellten die Sicherheitsbehörden fest, dass die Kriminalität in andere Bezirke abwandert. Dort wagen sich die Bürger kaum noch aus dem Haus. In Brandenburg droht das Gleiche. **Seite 16**

Der Autor sagt klar sein Meinung, ohne die Gegenmeinung aufzugreifen und zu widerlegen. Auch eine Form der Hau-drauf-Methode

Zweite Erkenntnis: Der Kommentator beeinflusst die Meinung des Lesers. Er sagt ihm also nicht nur die Meinung, sondern er will ihn überzeugen, zumindest aber Verständnis wecken für den vertretenen Standpunkt. Um das zu erreichen, können sich Kommentatoren zweier Grundmethoden bedienen: Sie hauen drauf oder holen den Leser ab.

Die Hau-drauf-Methode funktioniert zum Beispiel so: *Wählt Kerry! Denn Bush darf nicht länger Präsident bleiben. Bush ist gefährlich. Wer ihn wählt, riskiert die Stabilität und Sicherheit der ganzen Welt. Bush sieht sich als globaler Sheriff und beinah biblischer Kämpfer gegen den Islamismus. Und er geht dabei keine Kompromisse ein ...*
Diese Methode polarisiert die Leserschaft. Wer derselben Meinung ist, liest unter dauerndem Nicken, unter permanenter Zustimmung den Kommentar. Wer aber anderer Meinung ist, hört vielleicht schon nach der ersten Zeile auf, weil er sich

so nicht überzeugen lässt. Der Autor riskiert, gerade den Leser zu verlieren, den er gewinnen soll. Daher eignet sich diese Methode in ihrer Reinform weniger, um zu überzeugen, als dazu, Gleichgesinnte hinter sich zu formieren. Wer in einer linken Zeitung linke Meinungen vertritt, findet Zustimmung bei seinen Lesern, überzeugt aber niemanden. Offene Türen einzurennen, ist keine Überzeugungsarbeit.

Zu bevorzugen ist daher meist die Abhol-Methode: *Wer länger in Amerika gelebt hat, kennt den amerikanischen Patriotismus und das Bedürfnis nach Sicherheit. Daher kann man diejenigen gut verstehen, die Bush weiter als Präsidenten haben möchten. Bush steht für ein starkes Amerika, für klare Thesen und einfache Antworten, wie sie viele Amerikaner lieben. Aber Bush steht gleichzeitig auch für Selbstüberschätzung. Und das wiederum kann für Unsicherheit sorgen und für Niederlagen – was dem Patriotismus und dem Sicherheitsdenken widerspricht. Daher ..*

Hier holt der Autor den anders denkenden Leser bei dessen Meinung ab, nimmt ihn an der Hand und führt ihn auf neue Gedankenwege, benutzt dessen Argumente, um ihn zu überzeugen oder zumindest nachdenklich zu stimmen. Nach dem Motto: Betrachten Sie das Ganze doch mal so ...

Wie bei jeder Kunst gibt es viele Mischformen der beiden Methoden. Je nach Leserkreis, je nach Thema, je nach Grundhaltung der Zeitung, Zeitschrift oder des Senders kann die eine oder andere Methode in Reinform oder eine Kombination mit mehr oder weniger Anteilen der einen oder anderen benutzt werden.

Autoren einer Zeitung, die eine sehr gemischte Leserschaft hat, sollten ihre Kommentare überwiegend nach der Abhol-Methode verfassen, es sei denn, sie können bei einem Thema auf einen großen Konsens in der Leserschaft vertrauen, etwa bei Kommentaren gegen rechtsextreme Parteien oder gegen Terrorismus.

Zeitungen mit einer klar definierten Leserschaft (zum Beispiel Gewerkschafts-, Arbeitgeberzeitung und Verbrauchermagazine) können durchaus die Hau-drauf-Methode anwenden, da ihre Leser ihnen voll zustimmen und die anderen das Blatt kaum lesen. Wen soll man da wo abholen?

Um den Leser zu fesseln, ist auch beim Kommentar der erste Satz sehr wichtig. Schon hier soll der Leser die Methode erkennen können: Hau-drauf oder Hol-ab. Der erste Satz vergrault oder fängt den Leser. Wenn der erste Satz Neugier weckt für die andere Sichtweise und der Leser sich ernstgenommen und verstanden fühlt, liest er weiter. .

Ein Kommentator muss:

- das Thema gut kennen
- Fakten, Zusammenhänge und Hintergründe kurz erläutern
- argumentieren können
- die Meinungen und Argumente der Andersdenkenden kennen
- einen Standpunkt haben
- diesen Standpunkt klar und verständlich darstellen
- Anders denkende überzeugen wollen

Der Glossenschreiber muss darüber hinaus wissen, dass der Leser seinen Witz, seine Ironie oder seinen Sarkasmus versteht. Er darf nicht über den Horizont des Lesers hinausglossieren.

Wichtig ist auch eine durchgehende und nachvollziehbare Argumentation. Wer abschweift, kreuz und quer argumentiert, verwirrt den Leser und verliert ihn. Er vermag auch nicht zu überzeugen. Zu den Abschweifungen gehören auch Vergleiche. Vorsicht damit! Vergleiche eignen sich nur, wenn der Leser sie sofort versteht und nicht an ihnen hängen bleibt. Keinen „Bremsklotz" einbauen! *Das ist so schlimm, wie damals die Kuba-Krise.* So etwas geht nur, wenn der Leser die Kuba-Krise, ihre

Hintergründe, ihre Risiken und ihre Auswirkungen zumindest grob kennt. *Das ist so genial wie Helmut Schmidts Nato-Doppelbeschluss.* Erstens muss der Leser etwas darüber wissen, aber zweitens muss er auch die Meinung des Autors vertreten, nämlich, dass das damals genial war. Wenn er anderer Meinung ist, verliert der Autor den Leser, selbst wenn er beim eigentlichen Kommentarthema der Meinung des Autors gefolgt wäre. Oder aber *genial* war zudem ironisch gemeint und der Leser versteht das nicht. Also kein neues Fass aufmachen, sondern beim ersten Fass bleiben. Nicht den roten Faden verlieren.

Jemanden in seiner Meinung zu beeinflussen, bedeutet auch, selbst eine Meinung zu haben und zu vertreten. Bloßes Meckern (*Das ist doch wirklich das Letzte.*), rhetorisches Fragen (*Brauchen wir wirklich eine EU-Verfassung?*) oder Lamentieren (*Schuld sind doch nur die Manager. Die Arbeiter können nichts dafür.*) ist noch kein Standpunkt. Destruktive Kritik trägt keinen Kommentar. Der Leser muss erkennen: Was will der Autor mir sagen? Wo ist die Moral von der Geschicht'?.

Distanz

Um gut zu kommentieren braucht der Autor auch Distanz zum Thema. Er darf nicht mittendrin stecken, schon gar nicht selbst betroffen sein vom Kommentar-Thema. Er muss leicht über den Dingen schweben, um dem Leser eine fundierte Meinung präsentieren zu können und ihn zu überzeugen.

Zu weit oben darf er allerdings auch nicht schweben, denn dann nimmt er das Thema womöglich nicht mehr ernst genug, um kräftig zu argumentieren. So ganz frei ist der Kommentator also nicht, wenn er erklären und überzeugen will. Doch innerhalb dieses Rahmens kann er alle Register seines Stils und seiner Formulierungskunst ziehen..

Die Glosse

Ausbreiten kann der Autor solche Kunstfertigkeiten vor allem in der satirischen Form des Kommentars, der **Glosse**. Die Glosse sei besonders frei, sie dürfe in kein Gerüst, in keinen Rahmen gesteckt werden, sagen manche Journalisten. Jegliche Regel sei hier fehl am Platz und kontraproduktiv für das freigeistige Werk des Schreibers. Ob das wohl stimmt?

Mal schauen, was das „Medienlexikon" sagt: „1) Spöttische, ironische Randbemerkung. 2) Kurzer Kommentar mit (polemischer) Stellungnahme zu Tagesereignissen. Verwandtschaft zur Satire. Die Glosse bildet oft eine eigene Rubrik." Das heißt, dass alle Regeln des Kommentars grundsätzlich auch für die Glosse gelten. Darüber hinaus ist die Glosse aber satirisch, ironisch, polemisch oder einfach „nur" witzig.

Doch das ist genau der Punkt: Der Leser muss die Satire, die Ironie oder die Polemik verstehen. Versteht er die besondere Form und erkennt er den Witz, ist die Glosse gelungen. Es kommt also sehr auf die Leserschaft an. Der Autor muss wissen, ob der Leser das Glossierende in seinem Kommentar versteht.

Witz ist stets mit Wissen verbunden. Pointen kann nur der begreifen, der etwas weiß vom Thema und das Satirische daran erkennt. Wortwitz ist da besonders gefährlich. Oft unterliegen Glossenschreiber der Gefahr, Wortakrobatik zu betreiben, die nur ein kleiner Teil der Leser versteht. Bitte machen Sie nicht

Vertrauen

Jetzt – kurz vor dem 9. November – wird wieder gerne darüber diskutiert, ob die Ostdeutschen, die einstigen Bürger der DDR, 15 Jahre nach dem Mauerfall endlich in der Demokratie angekommen – Advent! – seien. Wie soll man sich das nur vorstellen? Demokratie ist doch kein Bahnhof – eher eine Verkehrsregel. Das Sozialwissenschaftliche Forschungszentrum Berlin-Brandenburg hat Klarheit geschaffen. Es hat die Menschen befragt. Jeweils ein Drittel gab an, dass die Einheit mehr Gewinn als Verlust, mehr Verlust als Gewinn, beziehungsweise beides in gleichem Maße gebracht habe. Dieses Befragungsergebnis deutet – gerade in seinem Mangel an Eindeutigkeit – darauf hin, dass sich über die derzeitige diffuse Lage jeder seine eigene Meinung gebildet hat. Wer dennoch weiter Zweifel an der demokratischen Reife der ja nicht mehr ganz neuen Bundesbürger hegen sollte, den müsste endgültig überzeugen, dass rund 30 Prozent der Befragten angaben, sie vertrauten der Bundesregierung beziehungsweise dem Bundestag. Immerhin gibt es in den neuen Ländern also satte siebzig Prozent waschechte Demokraten. *Arno Widmann*

Glosse oder Kommentar, Ernst oder Ironie? Das ist hier schwer zu erkennen.

solche Insider-Witze. Der Leser einer Glosse muss Ihren Text auch als Glosse lesen und nicht glauben dürfen, das sei alles wörtlich zu nehmen.

Um Glossen zu schreiben, bedarf es auch eines gewissen Verstandes und eines zumindest mittelmäßig ausgeprägten Niveaus. Unter die Gürtellinie darf eine Glosse nicht rutschen. Beleidigungen sind auch in einer Glosse verboten. Machen Sie sich nicht über Körpergröße, Behinderungen oder nachteiliges Aussehen Ihrer Mitmenschen auf dümmliche Art lustig. Das ist Rotzlöffel-Verhalten auf Schülerzeitungsniveau.

Satire darf zwar etwas mehr Frechheiten austeilen als ein sachlicher Text, aber bei der Beleidigung ist Schluss. Es ist nicht lustig und zeugt auch nicht von großem Verstand, wenn ein Glossenschreiber einen Rennrodler als *rasende Weißwurst* bezeichnet (bis dahin ist alles okay), *deren Resthirn in die Kufen gerutscht ist* (das geht zu weit). Oder wenn er einen Politiker wegen seiner geringen Körpergröße einen Zwerg nennt: *Komm, wir sägen uns die Beine ab und sehen aus wie Gr...*

▶ Presserecht: Kommentar und Glosse sind kein Freibrief

Die Meinung ist frei. Die einzige Schranke ist die Beleidigung. Wer persönlich beschimpft wird („hässliche Ziege", „dummer Schnösel") muss sich das nicht gefallen lassen: Er kann Unterlassung und Schmerzensgeld verlangen. Heinrich Böll hat 50 000 Mark Schmerzensgeld bekommen, weil er in einem Meinungsartikel als „pathologischer Knallkopf" bezeichnet wurde. Zur Klarstellung: Herbe Kritik mit harten Worten am Verhalten von Menschen ist durchaus erlaubt, vor allem Verhalten von Politikern und Wirtschaftslenkern. Es muss aber für den Leser klar sein, dass es harte Kritik in der Sache ist.

Soweit die Meinung also frei ist, darf sie alles. Allerdings muss es sich auch um *Meinung* handeln. Nur weil ein Beitrag als *Kommentar* oder als *Meinung* bezeichnet ist, heißt das nicht, dass alles darin Meinung ist. Die Fakten, die im Kommentar genannt sind, die Erklärungen und

Erläuterungen, sind keine Meinung und müssen daher richtig sein. Wenn Sie schreiben: „Die Bundesregierung muss verhindern, dass VW, wie geplant, 5.000 Stellen streicht", muss die Zahl 5.000 richtig sein. Sonst kann VW dagegen eine Gegendarstellung erwirken oder Unterlassung verlangen.

Oft herrscht in Redaktionen der Irrtum, Kommentare seien ein Freibrief, Fakten nicht zu prüfen.

Oft ist allerdings nicht so klar wie bei Zahlen, ob eine Äußerung als Fakt anzusehen ist oder als Meinung. Wenn jemand schreibt: *Müller hat mich bedroht*, so kann man streiten, ob das bloß das persönliche Empfinden des Schreibers ist, also Meinungsäußerung, oder eine Tatsachenbehauptung. Daher wird vor Gericht lange und heftig darüber gestritten, ob eine Äußerung als Tatsache oder als Meinung einzustufen ist. Ist es Meinung, gibt es keine juristischen Mittel dagegen, ist es Tatsachenbehauptung, kann der Betroffene Gegendarstellung, Widerruf, Unterlassung und Schmerzensgeld verlangen.

Resümee: Wenn Sie etwa anmerken wollen, dass jemand ein Dummkopf ist, schreiben Sie nicht: *Er ist ein Dummkopf*, sondern sinngemäß: *Er hat sich dumm verhalten*, oder noch sicherer: *Das Verhalten erscheint mir dumm.* So machen Sie klar, dass Sie erstens nicht die Person als dumm bezeichnen, und zweitens, dass es Ihre Meinung ist.

(Mehr dazu in Michael Schmuck, Das neue Presserecht, Verlag Rommerskirchen 2006.)

6.7 Nutzwert-Journalismus

Schon allein die Begriffe *Sachtexte, Service-Journalismus, Nutzwertberichterstattung, Verbraucherthemen* schmecken nach Brötchen von vorgestern. Sie klingen nicht knackig, nicht spannend, nicht sexy. Das Wort *Reportage* hingegen trägt den Odem der Freiheit und des Abenteuers in sich und klingt nach all dem, wonach der Sachtext nicht klingt. Doch das ist ein klassisches Trugbild. In Wahrheit ist der Sachtext die größte Herausforderung für einen Journalisten.

Erstens: Spannend über Krisengebiete, Morde, Schicksale und exotische Länder zu schreiben, ist viel einfacher, als mitreißend über Begonienzucht, Rasenmähen oder Steuerrecht zu berichten. Aus sich heraus spannende Themen schreiben sich fast von selbst. Doch wer es schafft, über vordergründig langweilige Themen unterhaltsam und informativ zu schreiben, ist der Held des Journalismus. Hier zeigt sich die wahre Kunst.

Zweitens: Der Reporter, der lügt oder schlampt, wird selten dabei ertappt; denn es war meist niemand bei der Reportage dabei. Wer kann schon prüfen, ob es den tapferen Kämpfer aus dem Sudan, über den der Reporter schreibt, wirklich gibt und ob er wirklich zwanzig Frauen und hundert Kinder mit waghalsigen Aktionen gerettet hat. Oft bekommt der Reporter für seine Lügen und Nachlässigkeiten sogar einen der vielen Journalisten-Preise. Doch wer in seinem Beitrag über Kakteen, über Bandscheibenvorfälle oder im Kochrezept und der Strickanleitung auch nur ein bisschen schlampt oder falsch berichtet, fällt sofort als Scharlatan auf. Denn die meisten Leser sind an dem Thema nah dran und bemerken Fehler sehr bald – spätestens, wenn sie sich, zum Beispiel bei Tipps oder Ratgeberthemen, an das halten wollen, was im Text steht. Hier muss also absolut korrekt, präzise und verständlich berichtet werden.

Allein diese beiden Gründe zeigen die hohen Qualitätsanforderungen an einen Sachtext. Fachredakteure bei Special-Interest-Zeitschriften leisten also – pauschal gesagt – handwerklich weitaus mehr als Reporter. Hinzu kommt die Pflicht zur zielgruppengerechten, leserorientierten Aufbereitung: Wie präsentiere ich das Thema gerade meinem Leser? Das Thema Unterhaltsrecht zum Beispiel muss für eine junge Leserschaft ganz anders ausgerichtet sein als für eine ältere: Die Jungen sind meist die Unterhaltenen, die Älteren die Unterhalter. Wie schreibe ich für Frauen informativ, ansprechend und doch einfühlsam genug über Brustkrebs, und was interessiert Männer an dem Thema?

Trotz des schlechteren Images des Nutzwertjournalismus, des Trugbildes vom zweitklassigen Genre, steigen die Auflagen der Special-Interest-Zeitschriften und zeigen die Leser immer mehr Interesse an Service- und Verbraucherthemen. Vor allem Tests sind noch mehr gefragt in Zeiten des Überangebotes, in denen der Verbraucher den Überblick verloren hat.

Tageszeitungen kommen ohne spezielle Rubriken für Recht und Steuern, Haushalt und Garten, Gesundheit und Medizin nicht mehr aus, Fachredakteure sind wieder wichtiger geworden, seit das Fernsehen Live-Bilder zu allen spannenden Ereignissen aus allen Teilen der Welt senden kann. Da können gedruckte Reportagen nicht mithalten, selbst wenn sie sehr gut geschrieben und besonders ansprechend aufgemacht sind. Nutzwertthemen hingegen sind im Fernsehen viel schwieriger darzustellen als in der Zeitschrift

B.Z.
BERLINS GROSSTE ZEITUNG
Esther Schweins
So überlebte ich die Todes-Welle
Viele Medikamente ab heute teurer
DIE NEUE APOTHEKEN-PREISLISTE
Aua, das tut weh!

Preisübersichten gehören zu den beliebtesten Nutzwertthemen und sogar Boulevardzeitungen machen damit auf.

oder Zeitung. Im Printmedium kann man das Thema mit Grafiken, Bildern, Interviews, Hintergrund- und Erklärungskästen präsentieren, die der Leser Stück für Stück konsumieren kann, je nach Auffassungsgabe und Lust. Er kann die Seiten sofort oder später lesen, er kann sie sammeln. Der Sachtext hat bleibenden Wert. Im Fernsehen versenden sich die Informationen zu schnell. Noch mehr gilt das für den Rundfunk, bei dem optische Gestaltungsmöglichkeiten völlig fehlen.

Finanz- und Versicherungsthemen als „Aufmacher" in großen Magazinen.

Die große Bedeutung des Nutzwertjournalismus haben Magazine wie FOCUS, STERN und SPIEGEL erkannt. Immer häufiger titeln sie mit Sachthemen:

- Was Sie über Sex wissen sollten
- Die richtige Versicherung
- Der große Uni-Test
- Altersvorsorge
- Telefontarife
- Schnäppchen
- Der Städte-Test.
- Geld richtig anlegen
- So bleiben Sie gesund, jung und schön

Diese Titel verkaufen sich am Kiosk immer gut. Eben weil sie die Menschen in ihrem Alltag betreffen. Weil sie ihnen helfen, ihre Probleme zu lösen.

Sogar Boulevardzeitungen machen mit Service- und Verbraucherthemen auf. Die BILDZEITUNG scheut sich nicht, Steuertabellen auf der Titelseite abzudrucken oder den neuen Lottoschein inklusive Ausfüllanleitung. Schlichte Sachthemen, die Millionen interessieren.

Formen des Sachtextes

Für den Sachtext gibt es keine besondere Form. Sie können sich aller journalistischen Genres bedienen und sie für Ihr Thema ausschlachten.

Was üblicherweise zum guten Sachtext gehört:

- Darstellung des Themas im Haupttext
- Tipps, Service
- Experteninterview, Fragen an den Experten
- Hintergrundkasten, Lexikon
- Erfahrungsbericht, Test
- Eventuell Checkliste für den Leser, mit der er sein Verhalten/seine Situation testen kann

Herangehensweise ans Thema

Wichtig ist, dass Sie das Thema sehr **konkret** auf Ihren Leser zuschneiden. Abstrakte, allgemeine Ausführungen sind fehl am Platz oder allenfalls im Experteninterview oder Hintergrundkasten möglich – wenn sie der Leser versteht. Ein Thema muss auf den Alltag „heruntergebrochen" werden und anschaulich sein. Dabei ist zu beachten, wer Ihre Leser sind. Sie müssen Ihre Leser bei ihrem Wissensstand und ihrer Erwartung abholen.

Typische Nutzwertthemen:

- Geld
- Altersvorsorge
- Schönheit
- Jung sein
- Haushalt und Garten
- Zeit sparen
- Bequemlichkeit
- Schutz und Sicherheit
- Erfolg und Karriere
- Modern sein
- Cleverness
- Versicherung
- Gesundheit
- Image
- Heimwerken

Gehen Sie nicht wissenschaftlich, lexikalisch an ein Sachthema heran, sondern aus dem Blickwinkel des Lesers. Ein Psychothema etwa („Sind Sie ein perfekter Ehemann?") kann meist mit einem Fragebogen/ Selbsttest besser dargestellt werden als mit einem Text über das Problem als solches. Rechtstipps lassen sich gut an einem konkreten Fall darstellen: *Petra und Klaus Müller wollen sich schnell scheiden lassen. Doch so einfach ist das nicht.*

Anschaulichkeit hat einen hohen Stellenwert. Schreiben Sie nicht nur darüber, dass Diesel-Pkw auch mit Salatöl fahren können, sondern füllen Sie die Tanks von vier Standard-Diesel-Pkw mit Salatöl, fahren los und berichten, was passiert. Schreiben Sie nicht einfach nur, dass es für viele Verbraucher zu teuer ist, sich ausschließlich mit Bio-Lebensmitteln

Der präzise Sachtext:

- Thema gründlich und umfassend recherchieren
- Mehrere Experten befragen
- Vorher recherchieren, wie kompetent die Experten sind
- Keine Schein-Experten, keine selbsternannten Experten fragen und zitieren
- Auch alle anderen Quellen sorgfältig prüfen
- Komplizierte Zusammenhänge klarmachen, mit einfachen Beispielen und anschaulichen Grafiken („Wie sag ich's meinem Kinde?")
- Auf Bekanntem aufbauen
- Tipps, Ratschläge geben; damit Kompetenz zeigen. Hohen Nutzwert bieten
- Den Leser ansprechen, nicht abstoßen (nicht: *Raucher müssen früher sterben*, sondern: *So werden Sie Nichtraucher in fünf Stunden*)

zu ernähren. Gehen Sie zum Discounter und zum Biomarkt, kaufen jeweils die gleichen Lebensmittel und vergleichen die Preise.

Die anschauliche Herangehensweise beginnt beim Einstieg. Überschrift, Vorspann und erster Satz müssen den Leser locken. Der größte Fehler: eine komplizierte Überschrift und ein lexikalischer Einstieg. Wenn Sie darüber schreiben möchten, dass es beim Baden im See zu Hautreizungen – Fachwort „Bade-Dermatitis" – kommen kann, beginnen Sie nicht so: *Badedermatitis ist eine an sich harmlose, aber doch unangenehme Hautkrankheit, die verursacht wird von ...* Beginnen Sie nicht mit einem Fremdwort und erklären Sie nicht im ersten Satz den Begriff, wie in einem Lexikon. Fangen Sie mit Kuriosem, mit Interessantem oder mit einem Tipp an: *Nicht im flachen Uferbereich, nicht im Schilf baden, denn dort lauern ...* Oder: *Niedlich sind sie, die Enten am Badesee. Doch wer sie füttert, den trifft bald die Rache der süßen Kleinen: Entenkot führt zu Hautreizungen bei Badenden ...*

Wenn Sie über die Reparatur knarrender Treppenstufen schreiben, mit Abseitigem und doch Alltäglichem beginnen: *Knarrende Treppenstufen sind eine preiswerte Alarmanlage. Doch wer nicht selbst des Nachts auf den Weg zum Kühlschrank ertappt werden will, der sollte mit ein paar einfachen Handgriffen ...*

Zur Herangehensweise kann auch der passende Anlass gehören. Wie alle Themen verkaufen sich Sachthemen, wenn es einen aktuellen Aufhänger gibt. Gefahren der Sonne zur Urlaubszeit. Bauchspeicheldrüsenkrebs, wenn gerade ein Prominenter daran erkrankt ist, der das thematisiert. In der Weihnachtszeit kann man eher über die Gefahren der Monokulturen von Tannen und Fichten schreiben als zu Ostern. Über private Altersversorgung schreiben Sie passend, wenn die Regierung mal wieder an den gesetzlichen Renten herumbastelt.

6.8 Feature

Jeder Fachbeitrag über das Feature beginnt damit, dass keiner so recht weiß, was ein Feature eigentlich ist. So muss also auch dieser Beitrag so beginnen. Sonst gäbe sich der Autor allwissend. Das Wort Feature klingt erst einmal nach etwas Ungewöhnlichem, Pfiffigem, Modernem. Sich zunächst am Klang des Wortes zu orientieren, um seine Bedeutung zu finden, ist beim Feature eine gute Methode.

Einigkeit besteht wohl darin, dass ein Feature eine pfiffige, flotte Art ist, dem Leser, Zuschauer oder Zuhörer ein Sachthema zu vermitteln: nicht so trocken wie eine Nachricht, aber ohne gleich eine Reportage zu sein und ohne Meinungsäußerung des Autors. Vereinfacht gesagt: Das Feature bietet ein meist nachrichtliches, eher trockenes Thema locker, interessant und unterhaltsam dar. Also ist das Feature auch eher ungewöhnlich und – aus Sicht der klassischen journalistischen Genres – modern.

Das Wort **Feature** bedeutet: charakteristisches Merkmal, wichtiger Bestandteil. Laut „Medienlexikon" (Kühner/Sturm) ist es ganz allgemein ein Bericht mit dokumentarischem Charakter.

Die wichtigsten Elemente des Features

- Flotte, pfiffige, unterhaltsame Darstellung
- Beleuchten eines umfangreichen Themas aus mehreren Blickwinkeln, um das Charakteristische daran herauszustellen
- Mischung mehrerer journalistischer Genres, zum Beispiel Reportage, Interview, Nachricht.

Um die Sprache des Features darzustellen, hier ein Vergleich zur typischen Nachrichtensprache:

Die trockene Nachricht der Agentur:

Benutzt ein Arbeitnehmer, der für seine berufliche Tätigkeit keine Flugberechtigung benötigt, mit Duldung seines Arbeitgebers auf Dienstreisen gegen Vergütung der sonst für öffentliche Verkehrsmittel entstehenden Kosten ein Flugzeug, um die Dienstreisen schneller durchzuführen und die Erhaltung seiner notwendigen nachzuweisenden jährlichen Flugstunden billig ableisten zu können, handelt es sich bei den nicht erstatteten Kosten um solche, die nicht in untergeordnetem Umfang die private Nutzung berühren und nicht als Werbungskosten abgezogen werden können.

Dasselbe in der Sprache des Features:

Einen Strich durch die Reisekosten-Rechnung hat das Finanzgericht Nürnberg einem cleveren Freizeitpiloten gemacht. Er musste eine Dienstreise machen, lenkte zu diesem Zweck ein Privatflugzeug an den Zielort und leistete so gleichzeitig seine privaten Flugstunden ab, die er brauchte, um seinen Flugschein zu behalten. Der Arbeitgeber zahlte ihm nur die üblichen Reisekosten für die Bahn. Die Differenz zu den Flugkosten wollte der Hobbyflieger von der Steuer absetzen. „Nein!", schrieb das Finanzamt. Der Flug sei sein Privatvergnügen. Die Nürnberger Richter bestätigten nun diese Entscheidung.

Neben dem lockeren Stil ist für ein Feature das Typische, dass es sich mit umfangreichen Themen befasst. Das obere Beispiel war also allenfalls eine „angefeaturte" Nachricht, wie es so schlimm heißt. Das echte, lange Feature mischt mehrere Genres, um dem Leser kurzweilig ein breites Thema nahezubringen. Sachthemen sind dabei das beliebteste und am besten geeignete Tummelfeld eines Features. Die Mischung von pfiffig geschriebener Nachricht, von Reportageelementen und Interview präsentiert ein Thema so bunt, dass selbst Leser sich dafür interessieren, die bei einem trockenen, langen „Einheitstext" nicht einmal bis zum zweiten Absatz lesen würden.

Der SPIEGEL verwendet das Feature gern. Zum Wahlsieg von Georg W. Bush erschienen Berichte, Porträts und Interviews, die das Thema locker und bissig aus verschiedenen Perspektiven beleuchteten.

Zudem beleuchtet das Feature ein Thema von mehreren Seiten: zum Beispiel aus Sicht des Autors, aus Sicht eines Betroffenen und aus Sicht eines Außenstehenden. Dem Leser werden mehrere Blickwinkel präsentiert und auf diese Weise wird Charakteristisches herausgestellt.

Nun ist das Feature eine freie Form, daher gibt es viele Arten und Formen des Features. Für welche Mischung der Genres, für welche Darstellung, für welche Blickwinkel sich der Autor entscheidet, hängt von ihm und vom Thema ab. Will er zum Beispiel die Arbeit des Familiengerichts beschreiben, eignet sich dafür die Sicht geschiedener Ehepartner, die Sicht eines Scheidungskindes, die Sicht eines Richters, die Sicht einer Familientherapeutin. Die verschiedenen Blickwinkel können mit verschiedenen Genres dargeboten werden: das Ehepaar in einer Reportage, das Kind im Porträt, der Richter im Interview, die Therapeutin in einem eigenen Erlebnisbericht. Oft nennen Redaktionen ihre Features Dokumentationen, zum Beispiel die ZEIT. Viele SPIEGEL-Titelgeschichten sind Features, denn sie enthalten mehrere Blickwinkel zu einem Thema und bestehen aus einer Mischung journalistischer Genres.

SONNABEND/SONNTAG, 17./18. MÄRZ 2001

taz muss sein.

taz heute 48.783

Darf der Jürgen noch Minister sein

Heute erklärt die Maus, wie Politik funktioniert. Sie weiß Bescheid. Schließlich wird sie morgen 30 Jahre alt. Gestern hat sie Parlament besucht. Dort sollte der Jürgen rausgeschmissen werden. Eine Lach- und Sachgeschichte aus dem Bundestag

Wie wollen wir leben? der taz-kongress

Vom 27. bis 29. April in Berlin

▸ Seite 14/mag Seite VIII

Unsere Analystin empfiehlt: Jetzt abonnieren

Junge Aktien

WAS IST POLITIK?

Da die Form frei ist, darf auch ein einzelner längerer Beitrag Feature heißen, der ein komplexes Thema aus einem neuen Winkel beleuchtet und ungewöhnlich präsentiert. Ein Beispiel dafür ist die Titelgeschichte der taz über Politik anlässlich des dreißigsten Geburtstages der Sendung mit der Maus.

Was manche Redaktionen fälschlicherweise oft als Feature bezeichnen, ist ein Beitrag, der bloß satirisch geschrieben ist (ohne Glosse zu sein, weil er keine Meinung enthält). Das ist aber nur eine Satire. Andere Redaktionen nennen jeden langen Artikel oder jeden Hintergrundbericht Feature. Manche benutzen das Wort Feature gar als etwas Negatives: „Nun feature mal nicht so rum." Damit meinen sie offenbar Stilblüten und eigenwillige Formulierungen des Autors. Was eigentlich ein Feature ist, darüber wird wohl nie Einigkeit herrschen. Hauptsache, es wird trotzdem viele schöne Features geben.

7 Kleintexte

7.1 Überschrift

Den Leser kurz über den Text informieren, ihn neugierig machen und in den Text hineinziehen – das soll die Überschrift leisten, gemeinsam mit den anderen Kleintexten: Vorspann, Bildunterschrift und Zwischentitel. Die Überschrift hilft dem Leser außerdem, sich in der Zeitung oder Zeitschrift zurechtzufinden und sich einen Überblick über die Auswahl an Beiträgen zu verschaffen.

Mit der Überschrift „preisen" Sie Ihr „Produkt" Text dem Leser an, reizen ihn zum Lesen. Die Überschrift ist eine Werbung für den Text und ist daher eng verwandt mit dem Werbetext. Sie hat allerdings einen stärkeren Informationszweck. Die Überschrift darf nicht übertreiben und schon gar nicht flunkern.

Wer Überschriften textet, muss seine Leser gut kennen. Er muss wissen, was sie neugierig macht und zum Weiterlesen animiert. Es gibt Überschriften, die sind für alle Leser geeignet; aber vor allem bei einer Fachleserschaft muss auch der spezielle Geschmack der Zielgruppe getroffen werden.

Die Überschrift kann nur aus einer Hauptzeile bestehen; aber meist gehört zu der Hauptzeile, der „großen Überschrift", eine Unterzeile, eine „Unter-Überschrift" unter der Hauptüberschrift. Die Unterzeile soll die Hauptzeile erläutern oder ergänzen und in den Text überleiten. Die Hauptzeile allein kann dem Leser meist nicht genug über den Text mitteilen, weil sie kurz und einfach gehalten ist. Ob Sie nur eine Hauptzeile einsetzen oder eine Unterzeile ergänzen, hängt von der Art des Textes und seiner Länge ab: Bei kurzen Texten bis etwa zwanzig Zeilen genügt in aller Regel eine Hauptzeile. Bei längeren Texten sollten Sie eine Unterzeile dazustellen.

Gelegentlich wird auch eine Dachzeile, eine kleine Zusatzüberschrift über der Hauptzeile eingesetzt. Sie soll einen groben Einstieg ins Thema geben, mitteilen, um welches Gebiet es geht, ähnlich einer Rubrizierung – zum Beispiel auf der Sportseite einer Zeitung als Dachzeile *Box-Weltmeisterschaften* über der Hauptzeile *Müller nach einer Minute k.o.* Eine mögliche Unterzeile: *Der deutsche Mittelgewichtsmeister ging in der ersten Runde nach einem rechten Haken des Amerikaners Joe Smith zu Boden.*

Aus graphischen Gründen steht die Unterzeile vor allem in Zeitschriften gelegentlich über oder neben der Hauptzeile. Das ändert aber nichts an ihrer Funktion, die Hauptzeile zu erläutern. Denn sie wird doch erst nach der viel größeren Hauptzeile gelesen.

So muss eine Überschrift sein

- **Treffend**: Die Kernaussage oder den wichtigsten Aspekt nennen.
  Neues aus dem Irak ist zwar eine richtige Überschrift für einen Text, der – hoffentlich – eine Neuigkeit aus dem Irak liefert. Auch *Bombenattentat im Irak* ist richtig. Aber der Leser kann damit nicht genügend anfangen, um die eigentliche Botschaft zu erkennen. *Selbstmordattentat in irakischer Moschee* ist treffender, weil es den Kern der Nachricht, das Besondere transportiert und mehr Informationen gibt.

- **Konkret, anschaulich, bildhaft**: Formulieren Sie nicht abstrakt, nicht allgemein.
  Der Leser hat bei einer Information, die er liest, ein konkretes Bild vor Augen – auch wenn die Information abstrakt war. Wenn er liest

Flocken, Matsch und Glätte

Berlin schlitterte ins Weihnachtswochenende / Staus auf Flughäfen, Straßen – und Rodelbahnen

Das ist anschaulicher als bloß „Wintereinbruch in Berlin".

Neuer Service der Bahn kann er an den Gepäckträger denken, an Reservierungen, an Fahrkartenverkauf oder an Bedienung am Platz. Darum muss es heißen *Imbisswagen in Regionalzügen*, wenn es darum geht, dass an Regionalzüge Imbisswagen angehängt werden. Das ist der konkrete neue Service. Anschaulicher und bildhafter ist aber *Currywurst im Regionalexpress*. Denn damit führen Sie dem Leser ein sehr anschauliches, konkretes Bild vor Augen. Currywurst steht sinnbildlich für Imbiss, der Regionalexpress ist ein konkreter Zug. Gerade in der Überschrift ist eine bildhafte Sprache nützlich. Die Technik, „Currywurst" stellvertretend für Imbiss hinzustellen, heißt pars pro toto oder Allegorie und wird bei Redewendungen oft eingesetzt: *Ich muss meine Brötchen verdienen*. Damit sind alle Grundbedürfnisse gemeint.

- **Lebendig**: Verben benutzen.
  Vermeiden Sie in der Überschrift – noch mehr als im Lauftext – das leserfeindliche Beamtendeutsch. Nicht *Euro-Einführung ist beschlossen*, sondern *Der Euro kommt*. Verlautbaren Sie nicht, sondern vermitteln Sie dem Leser die Botschaft mit einfachen Worten.

- **In der Tonart des Textes**: sachlich, witzig oder böse.
  Wenn Sie über einen witzigen Text eine trockene, sachliche Überschrift setzen, hat der Leser den falschen Einstieg. Er ist eingestimmt auf einen sachlichen Text, versteht den Witz nicht und missversteht daher womöglich den ganzen Beitrag. Ist die Überschrift witzig und ironisch, der Text aber sachlich, ist es umgekehrt: Der Leser erwartet einen witzigen Text und liest Ironie, wo Ernst gemeint war.

- **Ehrlich**: Nichts versprechen, was der Text nicht hält.
  Schreiben Sie nicht *Skandal im Königshaus*, wenn ein Glas Marmelade aus dem königlichen Kühlschrank abhanden gekommen ist. Oder *Kanzler tief enttäuscht*, wenn er nur gesagt hat, dass er eine Sache ein bisschen schade findet. Enttäuschen Sie nicht die Erwartungen

des Lesers oder wecken Sie keine falschen Befürchtungen. *Burundis Armee tötet internierte Hutu – Katastrophe in Lagern* vermittelt den Eindruck, es seien sehr viele Menschen – fünfzig, hundert oder mehr – ums Leben gekommen. Im Text stand aber, dass von 260.000 Lagerinsassen sechs ermordet wurden. Das ist natürlich schon schlimm genug, rechtfertigt aber nicht die Überschrift.

- **Kurz**: kurzer Satz mit kurzen Wörtern.
  Die Hauptzeile möglichst so kurz halten, dass der Leser sie mit einem Blick erfassen kann. Das heißt nicht, dass es Boulevard-Stil sein soll. Aber die Zeile *Die Bundeswehr wird im Irak zum Einsatz kommen* ist zu lang. *Bundeswehr geht in den Irak* hingegen ist besser.

- **Verständlich**: keine Fremdwörter, keine Rätsel, sondern einfache Wörter. *Keine Angst bei Badedermatitis!* kann einen normalen Leser nicht locken, der mit dem Wort Badedermatitis nichts anzufangen weiß. Zum einen sollten Sie so ein Wort ohnehin mit einem Bindestrich schreiben, damit der Leser es überhaupt lesen kann – also „Bade-Dermatitis". Nun weiß er zwar, was dasteht, aber noch immer nicht, was es heißt. Also: *Keine Angst vor roten Flecken.* Am besten mit der Dachzeile *Baden im See* und der Unterzeile *Jucken und Hautrötungen*

Überall ist Pingelap

Im Humangenomprojekt wird Heilung gesucht. Doch oft hilft die Entdeckung eines Gens den Erbkranken nicht weiter. Ein aktuelles Beispiel / Von Jörg Albrecht

Lecker Tank verursacht Concorde-Absturz

Hoher Treibstoffaustritt vor Pariser Katastrophe / Nach vielen Pannen wächst Druck auf die Fluggesellschaften

Weniger Tote durch Magenkrebs

Diese Überschriften stellen den Leser vor Rätsel: Fremdwörter und eine unlogische Formulierung.

nach dem Schwimmen sind meist harmlos und können mit einer Salbe behandelt werden.

Andere schwierige Wörter, die nicht in die Überschrift gehören, zumindest aber mit Bindestrich geschrieben werden müssen:

- ☐ Reserverad
- ☐ Basarreste
- ☐ Telelearning
- ☐ Bauerneuerung

Südafrikas Rand gerät unter Druck stellt den Leser vor ein Rätsel. Überschwemmung, Angriff? Nein, es geht um die südafrikanische Währung, den Rand. Das können aber wohl nur wenige Leser sofort erkennen. *Havel geht es besser* – aha, der Wasserzustandsbericht. Nein, Thema ist der frühere tschechische Präsident Václav Havel. *Einbrüche bei Reisen* deutet darauf hin, sich gut gegen Wohnungseinbruch zu versichern, wenn man in Urlaub fährt. Aber es soll heißen, dass es weniger Buchungen gibt.

Die SPD spinnt an einem „Gesprächsfaden“
Krisensitzung des Gewerkschaftsrats / Mahnungen, Vorwürfe, Ratschläge

Kaplan ist laut Anwältin in Köln

Verständnisprobleme kann es auch bei mehrzeiligen Überschriften geben, nur weil sie mehrzeilig sind: Die erste Zeile allein vermittelt einen falschen Zwischensinn und das kann den Leser verwirren.

Abkürzungen haben in der Überschrift ebenfalls nichts verloren, es sei denn, sie sind dem Leser bekannt und sofort zu verstehen. Die Abkürzungen ZDF und ARD zum Beispiel sind gängig und können ausnahmsweise benutzt werden. VHS hingegen ist doppeldeutig: Ist das Videosystem gemeint oder die Volkshochschule? BA kann seit kurzem für Bundesagentur für Arbeit und British Airways stehen.

Gerade bei der Frage, was für den Leser fremde Begriffe oder Rätsel sind, kommt es auf die Zielgruppe, auf Ihre Leserschaft an. In einem Wirtschaftsmagazin sind selbstverständlich mehr Fachbegriffe möglich, ebenso in einer Computerzeitschrift.

- **Originell, pfiffig, witzig.**
  Aber besser sachlich als ein platter oder verbrauchter Gag. Da Originalität und Witz Ansichtssache sein können, kommt es hier darauf an, seine Leserschaft genau zu kennen: Versteht mein Leser den Gag, die Ironie, die Doppeldeutigkeit? Was in einer Jugendzeitschrift ausgezeichnet ankommt, kann in einer Tageszeitung als blödsinnig angesehen werden. Die TAZ macht oft schöne ironische Überschriften; in der FAZ könnten sie aber nicht stehen.

Laibgericht

Bischof Dyba verteufelt den Katholikentag

Private Rentenverunsicherung

Ein Haydn-Spaß

Mautkorb für den Bundestag

Pfiffige Überschriften entstehen oft durch Wortwitz und Abwandlung von feststehenden Begriffen.

- **Rhythmus** soll eine Überschrift haben.
  Lernen Sie oder wiederholen Sie Versmaße. Eine gute Überschrift sollte sich schön rufen lassen. Manche Text-Chefs fordern sogar, dass sie sich singen lassen muss. Der frühere Leiter der Hamburger Journalistenschule, Wolf Schneider, verlangte von einer guten Überschrift: „Die muss Musik haben."

Currywurst im Regionalzug klingt nicht so rund wie *Currywurst im Regionalexpress*, weil die zusätzliche Silbe den Klang abrundet.

Bitte vermeiden:

- **Imperfekt**, es sei denn, es ist Geschichte: *Chaplin war ein Genie.* Aber nicht *SPD verlor Wahl*, wenn es ein Bericht über die Wahlen ist, die einen Tag zuvor stattgefunden haben. Präsens wirkt lebendiger und näher: *SPD verliert Wahl*

- **Fragen.** Geben Sie besser Antworten. Nicht *Wie schütze ich mich vor Dieben?*, sondern *So schützen Sie sich vor Dieben.* Die Frage *Wie nehme ich ab?* stellen sich zwar viele Menschen, aber *So nehmen Sie ab* gibt ihnen eine Antwort.
  Eine Frage gehört nur dann in die Überschrift, wenn die Frage das Thema ist und es keine klare Antwort gibt. *Wo ist Bin Laden?* oder *Wer wird Bundespräsident?*

- **Ziffern.** Schreiben Sie Zahlen in Worten. Ziffern sind schwer zu lesen. Aber als besonderes Stilmittel können Sie Ziffern einsetzen, gerade um zu zeigen, wie schwer zu überschauen die Zahl ist.

2 500 000 000 000 Mark

Hier hat der Tagesspiegel mit der unübersichtlichen Zahl demonstriert, wie groß die Bilanzsumme von Dresdner und Deutscher Bank wäre.

- **Satzzeichen.** Die Überschrift (Hauptzeile) ist ein kurzer Satz; Kommas verbieten sich daher in aller Regel von selbst. Natürlich gibt es Ausnahmen: wenn die Überschrift mit Komma ansonsten schön ist.
  Ein Punkt am Ende ist bei Überschriften nicht nötig. Satzzeichen können aber als Stilmittel eingesetzt werden, um etwas Besonderes auszudrücken, zum Beispiel ein Gedankenstrich, um den Leser zu einer kurzen Lesepause zu zwingen. Punkte hinter einzelnen Wörtern können als Taktinstrument dienen:

Aufschneiden. Reingucken. Zunähen.

Am Gerichtsmedizinischen Institut der Freien Universität wird nicht nur nach Todesursachen gesucht, sondern auch schon mal ein Vaterschaftsgutachten erstellt / Forschung zu Säuglingstod und Drogensucht ■ Von Peter Lerch

Bei der Überschrift über einem Artikel, der sich mit der Obduktion von Leichen beschäftigt, kommt mit Hilfe der Punkte die Fließbandarbeit und Routine zum Ausdruck.

Gehen Sie mit Ausrufezeichen sehr zurückhaltend um und seien Sie vorsichtig mit Doppelpunkten. Ein inflationärer Einsatz von Rufzeichen verwässert deren Wirkung. Beim Doppelpunkt muss klar sein, was er aussagen soll.

Stoiber: Dummheit siegt
Hat Stoiber das gesagt oder bezieht es sich auf ihn?

Experten: Vier Millionen sind arbeitslos

Magische Marke bereits im Dezember übersprungen / Gewerkschaften fordern mehr Teilzeitjobs

- **Zitate**, es sei denn, das Zitat ist die Kernaussage, zum Beispiel bei einem Interview. Bei einem Zitat in der Hauptzeile beachten Sie bitte: In der Unterzeile muss stehen, wer das gesagt hat. Sonst darf der Leser raten oder spekulieren.

»Aber besser als Hera Lind«

rauen sind was Wunderbares, aber auch männliche Gelassenheit strapa-

Autorin Ildikó von Kürthy über »Mondscheintarif« und »Herzsprung« – und die unwiderlegbare These: Männer und Frauen passen nicht zueinander

Sie sind verheiratet. Di des Wartens auf Männe fe ist wohl vorbei?

Hier stammt das Zitat gerade nicht von Ildikó von Kürthy obwohl es sich wegen der Unterzeile so liest.

Pfiffige Überschriften: der wichtige Riecher

Es gibt viele Möglichkeiten, originelle, pfiffige Überschriften zu finden. Auf die Kreativität kommt es an. Manche Texter greifen Ideen einfach aus der Luft, andere brüten Wochen darüber. Die Kreativität kann mit handwerklichen Tricks unterstützt und gefördert werden.

Eine Möglichkeit ist: sich den überraschenden Dreh, den Aha-Effekt zu Nutze zu machen. Der Aha-Effekt zwingt den Leser zum Stutzen und ist ein Aufmerksamkeits-Wecker. Der Aha-Effekt ist unter anderem auf drei Arten zu erreichen:

Erstens: Suchen Sie bekannte Zitate, Filmtitel, Redewendungen, Sprichwörter, die mit dem Text zu tun haben, den Sie berschreiben wollen. Schauen Sie in einem Zitaten- und einem Redewendungslexikon nach den Schlüsselbegriffen des Textes. Geht es in dem Text zum Beispiel um einen Parfumentwickler, der eine sehr gute Nase hat und von dessen Nase im Unternehmen alles abhängt, so schauen Sie nach unter *Nase, Duft, riechen.* Sie finden zum Beispiel *einen guten Riecher haben* oder *der richtige Riecher.* Nur die Redewendung zu finden, ist allerdings noch keine besonders große kreative Leistung. Verändern Sie die Redewendung passend zum Text: *Der wichtige Riecher.*

Der Leser kennt das Sprichwort und wundert sich; muss sich wundern, dass es verändert worden ist. Die kleine Veränderung des Bekannten führt dazu, dass die Nebenniere (gesteuert von der Hirnanhangdrüse) das Neugier- und Stress-Hormon Cortisol freisetzt. Die Abweichung verursacht also eine körperliche Reaktion und das führt zum Aha-Effekt. Gelungen ist die Veränderung aber nur, wenn sie zum Text passt.

Geht es im Text um einen Jungen namens August, der bei Jugend forscht den 1. Preis gewonnen hat, so kann die Überschrift lauten: *Schlauer August,* soweit Ihre Zielgruppe *dummer August* kennt. Wenn es in einem Bericht über Irland darum geht, dass Iren so nett und zugänglich, so gastfreundlich und kameradschaftlich sind, kann die Überschrift lauten: *Iren sind menschlich.*

Zweitens: Kreuzen Sie realen und übertragenen Sinn oder setzen Sie realen Sinn in Kontrast zum übertragenen Sinn. Geht es im Text um Schönheitsoperationen oder Unterspritzungen an den Lippen und ist damit ein Gesundheitsrisiko verbunden, so kann die Überschrift (mit passendem Bild) lauten: *Eine dicke Lippe riskieren.* Überschrift über einen Beitrag, der schildert, dass Frauen immer öfter Silikon wieder aus ihren Brüsten entfernen lassen: *Zurück zum Busen der Natur.*

Die drei Faltigen

Väterchen Frust

Angriff mit geballtem Faust

Männerfeindschaft

Nomaden im Speck

Drittens: Bauen Sie ein Paradoxon. Fügen Sie zum Beispiel zwei Aspekte zusammen, die miteinander nichts zu tun haben. Wird der Polizeichef in den Ruhestand versetzt, weil er mit 137 Stundenkilometern durch die Stadt gerast ist, so kann die Überschrift – einer solch bunten Meldung – lauten: *Mit 137 in den Ruhestand.* Die Unterzeile muss die Verwirrung sofort aufklären: *Polizeichef beim Rasen erwischt.* Und der erste Satz: *Weil er 87 Stundenkilometer zu schnell durch die Stadt fuhr, muss ...*

Die drei Methoden können Sie auch kombinieren: über einen Text, der beschreibt, dass Lachen gesund ist und das Leben verlängern kann, passen die Zeilen *Wer sich krank lacht, bleibt gesund* oder *Wer sich totlacht, lebt länger.* So ergänzen Sie ein Sprichwort, kreuzen realen mit übertragenem Sinn und bilden ein Paradoxon.

7.2 Der Vorspann

„Hereinspaziert, hereinspaziert! " Das ist die Botschaft des Vorspanns. „Lesen Sie hier in diesem Text Spannendes, Neues und Lehrreiches!" Nach Überschrift und Bildtext ist der Vorspann der wichtigste Kleintext. Sollen Überschrift und Bildtext den Leser vor allem locken, muss der Vorspann zweierlei leisten: die wichtigsten Informationen des Textes zusammenfassen und für ihn werben. Er hat die Funktion eines Schaufensters, dessen Auslage den Kunden dazu bewegt, in den Laden hineinzugehen.

In einer Zeitschrift soll der Vorspann neugierig machen und locken.

Je nach Textart ist der Vorspann mehr eine Zusammenfassung des Textes oder mehr eine Werbung. Bei Nachrichten enthält der Vorspann so viel Information, dass der Leser auf die Lektüre des Textes verzichten kann – aber nicht sollte. Solch ein Vorspann ist nüchtern und sachlich. Er ist typisch auf den Nachrichtenseiten der Tageszeitungen.

Daimler-Chrysler lässt Mitsubishi fallen

Stuttgarter ziehen bei Kapitalerhöhung des Autobauers nicht mit / Gemeinsame Projekte werden fortgeführt

Mit einem Kurssprung hat die Börse auf die Notbremsung von Daimler-Chrysler bei Mitsubishi reagiert. Aktionärsvertreter begrüßten den Beschluss des Stuttgarter Unternehmens, den hoch verschuldeten japanischen Autobauer nicht länger finanziell zu unterstützen.

STUTTGART · 23. APRIL · DPA/RTR/FR · Die Notierung der Daimler-Chrysler-Aktie schnellte gestern zeitweise um mehr als acht Prozent in die Höhe. Der Stuttgarter Autobauer hatte zuvor angekündigt, den Rückzug bei der Mitsubishi Motors Corporation (MMC) anzutreten. Die Deutsche Schutzgemein-

Bei einer Nachricht soll der Vorspann eher informieren und zusammenfassen.

Bei Reportage, Betrachtung, Feature und Sachtext steht der Werbeeffekt im Vordergrund: Neugier wecken, Spannung erzeugen. Mit Bildern, Metaphern oder Wortspielen, mit Paradoxem, Überraschendem oder Interessantem leitet der Vorspann von der Überschrift und der Unterzeile in den Text hinein. Er muss den Leser fangen und nicht mehr loslassen. Hier kann der Texter sein Können demonstrieren, sich austoben. Er darf natürlich auch sachlich bleiben.

Beispiel:

- Überschrift:

  Der weite Weg zum Himmel

- Vorspann:

  Zwischen größtem Erfolg und tiefstem Fall balanciert der Mensch am Everest. Blinde und Einbeinige sind bis ganz nach oben gekommen, einige der weltbesten Kletterer am eigenen Übermut gescheitert. Eine Chronik des 150-jährigen Dramas um den Berg und seine Eroberer.

Vor allem bei Sachtexten, beim Nutzwertjournalismus, kann ein guter Vorspann einen Leser fangen, der sich für das Thema bislang nicht interessiert hat. Locken können dabei vor allem Überraschendes und erstaunliche Perspektiven.

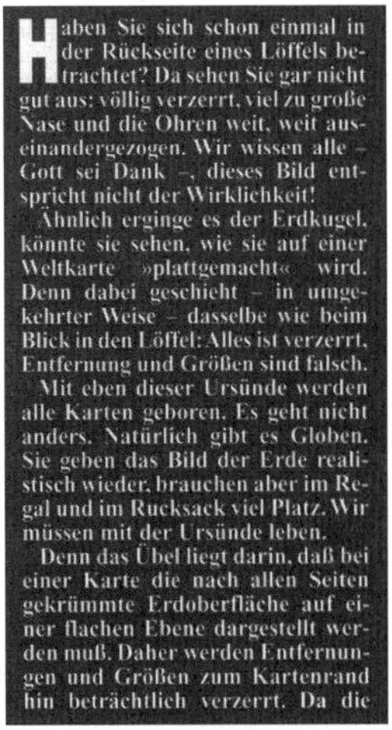

Haben Sie sich schon einmal in der Rückseite eines Löffels betrachtet? Da sehen Sie gar nicht gut aus: völlig verzerrt, viel zu große Nase und die Ohren weit, weit auseinandergezogen. Wir wissen alle – Gott sei Dank –, dieses Bild entspricht nicht der Wirklichkeit!

Ähnlich erginge es der Erdkugel, könnte sie sehen, wie sie auf einer Weltkarte »plattgemacht« wird. Denn dabei geschieht – in umgekehrter Weise – dasselbe wie beim Blick in den Löffel: Alles ist verzerrt, Entfernung und Größen sind falsch.

Mit eben dieser Ursünde werden alle Karten geboren. Es geht nicht anders. Natürlich gibt es Globen. Sie geben das Bild der Erde realistisch wieder, brauchen aber im Regal und im Rucksack viel Platz. Wir müssen mit der Ursünde leben.

Denn das Übel liegt darin, daß bei einer Karte die nach allen Seiten gekrümmte Erdoberfläche auf einer flachen Ebene dargestellt werden muß. Daher werden Entfernungen und Größen zum Kartenrand hin beträchtlich verzerrt. Da die

Vorspann zu einem Text über die Kartografie und deren Schwächen. Der Leser wird mit einem Bild aus dem Alltag in das schwierige, eher trockene Thema gezogen.

Frankfurt (Main)/Berlin (ce/uwe/ro). Der wegen eines von der Dresdner Bank bezahlten Hotelaufenthalts in die Kritik geratene Bundesbankpräsident Ernst Welteke ist am Freitag zurückgetreten. Das teilte die Bundesbank in Frankfurt am Main mit. Welteke zog damit die Konsequenz aus dem wachsenden Druck auch seitens der Bundesregierung, sein Amt abzugeben. Der Vorstand der Bundesbank teilte mit, das Gremium halte „diesen Schritt im Hinblick auf das Ansehen der Institution und die Wahrnehmung ihrer Aufgaben für angemessen". Das Bundesfinanzministerium begrüßte den Rücktritt. Der 61-jährige Welteke hatte die Bundesbank seit September 1999 geführt.

In der Erklärung der Bundesbank hieß es, Welteke habe selbst um seine Entlassung gebeten und auch Bundeskanzler Gerhard Schröder (SPD) davon unterrichtet. In Berlin

Nur den ersten Absatz zu fetten, macht daraus keinen Vorspann. Der Text knüpft an den fetten Text an.

Was Redaktionen alles als Vorspann bezeichnen, ist unterschiedlich. Manche nennen so schon die Unterzeile, andere bezeichnen den ersten Absatz ohne Ansehen des Inhalts als Vorspann. Keines von beiden ist aber ein Vorspann: Die Unterzeile soll die Hauptzeile erläutern, mit dem ersten Absatz beginnt der Lauftext. Auch wenn ein erster Absatz optisch als Vorspann daherkommt, weil er gefettet wird, wird daraus kein Vorspann.

Natürlich gibt es Mischformen der Kleintexte. So können Unterzeile und Vorspann optisch zusammengefasst werden und ineinander übergehen. Die TAZ zum Beispiel praktiziert sehr gelungen diese Form. Auch der SPIEGEL versucht sich daran. Der Vorteil dieser Mischung: Der Texter spart einen Kleintext und der Layouter spart Platz. Ein Beispiel:

Unternehmen Jugendwahn

Wer über 50 ist, hat auf dem Arbeitsmarkt kaum Chancen. Selbst 40-Jährige bekommen in vielen Branchen keinen Job mehr. Die Folgen sind verheerend – für die Betroffenen, die Volkswirtschaft und langfristig auch für die Betriebe. Nun formiert sich eine parteiübergreifende Gegenbewegung.

Steht der Vorspann, etwa bei einer STERN- oder GEO-Geschichte, mit im Aufmacherbild, kann er auch gleichzeitig als Bildtext fungieren. Dann muss dieser Zwitter natürlich auch einen Bezug zum Bild schaffen. Jede Mischform ist möglich, wenn der Texter sie bewusst als Mischform einsetzt. Alles kann funktionieren im Kunsthandwerk des Textens, wenn der handwerkliche Aspekt nicht vergessen wird. Wer aber den vom

Grafiker vorgesehenen Platz nur irgendwie füllt, produziert in aller Regel Kuddelmuddel.

Grundregeln

- Jeder lange Text sollte einen Vorspann haben.
- Der Vorspann ist ein eigener Text, kein gefetteter erster Absatz des Lauftextes. Er leitet von der Überschrift in den Text.
- Der Vorspann muss den Text zusammenfassen und für ihn werben.
- Er muss – wie die Überschrift – in der Tonlage des Textes verfasst sein.

Anknüpfend an die Überschrift muss der Vorspann die Zielgruppe erreichen und die Tonlage des Textes treffen. Wie und zu wem man „Hereinspaziert!" ruft, ist wichtig für den Erfolg. Wortwahl, Rhythmus, Tonart müssen stimmen. Keinen witzigen, kurzatmigen Vorspann vor einen traurigen, getragenen Text und umgekehrt.

Ob ein Beitrag überhaupt einen Vorspann braucht, hängt von der Textlänge ab: Ein Beitrag von weniger als 40 Zeilen braucht in aller Regel keinen Vorspann, da genügt eine Unterzeile. Bei mehr als 100 Zeilen darf der Leser als Orientierung einen Vorspann erwarten. Feste Regeln gibt es dafür allerdings nicht.

Erst recht gibt es keine Regel für die Länge des Vorspanns: Wer es schafft, den Leser in nur drei Zeilen in einen 200-Zeilen-Text zu locken (wobei er ja zusätzlich die Überschrift dafür nutzen konnte), sollte es tun. Meist werden aber eher zehn Zeilen nötig sein, vor allem bei längeren Texten. Und wer über zwanzig Zeilen fesseln kann, ist ebenfalls gut. Die Länge des Vorspanns darf allerdings nicht im Missverhältnis zur Länge des Lauftextes stehen. 20 Vorspannzeilen vor 60 Zeilen Text sind ein schwerwiegendes Indiz für Kopflastigkeit. Was soll der Leser im Text noch mehr finden?

Typische Fehler

Ein typischer Anfängerfehler nach der Erfahrung in meinen Seminaren: Der Texter verkettet Kleintexte und Lauftext miteinander. Der Autor beginnt den Text bereits mit der Überschrift und setzt ihn über Unterzeile und Vorspann fort. Die Überschrift ist dann der erste Satz des Textes und allein nicht mehr änderbar, ohne dem Beitrag eine Information zu rauben.

BGH stellt Internet-Auktionen in Frage

Bundesrichter prüfen, ob Bieter ihre Käufe bei Ebay widerrufen können / Millionen Nutzer betroffen

Karlsruhe – **Auktionen im Internet könnten für Anbieter bald weniger interessant werden – und für Käufer von gewerblich angebotenen Waren sicherer. Der Bundesgerichtshof (BGH) prüft, ob unzufriedene Kunden das Recht haben, den Kauf zu widerrufen. Sollte der BGH dies bei der Urteilsverkündung am 3. November bejahen, können Verbraucher Artikel, die von einem Unternehmer über Ebay versteigert wurden, ohne Angabe von Gründen zwei Wochen lang zurückschicken. Dadurch wäre die Attraktivität des nach eigenen Angaben größten Internet-Auktionshauses bedroht, prophezeien Experten.**

Von Helmut Kerscher und Kassian Stroh

Ein solches Widerrufsrecht sieht ein Gesetz seit vier Jahren für so genannte Fernabsatzverträge vor, die etwa via Internet, Telefon oder Fernsehen geschlossen wurden. Ausnahmen gelten unter anderem für Versteigerungen. Der BGH muss nun entscheiden, ob Ebay-Geschäfte solche „echten Versteigerungen" sind oder lediglich „Kaufverträge zum Höchstgebot". Im letzteren Fall stünde

Aderlass

Zweiter typischer Fehler: Wortdopplungen in Überschrift, Vorspann und erstem Satz des Lauftextes. Das ist langweilig. *In der ersten Runde k.o.* in der Überschrift verbietet es in den anderen Kleintexten und dem ersten Satz ebenfalls die Wörter *erste Runde* und *k.o.* zu benutzen. Dann muss es zum Beispiel in der Unterzeile heißen: *Müller lag bereits nach zwei Minuten am Boden. Meyer ist neuer deutscher Schwergewichtsmeister*, und im Vorspann: *Einen spannenden Kampf hatten die Zuschauer erwartet. Viele hart umkämpfte Runden prognostizierten alle Experten. Doch Meyer bezwang Müller schon mit seinem dritten Treffer.* Einstieg: *Bereits um 20.24 Uhr war alles vorbei ...*

Zwingend ist ein Vorspann nicht. Auch bei langen Texten kann der Lauftext gleich nach der Überschrift beginnen, und das kann sogar manchmal sehr gelungen sein. Aber meist fehlt so das Bindeglied zwischen Überschrift und Lauftext und der Einstieg kommt recht abrupt. Um gute Vorspänne zu kreieren, braucht der Texter Zeit. Er muss den Text lesen, verstehen, den Küchenzuruf für den Leser finden, die wichtigsten Aspekte sammeln und interessant darbieten. Da es in vielen Redaktionen dafür keine Zeit mehr gibt, fehlen auch immer öfter Vorspänne. Zeitungen und Zeitschriften setzen schlicht den ersten Absatz oder seinen Anfang anders. Das ist Sparen am falschen Ende. Gerade die Kleintexte können Zeitungen und Zeitschriften ein eigenes, typisches Profil geben in einer Zeit, in der Themenauswahl und Berichterstattung immer ähnlicher werden und immer mehr Printmedien erscheinen. Die TAZ ist für eine solche Profilierung ein Beispiel. Gerade viele Journalisten lesen die Überschriften und Vorspänne der TAZ mit Vergnügen, lassen sich davon aber leider nicht anregen. – Hereinspaziert.

Hansgeorg Bergmann hat einst den Vorspann in ESSEN+TRINKEN zu einer **eigenen Kunstform** gemacht. Er hat fantasiert, fabuliert, resümiert und stets amüsiert und damit gezeigt, dass der Vorspann losgelöst vom Text für ihn werben kann. Er muss selbstverständlich beim Thema bleiben. Bergmann starb 1994. Hier einige seiner Kabinettstückchen:

Festlich ist unser Dezembermenü, und nicht allzu schwer ist es, leichter jedenfalls als jede Weihnachtsgans, deren machtvolle Schwere so oft jenen Gemütszustand bewirkt, den manche Leute mit Innerlichkeit verwechseln.

Pfirsich ist das total sinnliche Erlebnis, ganz Rundung, ganz Duft, ganz Süße, ganz Saft und obendrein noch in die berühmte Pfirsichhaut verpackt, von der die Kosmetikindustrie gern wüsste, wie sie zustande kommt.

Die folgenden Picknickrezepte sind für 24 Waden berechnet, die sich ihren Platz unter der Tanne sauer ertreten haben. e+t wünscht Guten Appetit und allzeit viel Luft im Reifen.

Jedes Getränk hat seine Tugend, pflegte der ehrwürdige Vater Afanasjew zu sagen, aber im Wodka allein ist Liebe zu aller Kreatur! Wie wahr! Denken Sie nur an den Fall des Artillerie-Majors Katapultnikow, der auf einem Ball beim Zaren insgesamt 27 Großfürstinnen abküsste, dem Moskauer Patriarchen bei einer zärtlichen Umarmung drei Rippen brach und am nächsten Morgen in der Kerkerzelle einer Küchenschabe das Du anbot. Ein wunderbares Getränk, der Wodka! Man sollte mehr darüber wissen!

Er gehört zum Besten, wonach man sich zwischen Juni und Oktober bücken kann, und er hat auch nicht, was mancher andere Edelpilz hat, nämlich einen teuflischen Doppelgänger, der in der Maske des Biederpilzes mit Mordinstinkten unterm breiten Hut im Grase lauert. Kein Wunder also, dass jedermann hinter dem Pfifferling ...

7.3 Bildtext

„Schau mal: Dein Großvater 1965 unterm Eiffelturm. Damals war er in Paris auf Geschäftsreise." So wie Sie Fotos aus dem Familienalbum beschreiben, erklären Sie auch Bilder in Zeitungen und Zeitschriften. Denn es ist das, was die Betrachter wissen möchten: Wer und was ist zu sehen? Wann und wo war das? Warum waren die Abgebildeten dort?

„Sie müssen dem Leser das Bild vorlesen", hat STERN-Gründer Henri Nannen von Bildtextern gefordert. Auch wenn auf dem Bild Personen und Orte zu sehen sind, die der Leser kennt, müssen sie genannt werden. Das ist eben so wie beim Familienalbum. Natürlich kennt der Enkel seinen Großvater und den Eiffelturm, aber er will wissen, was Großvater in Paris gemacht hat und wie lange das schon her ist oder wie alt er auf dem Foto war. Um diese Fragen zu beantworten, muss ich auch Großvater und Eiffelturm nennen; sonst fehlen das Subjekt und andere Satzteile.

Wer, was, wann, wo zu nennen, sind die Mindestanforderungen an einen Bildtext. Also muss auch bei Bildern von Prominenten an prominenten Orten beides genannt werden. Der Bildtext muss außerdem alle weiteren Fragen beantworten, die ein Betrachter des Bildes hat: Warum, wozu? Wenn Gerhard Schröder auf einem Foto ein Plastikhäubchen trägt, fragt sich der Leser, warum er es trägt, und der Bildtext muss diese Frage beantworten (er besuchte den Laborbereich eines Pharmakonzerns) und kann dazu nicht einfach schweigen.

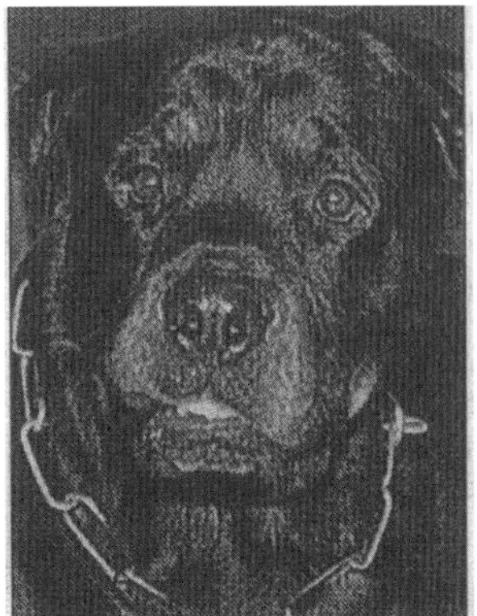
Erholt sich zu Hause: der Polizist Willi K. Foto: Manz

Kommt zum Amusement der Leser gelegentlich vor: das falsche Bild zum Bildtext.

BERLINER ZEITUNG/FRÖHLING
Hartmut Mehdorn (Foto) ist kein talentierter Verkäufer, sagt der Verkehrsexperte Gottfried Ilgmann.

Wenn Gegenstände auffallend im Vordergrund stehen, muss der Bildtext dazu etwas sagen. Steht Bahnchef Hartmut Mehdorn im Hintergrund hinter dem Triebkopf eines ICE, der vier Fünftel des Bildes einnimmt, so muss der Bildtext den Triebkopf erwähnen und darf nicht nur lauten: „Hartmut Mehdorn ist kein talentierter Verkäufer, sagt der Verkehrsexperte Gottfried Ilgmann" (wobei Ilgmann zu allem Übel nicht im Bild war).

Wenn auf einem Foto US-Soldaten ein Plakat mit dem Bildnis Saddam Husseins und großen arabischen Schriftzeichen zerreißen, muss der Bildtext die Übersetzung der Schriftzeichen liefern. Sonst bleibt eine wichtige Frage des Lesers offen.

Im Bildtext ist, so ist es richtig, der Schriftzug auf dem Plakat übersetzt: „Großer Führer eines großen Volkes". Denn der Leser fragt sich, was dort wohl steht.

Sichtliche Gefühlsregungen und Stimmungen – Lachen, Freude, Angst, Trauer – sollten im Bildtext ebenfalls angesprochen werden: *Lachend überreicht Müller dem Sieger Meyer die Medaille.* Oder: *Olaf Schulze nimmt die trauernde Petra Schmitt am Grab ihres Mannes tröstend in den Arm.* Dem Leser das Bild vorlesen! Dazu müssen Sie das Bild erst einmal auf sich wirken lassen. Sie brauchen also Zeit.

Auch Dolmetscher, Leibwächter, Begleiter müssen im Text im angemessenen Umfang angesprochen werden. Denn sie spielen ja für die Situation auf dem Bild irgendeine Rolle. Ihre Namen sind allerdings nicht wichtig. Weglassen darf der Texter nur Personen und Gegenstände, die für die Aussage des Bildes belanglos sind **und** im Hintergrund stehen – also alles, worüber sich ein Betrachter keine Gedanken macht.

Es ist falsch zu denken: Was der Leser auf dem Bild sieht, muss ich im Bildtext nicht ansprechen. Wer nach dieser Regel arbeitet, lässt den Leser allein. Und er sorgt für ungewollten Humor, wenn er etwas anspricht, was im Bild nicht zu sehen ist. Das wirkt meist sehr komisch.

Unter dem strengen Blick von Wahlhelfer Michael Trägler (rechts) trat CDU-Kandidat Frank Steffel an die Wahlurne. An seiner Seite Gattin Katja. Foto: Fieguth

Unter einem Foto vom Bundeskanzleramt, das wegen der Entfernung Personen nur winzig auf einem Balkon erkennen lässt: „Bundeskanzler Gerhard Schröder nahm symbolisch die Schlüssel für sein neues Domizil entgegen ...".

An der Wahlurne ist rechts kein Wahlhelfer zu sehen, nur Steffel und seine Frau.

DDP/KAI-UWE KNOTH

Im Bereich Rechtsschutzversicherungen legt die Arag zu.

Unter einem Foto, das ein demoliertes Auto auf einem Abschleppwagen zeigt, stand: „Im Bereich Rechtsschutzversicherungen legt die ARAG zu".

Der Bildtext hat mit dem Foto nichts zu tun.

Lachhafter Bildtext zu einem Bild, auf dem vor strahlend blauem Himmel die Schweizer Flagge, ein Balkongeländer und stecknadelgroß ein Mann oder Junge zu sehen sind: „Die Botschaft der Schweiz ist am Freitagabend offiziell von Bundespräsident Moritz Leuenburger eröffnet worden."

Zuerst schauen Leser auf ein Bild, dann meist auf den Bildtext. Erst danach lesen sie die Überschrift. Viele Redakteure vergessen, dass Bildtexte die meistgelesenen Texte in der Zeitung oder Zeitschrift sind und für den Text werben sollen. Wenn die Bildtexte schlecht sind, wenn Informationen fehlen, verschmäht der Leser gleich den ganzen Beitrag. Gute Bildtexte können, gemeinsam mit den Überschriften, eine Zeitung oder Zeitschrift prägen. Darum darf eine Redaktion sie nicht stiefmütterlich behandeln.

Grundregeln

- Jedes Bild braucht einen Bildtext.
- Für den Bildtext muss genügend Platz sein.
- Der Bildtext muss unter dem Bild stehen, allenfalls gleich daneben. Er gehört nicht in eine Fußnote – wie beim SPIEGEL.
- Jedes Bild sollte einen eigenen Bildtext haben. Ein gemeinsamer Bildtext für mehrere Bilder ist meist verwirrend und umständlich für den Leser.
- Der Bildtext muss mit dem beginnen, was auf dem Bild zu sehen ist (wer, was, wann, wo?). Danach können Zusatzinformationen kommen.
- Der Bildtexter braucht Zeit, um einen guten Bildtext zu machen.

Besonders schlecht ist es, wenn der Bildtext in Kontrast zum Bild steht. Das Bild: Bill Clinton und Vladimir Putin stehen im Kreml. Clinton zeigt mit ausgestrecktem Arm und wissendem Blick in eine Ecke; Putin schaut fragend in ein Heft, das er in Händen hält. Bildtext: „Putin führt Clinton durch den Kreml".

Alle „Ws" zu nennen, empfinden manche Texter als platt und langweilig. Das liegt aber daran, dass der Text schlichtweg platt und langweilig formuliert wurde. Wenn Fischer und Schröder gemeinsam hinter einem Rednerpult stehen, darf es selbstverständlich im Bildtext nicht heißen: *Bundeskanzler Gerhard Schröder und Außenminister Joschka Fischer hinter einem Rednerpult.* Sondern: *Auf der Pressekonferenz zur Sicherheitslage nach dem 11. September gaben Schröder und Fischer gemeinsam Antworten.*

Sind alle „Ws" genannt, können Sie Zusatzinformationen anhängen, zum Beispiel, wann Fischer wieder nach Deutschland zurückfliegt, wenn er bei seinem Besuch in Washington zu sehen ist. Oder zum Beispiel, dass es dem Papst wieder etwas besser geht, wenn seine Osteransprache vor vielen tausend Menschen auf dem Petersplatz zu sehen ist.

Eine häufige Frage von Nachwuchsjournalisten: Wie ordne ich mehrere Personen auf dem Bild im Bildtext zu? Die einfachste Methode: *von links: Müller, Meyer, Schulze.* Die elegante und daher bessere Methode ist, die Handlung oder die Situation im Bild zu nutzen: *Meyer legt Müller mit einem Lächeln die Hand auf die Schulter. Schulze betrachtet das mit einem kritischen Blick über seine Halbbrille.* Der Vorteil der eleganten Methode: Sie haben gleich einen großen Teil oder sogar den ganzen Bildtext fertig.

Der Schlaf der Gerechten

Mit einer feierlichen Zeremonie nahmen am Montag die Hongkonger Richter nach alter britischer Tradition ihre Arbeit im neuen Jahr auf. Dem bisher geltenden britischen Rechtssystem stehen turbulente Monate bevor, wenn es an die chinesischen Gesetze angepasst werden muss. Gähnende Richter dürften daher in Hongkong selten werden. Foto:AP

Elegant ist es auch, im Bild Enthaltenes für eine Metapher zu verwenden, wenn sie passt. Steht ein Politiker mit hochgekrempelten Hemdsärmeln bei einer Wahlkampfveranstaltung da, kann passend sein: *Hemdsärmelig spricht Schulze zu seinen Wählern* ... Sprechen Sie Bildaussagen im Text pfiffig an.

Sehr schön: Der Text greift das Gähnen auf. Und auch sonst ist alles drin

Um die „Ws" überhaupt in den Bildtext schreiben zu können, muss man sie kennen. Darum muss der Fotograf genügend Informationen liefern, also die „Ws" nennen. Früher standen sie auf der Rückseite des Papierabzugs oder als Info beim Dia. Heute müssen sie als Zusatzinfo zum digitalen Bild gestellt werden.

Fehlen die Informationen, um alle „Ws" in den Bildtext zu schreiben, müssen Sie recherchieren, nicht fantasieren. *Das könnte wohl der X in Y am Z sein* ist keine Basis für einen Bildtext. Rufen Sie die Bildredaktion oder den Fotografen an – oder suchen Sie ein anderes Bild aus.

8 EXKURS: Recherche

Schön geschrieben, preiswürdig formuliert – aber leider falsch. Daten verwechselt, Namen vertauscht, Hintergründe vergessen. Die Qualität im Journalismus sinkt zusehends. Medienexperten, Presserechtler und sogar pressefreundliche Politiker beklagen das. Beim deutschen Presserat gab es im Jahr 2005 rund 300 begründete Beschwerden: etwa ein Drittel mehr als im Jahr zuvor. Bei rund 200 erkannte der Presserat Verstöße gegen die journalistische Sorgfaltspflicht; der Grund dafür war meist miserable Recherche.

Die Basis eines guten Textes, der Grundstein für einen journalistisch und presserechtlich sauberen Artikel wird bei der Recherche gelegt. Wer hier schlampt, bietet dem Konsumenten nicht nur dünnen Kaffee, er kann später auch viel Ärger bekommen.

Aus mehreren Gründen ist es also sinnvoll, sich an einige Grundregeln für eine saubere, umfassende Recherche zu halten:

- Alle Quellen befragen.
- Die Quellen prüfen.
- Die Betroffenen anhören und wenn möglich im Beitrag zitieren.
- Für und Wider zeigen, alle Meinungen und Standpunkte darstellen.

Das klingt einfach, es ist auch einfach. Doch leider werden diese Regeln immer weniger beachtet. Zunächst vielleicht aus verständlichen Gründen: Nachrichten müssen immer schneller produziert werden, es fehlt Zeit; mit immer weniger Personal muss immer mehr geleistet werden, es fehlen Redakteure. Aber: Viele Journalistinnen und Journalisten werden auch nachlässiger. In Zeiten der vielen und schnellen Informationen „versenden sich" Fehler – angeblich. Wen interessiert schon der falsche Bericht von gestern? So darf es aber nicht weitergehen.

In Journalistenseminaren stelle ich immer häufiger fest, dass das Berufsverständnis weggeht vom gezielten, kritischen, aufklärenden Journalismus hin zum Schnellschuss aus der Hüfte. Einige Begründungen der Djangos aus den Seminaren:

- „Ist doch egal, ob das stimmt. Hauptsache klingt gut und bringt Auflage."
- „Wird schon gut gehen."
- „Bin doch kein Detektiv."
- „Dann muss der Leser eben mal im Lexikon gucken."

Und sogar:

- „Soll der Leser halt eine andere Zeitung kaufen, wenn ihm mein Text nicht passt."

Journalismus ist noch immer Dienst am Kunden. Der Leser will richtig, rundum und verständlich informiert werden. Das ist Arbeit für den Autor; aber das ist seine Aufgabe. Davon kann man die meisten Seminarteilnehmer schließlich überzeugen.

Bevor das Schreiben beginnt, muss recherchiert werden. Äußerst hilfreich ist ein Rechercheplan: Was muss in den Beitrag? Was muss ich klären? Wen muss ich fragen?

Ein Fall-Beispiel:

Sie bekommen einen Anruf: In einem großen und bekannten deutschen Herztransplantationszentrum soll angeblich der Chefarzt schlampig arbeiten, Pfusch seiner Mitarbeiter dulden und grobe Operationsfehler vertuschen. Außerdem seien die Dienstpläne so aufgestellt, dass beim Wechsel der Bereitschaft Lücken entstehen, in denen Patienten bis zu fünfzehn Minuten ohne ärztliche Betreuung sind. Belegbarer Fakt des Informanten, eines ehemaligen Chirurgen des Herzzentrums: In der Klinik sterben prozentual doppelt so viele Patienten unterm Messer wie im Durchschnitt aller anderen Herzchirurgien weltweit. Weitere Fakten: Der Informant ist fristlos entlassen worden, weil er nicht rechtzeitig bei einem Patienten war, obwohl er den Dienst pünktlich angetreten hatte. Der Patient starb. Der Informant klagt gegen die Kündigung.

So muss eine saubere Recherche ablaufen:

1. Den Informanten überprüfen. Gibt er die Informationen nur aus Rache, weil er entlassen worden ist? Vorherige Arbeitgeber und Kollegen fragen.

2. Vom Informanten die Kündigung vorlegen lassen und seinen Anwalt zu der Sache befragen.

3. Andere Mitarbeiter des Zentrums fragen. Namen und Telefonnummern vom Informanten geben lassen.

4. Beim Ärzteverband fragen, welche Vorschriften gelten, wie Dienstpläne aussehen müssen und wie sorgfältig Chirurgen arbeiten müssen.

5. Andere Kliniken und Experten anrufen und fragen, was sie von solchen Vorwürfen halten. Dabei nicht den Namen des Herzzentrums nennen.

6. Über Internet und Ärzteverbände die Sterblichkeitszahlen bei Herzoperationen feststellen. Für den Hintergrund Zahlen über Herzoperationen sammeln: Wie viele? Zunahme in den vergangenen Jahren. Zahl der Herzzentren. Durchschnittsalter der Herzpatienten. Das alles für Deutschland und weltweit.

7. Prüfen, welche Patienten in dem umstrittenen Herzzentrum behandelt werden: Besonders riskante Fälle, die andere Kliniken schon zurückgewiesen haben? Dann wäre die höhere Sterblichkeitsrate erklärbar.

8. Patienten des Herzzentrums befragen, wie sie dort behandelt worden sind. Angehörige von verstorbenen Patienten befragen. Fälle suchen, in denen Angehörige gegen das Zentrum klagen.

9. Die Pressestelle der Klinik und/oder den Chefarzt anrufen und zu den Vorwürfen Stellung beziehen lassen.

Ohne das alles zu recherchieren, wäre es töricht und gefährlich, die Vorwürfe des Informanten zu veröffentlichen. Wenn der Informant nur aus Rache seinen früheren Chefarzt anschwärzen will und die Vorwürfe auch nur teilweise falsch oder übertrieben sind, schaden Sie fälschlicherweise dem Ruf eines renommierten Experten und der Klinik. Das kann sehr viel Ärger mit sich bringen und sehr viel Geld kosten: Gegendarstellung, Unterlassungserklärung, Widerruf und schließlich Geldentschädigung wegen „Rufmordes". Und dabei ist es unerheblich, dass der Ex-Chirurg Ihnen die Informationen gegeben hat. Das befreit Sie nicht davon, alles sorgfältig zu prüfen. Verbreiten von Falschmeldungen ist ebenso sanktioniert wie das In-die-Welt-Setzen – übrigens auch strafrechtlich: Dem Autor und dem verantwortlichen Redakteur drohen wegen übler Nachrede Geld- oder Freiheitsstrafen.

So bekommen Sie Informationen

Die Angst, von der Presse benutzt, fertig gemacht oder falsch zitiert zu werden, verleidet es vielen Menschen, Journalisten etwas zu sagen.

Wie also bekommt man von Menschen Informationen? Der Trick: Es gibt keinen. Nach meiner Erfahrung geben Ihnen alle Menschen Auskunft, wenn Sie ihnen den ehrlichen Eindruck vermitteln, dass es Ihnen um die Sache geht und Sie ausgewogen und fundiert berichten wollen. Oberflächliche Sprücheklopfer und forsche Wichtigtuer bekommen daher weniger Informationen als ruhige, interessierte, kompetente Zuhörer. Wem es offensichtlich nur darum geht, ein paar banale Informationen für seinen ach so wichtigen Artikel zu bekommen, dem sagen Menschen weniger als dem, der wahres, tiefgehendes Interesse zeigt.

Und dann gibt es doch noch einen schlichten, aber wirksamen Trick: Zeigen Sie auch Interesse an der Person des Informanten, an seinen Hobbys, seiner Familie, seiner Wohnung – zum Beispiel: „Eine schöne Pokalsammlung haben Sie da. Wie lange sind Sie aktiver Kegler?" Oder: „Hübsches Bild auf Ihrem Schreibtisch. Ist das Ihre Frau?" Oder: „Ich suche auch nach so schönen Vorhängen. Wo haben Sie die bekommen?" Aber: Erstens muss solches Interesse passend kommen und nicht holperig oder aufgesetzt; zweitens darf es nicht schleimig wirken.

Presserecht

Recherche und Veröffentlichung

Dass etwas recherchiert wird, was nicht veröffentlicht werden darf, macht die Recherche nicht automatisch rechtswidrig. Ein Betroffener kann einen geplanten Beitrag daher noch nicht mit dem Argument verbieten lassen, die recherchierten Tatsachen dürften nicht veröffentlicht werden. Zwischen Recherche und Veröffentlichung steht immer noch der Filter des Schreibens oder Schneidens. Ein Verbot kommt erst kurz vor Veröffentlichung in Betracht, also wenn bei normalem Ablauf der Bericht ohne weitere Prüfung erscheinen würde.

Informantenschutz

Wer die Zusage bricht, einen Informanten nicht zu nennen, verstößt nicht gegen das Presserecht, aber gegen den Pressekodex. Wer einen Informanten schützen will, hat dafür auch Rückendeckung vom Gesetzgeber: In § 53 Absatz 1 Nr. 5 der Strafprozessordnung und § 383 Absatz 1 Nr. 5 der Zivilprozessordnung ist ein Zeugnisverweigerungsrecht vorgesehen.

Auskunftspflicht gegenüber der Presse

Privatleute und Privatfirmen müssen der Presse nichts sagen. Da können Sie nur mit Tricks und guten Verbindungen etwas erreichen, wenn sich jemand sperrt. Behörden dagegen sind nach den Landespressegesetzen verpflichtet, Auskunft zu geben, allerdings können Sie den Umfang – nach dem so genannten pflichtgemäßen Ermessen – weitgehend selbst bestimmen. Das Bundesverwaltungsgericht hat dazu gesagt:

„Mit der Gewährleistung der Pressefreiheit trägt das Grundgesetz der besonderen Bedeutung der Presse in einem freiheitlich demokratischen Staatswesen Rechnung. Es schützt und sichert die Aufgabe der Presse, an dem Prozess der Bildung der öffentlichen Meinung teilzunehmen und dadurch an der politischen Willensbildung des Volkes mitzuwirken. Daraus folgt die Pflicht des Staates, diese Aufgabe der Presse zu respektieren. Hierzu gehört auch die Pflicht zur Erteilung von Auskünften. Einer freiheitlich demokratischen Grundordnung entspricht ein Verhalten der Behörden, das in Angelegenheiten von öffentlichem Interesse von Offenheit geprägt ist. Es erfordert die Bereitschaft, dem Bürger die Angelegenheiten dadurch durchsichtig zu machen, dass der Presse (wie auch anderen Medien) durch eine großzügige Informationspolitik eine genaue und gründliche Berichterstattung ermöglicht wird."

(Mehr dazu in Michael Schmuck, Das neue Presserecht, Verlag Rommerskirchen 2006.)

III Unternehmenstexte

9 Grundsätze der Pressearbeit

Obwohl es in diesem Buch ums Texten geht und sich der Punkt Pressearbeit daher streng genommen nur mit der Pressemitteilung beschäftigen müsste, stelle ich dem Thema Pressemitteilung die Grundzüge der Pressearbeit voran. Der Grund: Um gute Pressemitteilungen zu texten, muss der Texter erst einmal seine Haltung zur Presse prüfen – und meistens ändern.

Der Wurm muss dem Fisch schmecken, nicht dem Angler.

Alte PR-Weisheit

Wer von der „anderen Seite" kommt, also aus dem Journalismus, der kennt die meisten der Tipps und Leitlinien, die dieses Kapitel vermittelt. Den meisten Pressesprechern, die aus den Unternehmen kommen und keine spezielle Vorbildung mitbringen, sind sie aber oft unbekannt. Wer zuvor in anderer Funktion im Unternehmen tätig war, dem fehlt vor allem oft Verständnis für den Blickwinkel der Presse und der Öffentlichkeit – für die *Außensicht*. Sie haben ihre Arbeit bis dahin meist nur aus der Perspektive des Unternehmens betrachtet – aus der **Binnensicht** – und tun das auch in der neuen Funktion als Presse- und Öffentlichkeitsarbeiter. Doch genau dieser Perspektivwechsel, der veränderte Blickwinkel, ist Voraussetzung für erfolgreiche Presse- und Öffentlichkeitsarbeit. Wer nicht erkennt, was die Presse und die Öffentlichkeit interessiert, arbeitet an seinen Kunden vorbei.

„Das müssen die doch begreifen, das muss die doch interessieren, das müssen die doch drucken." Das sind typische Aussagen in Pressesprecherschulungen: Frustration und Unverständnis darüber, dass Medien Presseinformationen nicht verstehen oder nicht veröffentlichen. Wer allerdings nach solchen Erfahrungen eine Weiterbildung besucht, hat verstanden, dass etwas falsch läuft – im Gegensatz zu den vielen Pressesprechern, die weiterhin täglich Mitteilungen für die Papierkörbe der Medien schreiben und zu Pressekonferenzen einladen, zu denen mehr Unternehmensvertreter erscheinen als Presseleute.

Was also macht erfolgreiche Pressearbeit aus? Was ist der Blickwinkel der Medien?

9.1 Was Journalisten erwarten

Informativ, kurz und schnell wollen Journalisten von Presse- und Öffentlichkeitsarbeitern bedient werden. Keine Belanglosigkeiten, kein Geschwafel, keine Zeitrauberei. Das gilt für alle Formen der Presse- und Öffentlichkeitsarbeit:

- Pressemitteilung
- Pressekonferenz
- Presse-Vorführung/„Event"
- Hintergrundgespräch
- Interview
- Pressereise

Journalisten bekommen – pauschal gesagt – täglich viele Pressemitteilungen und Einladungen. Je nach Medium und Verbreitung mehr oder weniger. Jedenfalls bekommen sie nicht nur von Ihnen Post oder Angebote. Journalisten sind im Zweifel stets in Zeitnot und überarbeitet. Daher müssen sie sich schnell einen Eindruck verschaffen können, ob die Pressemitteilung wert ist, veröffentlicht zu werden, oder ob es sich lohnt, einer Einladung zu folgen. Das funktioniert nur, wenn die Pressemitteilung oder die Einladung kurz und verständlich geschrieben ist und alles Wichtige enthält – und zwar alles Wichtige für die Presse und die Öffentlichkeit, nicht für das Unternehmen. Und gerade dabei zeigt sich oft die falsche Perspektive eines Pressesprechers. Häufig sind Pressemitteilungen zu lang (mehr als zwei Seiten sind in der Regel zu viel), enthalten überflüssige Informationen und es fehlen die wichtigen.

Fällt zum Beispiel in einer Autofabrik das Fließband mehrere Stunden aus, ist es für die breite Öffentlichkeit weniger wichtig, haarklein in epischer Breite zu erfahren, welche technischen Abläufe zu der Störung führten oder wie welche Mitarbeiter die Störung behoben haben, sondern interessanter, wie viele Autos nicht produziert werden konnten und welche Folgen das für den gesamten Produktionsablauf hatte.

Wenn Sie der Presse mitteilen, dass eine Vorstandssitzung stattgefunden hat, ist es wichtiger, zunächst das Ergebnis zu erfahren, und nicht, wer anwesend war und wer was gefordert hat.

Medienkenntnis ist Grundvoraussetzung. Schlecht ist, wenn ein Pressesprecher die Presse nicht kennt. Er muss wissen, wie seine „Kunden" funktionieren: zum Beispiel Arbeitsweise, Erscheinungsweise, Verbreitung, Zielgruppe, Redaktionsschluss. Sonst macht er sich nicht nur lächerlich; er arbeitet nicht effektiv.

Einer Tageszeitung sollten Sie nicht erst um 16 Uhr eine Pressemitteilung anbieten, wenn sie Informationen enthält, die Sie ebenso gut bereits um 9 Uhr hätten schicken können. Die beste Zeit für Pressemitteilungen an Tageszeitungen ist 9 Uhr, weil Ihre Informationen dann eine Chance haben, in den Redaktionskonferenzen besprochen zu werden. Außerdem kann die Meldung zusätzlich über eine Presseagentur in die Redaktion gelangen (selbstverständlich nur, wenn Sie sie dort hingeschickt haben). Und das wiederum erhöht die Chance, abgedruckt zu werden. Kurz vor oder nach Redaktionsschluss (meist 18 Uhr) etwas zu schicken, was noch für den nächsten Tag „mitgenommen" werden soll, zeigt fehlende Medienkenntnis.

Wenn Sie Zeitschriften „bedienen", müssen Sie wissen, dass dort besonders gern Bilder zu einer Geschichte gedruckt werden. Also schicken Sie Bilder mit. Die Erscheinungsweise und der Redaktionsschluss sind sehr wichtig für Ihre Pressearbeit. Einer Wochenzeitschrift können Sie nicht zwei Tage vor Erscheinen noch Informationen für die nächste Ausgabe schicken. Dann ist sie in aller Regel bereits gedruckt. Monatszeitschriften sollten Sie Ihre Informationen vier, besser fünf

Wochen vor Erscheinen schicken, damit sie eine Chance haben, in der nächsten Ausgabe veröffentlicht zu werden.

Wenn Sie das Fernsehen einladen, über Ihr Unternehmen etwas zu berichten, muss es dort etwas zu sehen, also zu filmen geben. Fernsehen ohne Bilder funktioniert nicht. Also müssen Sie einen Interviewpartner, das neue Produkt, die neue Dienstleistung im Bild anbieten können.

Kommt ein Rundfunkreporter zu Ihnen, muss es etwas zu hören geben: Gesprächspartner, Geräusche, O-Töne von Kunden, Mitarbeitern, Firmenleitung. Irgendwohin muss er sein Mikrofon richten können.

Sachkenntnis erwarten Journalisten natürlich auch: Es ist blamabel, wenn der Sprecher etwa des Goethe-Institutes nicht weiß, wann Goethe lebte, oder der Pressereferent der Stadt Hamburg das Alter des Hafens nicht kennt. Misslich auch, wenn ein Unternehmenssprecher nicht weiß, wen er in seinem Unternehmen nach Spezialwissen fragen oder als Ansprechpartner nennen kann.

Immer häufiger verstehen Pressesprecher ihre Funktion falsch: Es genügt nicht, nur Ansprechpartner zu sein und dann alle Fragen der Presse an andere weiterzugeben. Pressesprecher müssen ihr Unternehmen, dessen Produkte und Kunden gut kennen. Journalisten möchten auch vom Pressesprecher selbst die wichtigsten Fragen im Groben beantwortet haben; für die Details kann er an die Fachleute im Unternehmen verweisen.

Aber gerade, um den richtigen Ansprechpartner im Unternehmen zu finden, bedarf es einer gewissen Sachkenntnis. Sonst kann er nicht entscheiden, ob der Ansprechpartner die richtigen Kenntnisse hat, um spezielle Fragen zu beantworten. Mit Sachkenntnis ist der Pressesprecher auch intern besser angesehen, denn er kann mitreden. Das Image nach innen ist für die Arbeit nach außen enorm wichtig: Wenn ein Pressesprecher von innen her boykottiert wird, weil er zum Beispiel als

„ahnungsloser Besserwisser" gilt, bekommt er keine Informationen, die er nach außen tragen kann. Die **interne Kommunikation** muss reibungslos ablaufen, damit die externe funktioniert.

Da Pressesprecher – beinah wie Fußballtrainer – immer öfter den „Verein" und dazu auch die Branche wechseln, fehlt es oftmals eklatant an Sachkenntnis. Das macht einen sehr schlechten Eindruck. Wenn denn ein Wechsel sein muss: Zum professionellen Wechsel gehört, sich in die neue Branche einzuarbeiten und dem neuen Unternehmen zugehörig zu erscheinen. Wer nie Zug fährt, sollte besser nicht Pressesprecher bei der Bahn werden. Überzeugte Nichtraucher sind als Pressesprecher eines Tabakkonzerns eher fehl am Platz. Wer für ein Kaufhaus Öffentlichkeitsarbeit betreibt, sollte dessen Warenangebot kennen und erst recht nicht herumposaunen, dass er dort nicht einkauft. Das alles klingt selbstverständlich, ist es aber leider nicht.

Fehlende Sachkenntnis und Desinteresse führen zu mangelnder Loyalität zum Unternehmen. In Pressesprecherschulungen sitzen häufiger Teilnehmer, die ausplaudern, dass sie ihre Stelle nur haben, weil es keine andere gab, und sie sich mit dem Unternehmen und dessen Produkten nicht identifizieren. Wer das nicht kann, sollte eine andere Stelle suchen, denn er schadet dem Unternehmen. Journalisten bemerken es, wenn Pressesprecher ihrem Unternehmen deutlich distanziert gegenüberstehen, und das schlägt sich auf die Berichterstattung nieder: Wie soll ein Journalist positiv über etwas berichten, wenn der Pressesprecher es nicht positiv vermittelt? Zur professionellen Pressearbeit gehört, dass der Pressesprecher zum Unternehmen steht und sich loyal verhält. Allerdings sind „Unternehmenssoldaten" auch nicht erwünscht. Ein wenig Distanz, etwas Selbstironie und eine eigene Persönlichkeit sind gern gesehen.

Auch **Pfiff und Humor** sind von Nutzen. Staubtrockene Typen werden in Journalistenkreisen eher übersehen. Das Unternehmen und die Themen angemessen locker und witzig (aber seriös) zu präsentieren, kommt gut an. Verwechseln Sie aber bitte nicht Witz und Humor mit Albernheit. Und: Zuverlässigkeit geht vor Witz.

Zuverlässigkeit wird hoch geschätzt. Von Journalisten ganz besonders. Sie haben mit Terminen und dem Redaktionsschluss zu kämpfen. Wer ihnen Arbeit abnimmt oder zumindest nicht noch zusätzliche bereitet, genießt ihre Sympathie. Wenn Sie zum Beispiel zusagen, dass ein Journalist bis 16 Uhr die gewünschte Information hat, muss er sie dann auch haben, denn er hat ein Problem, wenn er sich darauf verlassen hat. Oder plant die Redaktion ein Bild ein, das Sie ihr versprochen haben, ist ein Loch im Blatt, wenn Sie das Bild nicht liefern.

Sachlich bleiben ist oberstes Gebot. Keine Reklame, kein Getrommel. Jede Pressemitteilung eines Unternehmens ist ohnehin Werbung für das Produkt. Sie über das notwendige Maß hinaus zu strapazieren ist ein Eigentor. Journalisten, jedenfalls die guten, wollen sich nicht als Reklameheini einspannen lassen. Sie möchten seriös und mit kritischer Distanz über Unternehmen und Produkte schreiben. Daher stehen sie in der Regel Mitteilungen von Unternehmen kritisch gegenüber. Kommen sie dann auch noch als Reklame daher, wirkt das abstoßend. Natürlich soll Ihr Produkt gut wegkommen, aber keine Lobhudelei, keine Protzerei.

Wahrhaftig und offen zu sein ist die Basis für Vertrauen. Sie müssen ja nicht immer gleich alles verraten und können einige Informationen etwas zurückhalten, wenn Sie nicht schon aus anderen Quellen bekannt sind. Aber lügen ist ein Tabu. Wenn ein Pressesprecher bei einer Lüge ertappt wird, ist nicht nur sein Ruf, sondern oft auch der des Unternehmens und des Produkts bald dahin. Wie sollen Ihnen die Journalisten beim nächsten Mal glauben, dass Ihre Informationen richtig sind?

Kein Journalist nimmt Ihnen übel, wenn Sie sagen: *Das weiß ich jetzt nicht, ich muss mich erst einmal schlau machen. Sie bekommen die Informationen in einer Stunde.* Aber jeder ist sauer, wenn Sie vorgeben nichts zu wissen oder etwas leugnen und sich später herausstellt, dass Sie damit gelogen haben.

Seien Sie auch ruhig offen. Irgendwann bekommen Journalisten heraus, was sie wissen wollen. Es ist besser es ihnen zuvor selbst mitzuteilen. Dann können Sie gerade bei negativen Dingen noch die Richtung und den Tonfall vorgeben. Sie können erklären und entkräften, wenn Sie selbst an die Öffentlichkeit gehen. Agieren ist immer besser als reagieren.

Offenheit darf aber nicht mit Kumpanei verwechselt werden. Freundschaftlich dürfen Sie sein zu „Ihren" Journalisten, aber es muss stets klar sein, dass Sie auf der anderen Seite des Tisches sitzen.

Presse- und Öffentlichkeitsarbeit muss **aktiv** sein. Sich in den Sessel zu setzen und auf Anrufe von Journalisten zu warten, ist die falsche Haltung. Ständig müssen Sie sich fragen: Was könnte die Presse und die Öffentlichkeit interessieren von dem, was mein Unternehmen macht, und wie kann ich es so interessant darstellen, dass es gedruckt oder gesendet wird? Haben Sie die Antworten gefunden, müssen Sie sie in Pressemitteilungen gießen. Sie stehen in ständigem Wettbewerb zu allen anderen Pressestellen – nicht nur der Ihrer Konkurrenten. Zeitungen, Zeitschriften und Sender haben nur begrenzten Platz, und davon müssen Sie sich etwas sichern. Passivität ist da der falsche Weg.

Sie sehen: Pressearbeit ist oftmals **Kleinkrämerei**. Um Ihr Unternehmen in der Öffentlichkeit positiv darzustellen und in den Medien zu erscheinen, müssen Sie bereit sein viel Kleinarbeit zu leisten. Wenn Sie eine Pressestelle neu aufbauen, kann es durchaus zwei Jahre dauern, bis Sie „richtig im Geschäft" sind: bis Ihre Pressmitteilungen immer beachtet werden, Sie als zuverlässig gelten und ein gefragter Gesprächspartner sind.

9.2 Die drei Säulen der Pressearbeit

Grob betrachtet gibt es **drei Säulen der Pressearbeit:**

- **Pressemitteilungen und Veranstaltungen zu aktuellen Themen,** die unmittelbar mit dem Angebot oder der Tätigkeit des Unternehmens zu tun haben, zum Beispiel: Sie bringen ein neues Produkt heraus, stellen ein neues Modell vor, bieten eine besondere Dienstleistung an. Sie haben einen neuen Vorstand, Ihr Geschäftsführer tritt zurück. Ihre Umsatzzahlen sind gestiegen oder gefallen, Sie können neue Mitarbeiter einstellen oder müssen welche entlassen. Sie haben einen Design-Preis gewonnen. Es gab einen Unfall. All das gehört zum Pflichtprogramm. Um es zu bewältigen, müssen Sie sich im Unternehmen ständig über Neuigkeiten informieren und über einen guten Verteiler rundum informiert werden.
- **Image-Pressemitteilungen:** Informationen zu Ereignissen, die nicht direkt mit der Tätigkeit des Unternehmens zu tun haben, aber das Unternehmen positiv in die Öffentlichkeit bringen. Klassisches Beispiel: Ein Storchenpaar baut sein Nest auf dem Fabrikdach. Die Produktion muss ruhen oder umgestellt werden, um das Brüten nicht zu stören. Solche Geschichten mag die Öffentlichkeit. Das bringt eine schöne Veröffentlichung. Über das Unternehmen wird berichtet. Im „Windschatten" solcher Berichterstattung können Sie dann andere Informationen anbieten, die vielleicht sonst nicht auf Interesse gestoßen wären, zum Beispiel, dass die Störche sich ausgerechnet das Dach der neuen Produktionsstätte für das xy-Produkt ausgesucht haben. Darüber hätte womöglich ohne Storch keiner geschrieben. Andere Beispiele: Die Ex-Miss-Germany arbeitet bei Ihnen im Vertrieb, der Weltmeister im Kugelstoßen ist Ihr Werkstattchef. Das alles interessiert die Menschen und hinterlässt einen positiven Eindruck, jedenfalls keinen negativen, bringt Ihr Unternehmen ins Gespräch oder erhöht Ihren Bekanntheitsgrad. Das ist die Kür.

- **Allgemeine Hilfe für Journalisten:** Sie sind Pressesprecher bei der Bahn und ein Journalist fragt Sie, ob Sie ihm eine gute Modelleisenbahn für seinen Sohn empfehlen können. *Nein, ich interessiere mich nicht dafür und kenne mich mit so etwas nicht aus* wäre die falsche Antwort. Richtige Antwort: *Ich kenne mich selbst nicht so gut aus, aber einer unserer Mitarbeiter ist ein begeisterter Sammler. Ich frage ihn mal. Er hat sicher einen guten Tipp.* Damit helfen Sie einem Ihrer Kunden. Er wird Ihnen wohlgesonnen sein und Ihre nächste Pressemitteilung vielleicht – bewusst oder unbewusst – der Ihrer Konkurrenz vorziehen, wenn beide Mitteilungen gleichermaßen interessant sind.
  Verwechseln Sie Hilfe für Journalisten nicht mit schmieren oder kaufen. Schenken Sie dem Sohn des Journalisten bloß keine Modelleisenbahn! Sie sollen Journalisten nur mal einen Gefallen tun. Kleine Geschenke erhalten die Freundschaft, große können Sie zerstören: Gute Journalisten finden es abstoßend, wenn sie den Eindruck haben, dass Sie ihre Unabhängigkeit untergraben wollen. Journalisten, die große Geschenke annehmen oder gar fordern, sind eher die schlechten und auf die können Sie meistens verzichten. Und Sie wirken auch nicht seriös, wenn Sie Journalisten kaufen möchten.

Die drei Säulen der Pressearbeit:

Pressearbeit		
Pressemitteilung Presseinformation Pressekonferenz	Imageförderung, bekannt machen, bloße positive Erwähnung	Hilfe, Information, Unterstützung
zu aktuellen fachlichen Themen	(Beispiel: Storch auf Schornstein)	für Journalisten

9.3 Der gute Pressesprecher

Um erfolgreiche Pressearbeit zu machen, sind einige Voraussetzungen sehr nützlich.

Ein guter Pressesprecher ist:

- freundlich und offen,
- verbindlich und zuverlässig,
- loyal zum Unternehmen, aber auch angemessen selbstkritisch und selbstironisch,
- freundschaftlich im Umgang, aber nicht kumpelhaft,
- gelassen und souverän in kritischen Situationen.

Er hat:

- Erfahrungen im Journalismus gesammelt: Entweder ist er gelernter Journalist oder er hat einige Praktika in Redaktionen und Sendeanstalten gemacht. Jedenfalls muss er „die andere Seite" kennen, um deren Blickwinkel und Wünsche zu verstehen. Eine spezielle Ausbildung zum Pressesprecher oder Öffentlichkeitsarbeiter allein ist nur dann sinnvoll, wenn sie mehrmonatige Praktika in Redaktionen umfasst.
- Sachkenntnis in der Branche, in der er tätig ist: Dem Pressesprecher einer Klinik zum Beispiel sind medizinische Kenntnisse sehr nützlich. Wer für eine Automobilfirma spricht, sollte etwas von Autos verstehen. Optimal ist also eine Doppelausbildung als Journalist oder Öffentlichkeitsarbeiter und in der entsprechenden Branche.

10 Die Pressemitteilung

10.1 Der Kampf um den Platz

Einfach auf die Unterlagen einen Stempel drauf „Für die Presse" und ab in die Post. Diese Form einer Pressemitteilung ist heute zwar eine Seltenheit, aber was den Inhalt betrifft, so sind viele Pressemitteilungen noch nach solch schlichtem Muster gestrickt: Irgendwelche im Unternehmen vorhandenen, meist viele Seiten langen Texte zu irgendeinem oft langweiligen Thema von der Sekretärin leicht umgestalten lassen, den wichtigen Pressesprechernamen drunter und dann weg damit – per E-Mail, denn so kann man pro Tag gleich fünf oder mehr „spektakuläre" (in Wahrheit spektakulär langweilige) Pressemitteilungen verbreiten. Pressesprecher erzählen dann auch noch Mitleid heischend und Sorgenfalten runzelnd, wie viel Arbeit sie haben und dass dabei doch nichts rauskommt. Tja, die bösen Journalisten.

Um Pressemitteilungen mit Aussicht auf Abdruckerfolg zu formulieren, bedarf es erheblich mehr Mühe, als einen Namen unter einen Text zu setzen. Zunächst ist da die wichtigste Frage zu beantworten: Was ist für die Medien bedeutsam und interessant? Und das ist in aller Regel nicht immer das, was das Unternehmen für verbreitenswert erachtet. Wer mit seiner Pressemitteilung Themen transportiert, die vor allem für das Unternehmen interessant sind, sollte besser Berichte für den Vorstand schreiben oder für die Mitarbeiterzeitschrift arbeiten. Dass der Geschäftsführer der Wasserwerke ein Bundesverdienstkreuz bekommen hat, interessiert die Öffentlichkeit nun einmal weniger als der neue Biberbau im Wasserreservoir. Dass im Foyer Kunstwerke von einem unaussprechlichen Künstler prangen, interessiert weniger als die Sachbearbeiterin, die mal Playmate war.

Unternehmen, bei denen ständig Neues und Interessantes geschieht, müssen sich nicht groß anstrengen, den Journalisten und der Öffentlichkeit etwas zu bieten. Die neue Produktpalette, sich verändernde Aktienkurse, Mitarbeiterzuwachs oder -schwund und Führungswechsel zum Beispiel bieten genügend interessanten Stoff.

Der häufigere Fall sind allerdings Unternehmen, die auf den ersten Blick kaum etwas für die Öffentlichkeit zu bieten haben. Deren Pressesprecher müssen sich besondere Mühe geben und ihr Handwerk gut beherrschen, um in den Medien zu landen. Und was gehört zum Handwerk? Erstens das Gespür für interessante Themen, zweitens die Themen kurz und klar zu transportieren und drittens, sie zur richtigen Zeit anzubieten, mit einem Aufhänger (siehe Kapitel 10.2).

Wenn Sie handwerklich saubere Pressemitteilungen verschicken, haben Sie sehr gute Chancen, oft abgedruckt und gesendet oder zumindest kurz erwähnt zu werden. Sie stehen in dauernder Konkurrenz zu allen anderen Unternehmen, die Pressemitteilungen verschicken, nicht nur in Konkurrenz zu ihren üblichen Wettbewerbern. Jede Pressemitteilung kann Ihrer den oft wenigen Platz wegnehmen. Stellen Sie sich immer folgende Situation in einer Redaktion vor: Der Redakteur hat nur noch ein „Loch" von 30 Zeilen, das es zu füllen gilt. Und da liegen vier Pressemitteilungen, die das Loch füllen können. Drei zu viel. Um das Rennen zu machen, muss Ihre Pressemitteilung besser sein als die anderen: kürzer, klarer und interessanter.

10.2 Der Aufhänger

Wenn ein Thema nicht ohnehin aktuell ist und von den Journalisten abgefragt wird, muss der richtige Anlass - der Aufhänger - dafür gefunden werden. Journalisten publizieren Pressemitteilungen eher, wenn es einen Anlass gibt. Doch was kann ein Anlass sein? Vor allem gibt es zwei Gruppen: die Kalender-Anlässe und den aktuellen Bezug.

Kalender-Anlässe sind zum Beispiel Jubiläen, Ostern, Weihnachten, Sommerferien, Gedenktage, Messen und Geburtstage. Schon gegen Ende eines Jahres sollte ein Pressesprecher den Kalender des nächsten Jahres nach Anlässen durchforsten, zu denen er eine Pressemitteilung verschicken kann. „Haben wir irgendetwas zu Ostern zu vermelden? Gibt es etwas, was wir zu den Sommerferien verbreiten können? Haben wir ein Produkt, auf das wir gerade zum Tag der Deutschen Einheit aufmerksam machen können?"

Reiseveranstalter werden gerade vor den Ferien ihre Pressearbeit verstärken, Schokoladenhasen- und Weihnachtsmannproduzenten vor den entsprechenden Festtagen. Das ist naheliegend. Doch wie kann ich auch als Toilettenpapierhersteller an solchen Festen einen Anlass finden? Das ist die hohe Kunst. Doch wenn Sie es schaffen, werden Journalisten besonders aufhorchen; denn sie lieben das Kuriose. Und was kann kurioser sein, als Weihnachten mit Toilettenpapier in Zusammenhang zu bringen? Nun wollen Sie eine Antwort, wie das geht? Zum Beispiel könnte man vermelden, dass die Papprollen, auf denen das Papier aufgewickelt ist, äußerst beliebt sind, um Weihnachts- und Osterbasteleien zu machen und daher vor dem Fest gesammelt werden. Wenn Sie dann noch Statistiken dazustellen, wer wie viel sammelt, sammeln Sie weitere Punkte; denn Zahlen und Statistiken lieben Journalisten ebenso wie das Kuriose. Und schon ist der Name des Herstellers gedruckt oder zumindest wieder auf den Schreibtischen der Medienleute präsent.

Sind Sie Pressesprecher bei einem Unternehmen, das Vitamine, Mineralien und andere Jungbleib-Produkte vertreibt: Der Geburtstag von Johannes Heesters kann ein Aufhänger sein, etwas über die lebensverlängernde Wirkung von diesem und jenem zu vermelden. Aber bitte nicht Johannes Heesters erwähnen. Den Anlass erkennen Journalisten instinktiv. Wenn Sie sie mit der Nase draufstoßen, reagieren sie womöglich beleidigt.

Wenn Ihnen Kalenderdaten nichts nützen, selbst nach intensiven Gedankenlabyrinth-Expeditionen, kann ein Blick auf **aktuelle Ereignisse** womöglich einen Aufhänger liefern. Die Arbeitslosigkeit und Hartz IV fordern leider, dass viele Menschen ihre Lebensversicherung vorzeitig kündigen müssen – zu schlechten Konditionen. Sie machen Pressearbeit für ein Unternehmen, das Lebensversicherungen zu guten Konditionen kauft. Ein trauriger, aber guter Aufhänger für Sie.

Es gibt eine Diskussion um Vaterschaftstests und Sie machen solche Tests. Günstiger kann es nicht sein. Springen Sie auf den Zug auf! Jetzt kann gute Pressearbeit besonders fruchten.

Um einen aktuellen Aufhänger zu finden, müssen Sie bestens informiert sein. Zum Tagesablauf des Pressesprechers gehört selbstverständlich das Zeitungsstudium; aber nicht nur, um die eigenen Veröffentlichungen zu lesen oder die des Wettbewerbers, sondern auch, um Aufhänger, Anknüpfungspunkte für Pressemitteilungen zu finden. Dazu gehört manchmal auch geschicktes Querdenken. In GEO steht etwas über die Patchwork-Familie? Viele Kinder müssen quer durchs Land pendeln von Mama zu Papa. Daran könnte die Bahn oder die Lufthansa ihren Kinderbetreuungsservice von A nach B aufhängen. Die Maut und der Lkw-Verkehr sind mal wieder Thema? Ein schöner Anlass mitzuteilen, dass Ihre Firma 90 Prozent ihrer Waren mit der Bahn transportiert.

Für Anlässe und Aufhänger müssen Sie Ihren Blick jeden Tag aufs Neue schärfen.

10.3 Die Bausteine der Pressemitteilung

Die Zielgruppe: grundsätzlich alle Medien (dort die entsprechenden Ressorts) – und vor allem alle Agenturen. Denn die Agenturen liefern einen schönen Pingpong-Effekt. Wenn Agenturen die Pressemitteilung weiterverbreiten, ist das für viele Redaktionen ein schwergewichtiger Grund, die Pressemitteilung aufzugreifen. Sie kommt dann von zwei Seiten: von Ihnen und der Agentur.

Wenn Ihr Thema nur Fachmedien interessiert, ist es selbstverständlich verschwendete Energie, auch andere, allgemeine Medien anzuschreiben. Aber es gehört zur Kunst, das Thema so zu präsentieren, dass es alle interessieren kann. „Fummeln" Sie das allgemein Interessante heraus (siehe Kapitel 10.4).

Der Inhalt: für Journalisten, Leser, Zuhörer und Zuschauer interessant und ansprechend: Neues, Kurioses, Nützliches.

Außerdem dürfen die wichtigen Fakten nicht fehlen, mit denen Sie die sieben journalistischen „Ws" beantworten und damit viele Nachfragen zu vermeiden. Journalisten fragen stets: *Wer hat was wann wie wo warum wozu getan?* Darauf sollten Sie gleich in der Pressemitteilung Antworten geben. Wenn wichtige Fragen offen bleiben, müssen Journalisten zu viel nachfragen. Das kostet beide Seiten Zeit.

Die Sprache: kurz, klar, einfach, ansprechend, lebendig. Keine Verwaltungssprache, kein Juristendeutsch, kein Fachchinesisch. Auch Fachmagazine freuen sich über verständliche Pressemitteilungen. Fachbegriffe nur dort einsetzen, wo nötig. Eine besondere Sprache in der Pressemitteilung gibt es nicht, es gelten alle allgemeinen Regeln aus Kapitel 1-4 und aus Kapitel 6.1.

Der Stil: Nachrichtenstil. Das Wichtigste, das Interessanteste für den Journalisten muss im ersten Absatz stehen, dann wird der Inhalt von

Absatz zu Absatz immer weniger wichtig. Wenn das Wichtige, das Interessante erst im zweiten oder dritten Absatz steht, erfährt es der Journalist vielleicht nie. Er liest den ersten, weniger wichtigen oder gar unwichtigen Absatz und legt die Pressemitteilung weg. Denn er hat nichts Wichtiges darin gefunden. Also bitte keine lexikalischen oder historischen Einleitungen; kein Unternehmensporträt am Anfang, das gehört ans Ende (siehe Kapitel 6.3).

Journalisten sind von ihrer Arbeit mit Nachrichtenagenturen gewöhnt, dass sie Texte in der Regel von hinten nach vorn kürzen können, ohne sie zu lesen. Das Überfliegen muss ausreichen. Im letzten Absatz muss das am wenigsten Wichtige stehen und nach oben wird es immer wichtiger. Nur so können sie zeitsparend arbeiten. Hat eine Pressemitteilung zum Beispiel vier Absätze und der Journalist hat nur Platz für drei, muss er den letzten Absatz streichen können, ohne ihn zu lesen.

Also bitte bauen Sie keine Dramaturgie auf, keinen Spannungsbogen. Ihre Pressemitteilung ist weder eine Reportage noch ein literarisches Werk. Pressesprecher sein, heißt nicht, sein Bedürfnis nach sprachlicher Selbstverwirklichung in Pressetexten zu befriedigen.

Die Überschrift: einladend und ansprechend. Keine langen Sätze. Formulieren Sie Ihren Küchenzuruf, fassen Sie bildhaft und konkret das Wichtigste mit wenigen Wörtern zusammen. Wenn zu Ihrem Thema eine pfiffige, witzige Überschrift passt, zum Beispiel ein Wortwitz, ist das wunderbar, denn so etwas mögen Journalisten. Aber bitte keine dummen Späßchen und keine geknüppelte Originalität. Manche Pressesprecher neigen dazu, über staubtrockene Themen lustige Überschriften zu bauen. Das ist ein Stilbruch, ebenso wie umgekehrt. Das Entree ist falsch (siehe Kapitel 7.1).

Und bedenken Sie: Ihre Überschrift ist in aller Regel nur eine Werbezeile für den Journalisten, nicht für den Endverbraucher, den Leser oder

Zuschauer. Denn Ihre Überschrift passt vermutlich so nicht ins Blatt, weder von der Länge her, noch von der Formulierung. Aber Sie müssen mit ihr den Journalisten informieren und locken. Und vielleicht übernimmt er sie ja doch.

Weil die Überschrift meist nicht übernommen wird, empfehlen einige Pressesprecher-Ausbilder, keine Überschrift über eine Pressemitteilung zu setzen. Das ist ein Fehler. Zumindest der Journalist muss mit der Überschrift kurz und ansprechend über den Inhalt der Pressemitteilung informiert werden.

Die Form: 35 Zeichen je Zeile in einer gut lesbaren Schrift, zum Beispiel Courier, Helvetica, Arial. Etwa diese Breite haben die meisten Zeitungs- und Zeitschriftenspalten. Wenn Sie die Pressemitteilung in dieser Breite schreiben, findet der Journalist seine Form vor und „fremdelt" nicht. Der Journalist hat – in der Papierversion – genügend Rand, um Änderungen oder Anmerkungen dazuzuschreiben. Und die meisten Journalisten drucken die Pressemitteilung immer noch aus, um daran zu ändern – falls sie sie drucken möchten.

Der Umfang: maximal zwei Blatt à 30 Zeilen zu 35 Anschlägen, also rund 2.000 Zeichen inklusive Leerzeichen. Darauf müssen Sie sich beschränken, getreu dem Motto: Weniger ist mehr. Wenn Sie mehr schreiben, legt der Journalist die Pressemitteilung vermutlich erst einmal beiseite; und da wird sie dann erst einmal bleiben. Weitere Informationen, zum Beispiel Listen, Tabellen, Fahrpläne, Erläuterungen, können Sie ja, wenn nötig, anhängen oder dazu auf Ihre Website verweisen. Bieten Sie Ihre Informationen in kleinen, appetitlichen Häppchen, nicht als dicken Schweinebraten. Journalisten haben im Zweifel wenig Zeit. Je länger Ihre Pressemitteilung, umso mehr Zeit stehlen Sie ihnen.

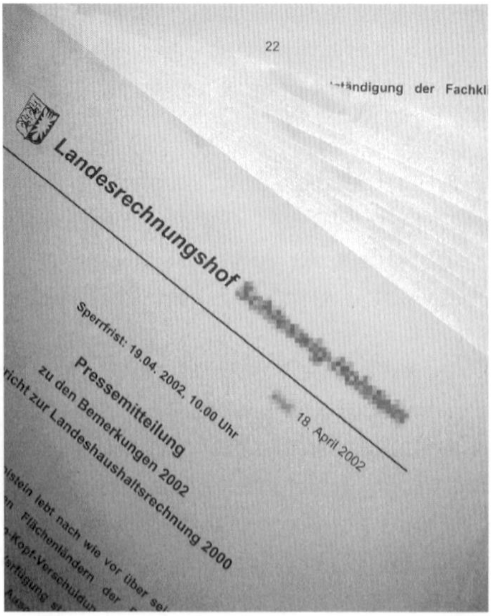

Eine Teilnehmerin erzählte bei der Begrüßungsrunde, dass sie wöchentlich mehr als zehn Pressemitteilungen verschickt, davon die Hälfte mit mehr als zehn Blatt, einige bis zu fünfzig Blatt. Sie wunderte sich, dass nur selten etwas von ihr veröffentlicht wurde. Das sei doch alles sehr interessant und nicht zu kürzen. Beides war wohl aus Sicht der Journalisten ganz anders.

22 Seiten sind für eine Pressemitteilung viel zu lang. Mehr als zwei Seiten sollten es nicht sein. Alle weiteren Informationen können gern angehängt werden. Dies hier ist ein dicker Schweinebraten statt appetitlicher Häppchen.

Die Unterschrift: Am besten stehen der Name, die Mailadresse und die Telefonnummer desjenigen am Ende, der die Mitteilung verfasst oder veranlasst hat. Dann hat der Journalist gleich den richtigen Ansprechpartner.

Allerdings gibt es da von Unternehmen zu Unternehmen gut begründbare Abweichungen. Mal kann es sinnvoller sein, dass der Name des Geschäftsführers druntersteht oder der Name des Leiters der Kommunikation oder der Presseabteilung. Das hängt dann mit den Verantwortlichkeiten zusammen. Jedenfalls muss der Journalist schnell den Ansprechpartner am Telefon haben können.

Die Zahl der Zeichen unter der Pressemitteilung anzugeben, ist sinnvoll, aber heute nicht mehr nötig, da alle Programme mit einem Klick die Zeichen zählen können.

Selbstverständlich können Sie Namen und Kontaktdaten auch oben rechts auf der ersten Seite der Pressemitteilung vermerken. Unter der Pressemitteilung zeigen sie aber gleichzeitig den Schluss des Textes an.

Der Versandweg: E-Mail, Fax oder Brief? Wenn Sie einen neuen „Kunden" bedienen, fragen Sie ihn, ob Sie ihm Ihre Pressemitteilungen per Fax oder per E-Mail schicken sollen. Stellen Sie sich auf den Empfänger ein. Viele Redaktionen bevorzugen noch Faxe; der Trend geht zur E-Mail. Briefe sind eher unbeliebt. Sie brauchen am längsten bis zum Empfänger, werden bei den meisten Redaktionen als letztes gelesen und bergen das größte Risiko in sich, verloren zu gehen. Im Zweifel schicken Sie ein Fax. Damit können Sie nicht falsch liegen.

Die Frequenz: Um im Gespräch zu bleiben, sollten Sie etwa alle zwei bis drei Wochen eine Pressemitteilung verschicken. Nicht viel seltener, aber auch nicht viel öfter - es sei denn, Sie haben wichtige, aktuelle Informationen. Keine inflationäre Pressearbeit! Sagen Sie nur etwas, wenn Sie etwas zu sagen haben. Überschütten Sie die Redaktionen nicht mit Ihren Botschaften. Auch hier gilt: Weniger ist mehr.

Um die Frequenz von etwa zwei bis drei Wochen einzuhalten, sollten Sie sich, je nach Umfang Ihrer Pressearbeit, monatlich oder quartalsweise einen Plan machen, wann sie welche Pressemitteilung zu welchem Thema verschicken (siehe Kapitel 10.2).

Bilder: Diese nur im jpg-Format mit geringer Auflösung an eine E-Mail anhängen. Bieten Sie Fotos zum Herunterladen von der Website an oder schicken Sie sie auf Wunsch via ISDN (Fritz oder Leonardo). Wenn Sie dem Journalisten eine dicke Datei zumuten, die minutenlang lädt und seine Mailbox verstopft, reagiert er sauer.

Bei Krisen: die positive Grundstimmung herstellen. Die Regeln „Wichtiges nach vorn" und „Hauptsachen in Hauptsätze" (siehe Kapitel 2.1 und 2.6) können Sie aktiv einsetzen, um bei negativen Botschaften eine für Sie positive Grundstimmung, ein positives Entree zu schaffen.

Angenommen, Sie sind Pressesprecher bei einem Chemieunternehmen, bei dem gerade ein Kessel geplatzt ist. Ihre Betriebsfeuerwehr hat alles unter Kontrolle, nichts ist versickert, die Luft wurde nicht verseucht. Sie können Ihre Pressemitteilung/Antwort, mit der Sie auf Anfragen der Presse reagieren, sinngemäß (noch im „Küchenzuruf-Stadium") so beginnen:

- Bei uns ist ein Kessel mit Chemikalien geplatzt, aber unsere Feuerwehr hat alles unter Kontrolle. Es sind Chemikalien ausgelaufen, aber es besteht keine Gefahr für die Umwelt.

Oder so:

- Unsere Feuerwehr hat alles unter Kontrolle, es besteht keine Gefahr für die Umwelt, obwohl ein Kessel geplatzt ist und Chemikalien ausgelaufen sind.

Wie klingt die erste Botschaft? Als Reaktion doch eher unglaubwürdig. Die Nebensätze mit der Einleitung „aber" klingen nach Verharmlosung, nach Ausreden, nach Besänftigungsversuch. Das für Sie Wichtige steht hinten und im Nebensatz. Journalisten glauben hier zu spüren, dass Sie etwas verbergen oder verharmlosen wollen.

Bei der zweiten Botschaft steht das, was Sie als wichtig einstufen, vorn und im Hauptsatz. Das weniger Wichtige wird mit „obwohl" im Nebensatz gebracht. Liest ein Journalist die zweite Mitteilung, wird auch er unterschwellig, im Unterbewusstsein, das für wichtig halten, was im Hauptsatz und vorn steht. Das ändert selbstverständlich nichts an den Fakten; die bleiben dieselben. Sie lügen nicht, Sie manipulieren nur leicht die Grundstimmung, das Entree Ihrer Pressemitteilung.

Das bedeutet aber nicht, dass Sie das Negative im letzten Absatz verstecken sollen – auf keinen Fall. Sie verändern nur im ersten Absatz das Gewicht der positiven und negativen Elemente. Alles Wichtige bleibt im ersten Absatz.

10.4 Das interessiert Journalisten

Was interessant ist für den Journalisten und den Leser/Zuschauer, darüber irren Pressesprecher am meisten. Medienmacher und Medienkonsumenten funktionieren anders als Unternehmensvertreter. Sie lesen und hören am liebsten Außergewöhnliches, also Nachrichten, die vom üblichen Alltag abweichen, zum Beispiel Skandale und Kurioses – auch Leser von Fachzeitschriften. Das bedeutet nun nicht, dass Sie ständig ein Kuriositätenkabinett bieten müssen und Ihr Unternehmen zur Zirkusmanege umgestalten sollen. Aber Sie dürfen den Wunsch der Journalisten und der Leser nach Außergewöhnlichem nicht als primitiv oder dumm abtun. Der Wunsch ist normal. Sie selbst funktionieren als Medienkonsument genauso. Sie möchten es sich in Ihrer Rolle als Pressesprecher nur nicht eingestehen. Denken Sie an die alte Regel der Pressearbeit und Werbung: Der Wurm muss dem Fisch schmecken, nicht dem Angler.

Resümee: Sie dürfen den Anteil des Außergewöhnlichen in Ihren Botschaften nicht herausfiltern, sondern sollten Kuriositäten als „Schmiermittel" einsetzen. Wenn Sie zum Beispiel über die neue, preisgekrönte Betriebskantine berichten, dürfen Sie nicht unterschlagen, dass der Chefkoch Weltmeister im Kugelstoßen war. Das hat zwar mit der Kantine nichts zu tun, lockt aber die Journalisten zusätzlich an – eben weil es etwas Außergewöhnliches ist. Journalisten können fragen, ob der Chefkoch mit bloßer Hand Kartoffeln zerquetschen kann oder ähnlichen „Blödsinn". Aber sie kommen eher. Im „Windschatten" solcher Kuriositäten können Sie dann Ihre eigentliche Botschaft besser verkaufen.

Je mehr der folgenden Punkte Ihre Pressemitteilung enthält, umso höher ist die Abdruckwahrscheinlichkeit – wenn die Mitteilung im Übrigen handwerklich gut ist, also vor allem kurz und klar formuliert. Aus der Erfahrung kann man sagen: Drei Punkte entsprechen etwa 80

Prozent Abdruckwahrscheinlichkeit, jeder Punkt zusätzlich erhöht sie um 5 Prozent. Danach können Sie also theoretisch sogar über 100 Prozent kommen. Aber mehr als acht Punkte werden Sie in einer Pressemitteilung kaum zusammenbekommen.

Was ist interessant?

- Neues, Aktuelles

Etwas Neues ist die Grundvoraussetzung Ihrer Pressemitteilung. Altes publiziert niemand. Stellen Sie das Neue heraus; dazu müssen Sie manchmal das Neue herausfiltern.

- Superlative, Rekorde, Zahlen

> **Haustiere im Bett**
> Jeder vierte Tierbesitzer in Deutschland nimmt sein Haustier zumindest gelegentlich mit ins Bett. Das ergab eine Umfrage der Gesellschaft für Konsumforschung im Auftrag der Zeitschrift „Apotheken Umschau". Bei den Frauen ist es ein Drittel, bei den Männern sind es 19 Prozent. *AP*

Solch kleine Umfragen, garniert mit Zahlen mögen Journalisten und Leser

Auf Zahlen und Statistiken reagieren Journalisten beinah wie hypnotisiert. Manche Unternehmen geben daher Umfragen in Auftrag, aus denen sie Statistiken basteln. Fast jeder Mumpitz wird gedruckt. „Schatz" ist der meistbenutzte Kosename bei Paaren (wer hätte das vor der Umfrage auch nur geahnt?). Dumme wissen nicht, dass sie dumm sind (hatte das nicht schon Sokrates herausgefunden?). Ein langer Urlaub mindert vorübergehend die praktische Intelligenz (Wie hieß das uralte Sprichwort? Wer rastet, der rostet). Geben Sie eine Umfrage in Auftrag, am besten mit einer Frage, die auf einen Rekord abzielt. Doppelt genäht hält besser! Wenn Sie in Ihrer Pressemitteilung bereits in die Überschrift einbauen, dass es um einen Rekord geht, veröffentlichen Sie die Meldung unter diesem „Drogeneinfluss". Darum kann es beinah täglich neue Rekord-Ereignisse geben: Rekord-Regen, Rekord-Dürren, Rekord-Ernten,

Rekord-Orkane. Nur deshalb sind durchaus gleich mehrere Jahrhundert-Fluten, Jahrhundert-Katastrophen und Jahrhundert-Entdeckungen möglich.

Nach Trennung: Erhöhte Unfallgefahr

PARIS - Scheiden tut weh. Und nach einer französischen Studie erhöht es das Risiko von Verkehrsunfällen drastisch: Frisch geschiedene oder gerade getrennte Männer und Frauen sind demnach vier Mal häufiger in Unfälle verwickelt als andere Verkehrsteilnehmer. Als Hauptfaktor machten Forscher emotionalen Stress aus; auch der Einsatz von Anti-Depressiva gefährde Betroffene. In Frankreich standen laut der Fachzeitschrift „Epidemiology" etwa drei Prozent aller jährlichen Verkehrsunfälle im Zusammenhang mit Trennungen; dies entsprach jährlich 170 Unfalltoten und 3000 Verletzten. Die Forscher wollen das Phänomen genauer untersuchen - meinen aber, Betroffene müssten bereits vor erhöhten Unfallrisiken gewarnt werden. *AFP*

Forschungen und Statistiken aus dem Alltag haben eine hohe Abdruckwahrscheinlichkeit.

Im Sport geht es ja im Grunde nur noch um Rekorde und Spitzenplätze. Der zweite und dritte Platz, die Zweiten und Dritten interessieren nicht, auch wenn sie nur Tausendstelsekunde oder Zentimeter hinter dem Sieger liegen.

Also, nutzen Sie die Droge. Geben Sie den Süchtigen, was sie brauchen, wonach sie sich verzehren. Sie müssen sich notfalls Ihren Rekord basteln: das Stärkste, Größte, Schönste, Schnellste, Einzige in diesem Jahr, seit fünf, zehn, zwanzig oder hundert Jahren, in der Welt, in Europa, in Deutschland, in Berlin, in Buxtehude oder in Ihrem Unternehmen. Hauptsache, es ist ein Rekord.

Kurioses, Witziges

Ein Mann fährt mit seinem Auto in die Spree, weil er das Navigationssystem missverstanden hat. Das Symbol „Fähre" hatte er als „Brücke" verstanden. Ein alter Franzose will von Paris an die Küste und verfährt sich so sehr, dass er in Dänemark ankommt.

Auf dem Heimweg verfahren: Franzose irrt in Dänemark umher

KOPENHAGEN - Ein Franzose, 78, hat sich mit dem Auto nach Dänemark verirrt, obwohl er nach Südfrankreich wollte. „Der Mann wusste nicht, dass er in Dänemark ist", so die Polizei. Er sei in Hamburg auf eine Fähre gefahren, im Glauben, er setze von Korsika nach Südfrankreich über. Seit Dienstag wurde er vermisst. *AFP*

Witziges plus Schadenfreude sind beliebte Themen bei den Lesern.

Das liest jeder gern. Auch Sie als Pressesprecher. Also verschweigen Sie den Journalisten nicht, falls bei Ihnen so etwas passiert.

Pressemitteilung

Anwälte klauen Roben wie die Raben

In Berliner Gerichten werden immer öfter Roben stibitzt. Es handelt sich dabei um Roben, die Anwälte bei Bedarf im Gericht auf Vertrauensbasis ausleihen können, wenn sie keine eigene mithaben. Offenbar „vergessen" manche Anwälte, die Roben wieder zurückzugeben.

Allein im vergangenen Jahr kamen 25 Roben abhanden. Der Preis einer Robe liegt bei 380 Mark. Der Berliner Anwaltskammer, die die Leihroben angeschafft hat, ist so ein Schaden von rund 10.000 Mark entstanden.

12. Februar 1996

Haben Sie noch Fragen? Telefon ...

(534 Zeichen / 13 Zeilen zu 35 Anschlägen)

Diese Pressemitteilung diente vor allem dazu, auf die gerade neu aufgebaute Pressearbeit der Anwaltskammer Berlin aufmerksam zu machen. Sie war ein „Türöffner". Die Meldung hatte alles, was eine Pressemitteilung braucht: Kürze, Kurioses, Neues, Zahlen, ein wenig Schadenfreude, ein bisschen Skandal, Klatsch und Tratsch, sogar eine Spur Geheimnisvolles. Und die Überschrift mit Stabreim als Appetithappen.
Die Journalisten reagierten entsprechend: Alle Nachrichtenagenturen brachten die Meldung und die meisten Tageszeitungen druckten sie, viele Rundfunksender und private Fernsehsender sendeten sie und das Schönste: die TAGESTHEMEN brachten die Meldung als Buntes vor dem Wetter.
Danach genossen die Pressemitteilungen der Anwaltskammer Berlin erhöhte Aufmerksamkeit. Die Basis für eine erfolgreiche Pressearbeit war geschaffen. In der Folge wurden Präsident, Vorstandsmitglieder und Geschäftsführung häufig als Quelle oder Interviewpartner zu juristischen und justizpolitischen Themen befragt.

- Klatsch und Tratsch

Das ist ein Grundbedürfnis der Menschen, das nach Befriedigung schreit. Nicht nur „Wer mit wem?" auch: *Der Weltmeister im Hammerwerfen ist jetzt Chefkoch.* – Das interessiert.

- Skandale

Skandale in Ihrem Unternehmen sollten Sie nicht ohne Weiteres von sich aus publizieren, aber verheimlichen kann zum Eigentor werden, wenn die Journalisten es herausfinden. Skandale müssen Sie möglichst positiv für sich umdrehen.

- Geheimnisvolles

Verraten Sie etwas über Ihr Unternehmen, was noch keiner weiß. Aber bitte nur Harmloses. Am besten Verschüttetes aus der goldenen Vergangenheit.

- Herz-Schmerz-Geschichten

Ein Storch hat sich auf Ihrem Dach niedergelassen, ein Rehkitz hat sich auf Ihr Betriebsgelände verirrt. Eine Besucherin hat (natürlich ungeplant) bei Ihrem Betriebsarzt entbunden. Schöne Geschichten für Fotografen der Lokalpresse. Damit bekommen Sie eine positive Erwähnung im redaktionellen Teil und können im „Windschatten" des Storches, des Kitzes und des Babys andere Dinge loswerden.

- Ungerechtigkeiten

Das wühlt Menschen auf, aber Sie sollten vorsichtig damit umgehen. Kein Mitleid heischen. Wird Ihr Unternehmen vom Staat, vom Fiskus ungerecht benachteiligt, können Sie das publizieren – wenn Sie kein Großunternehmen sind, denn dann greift zusätzlich der nächste Punkt.

■ David-Goliath-Geschichten

Klein gegen groß, arm gegen reich. Die Öffentlichkeit hält immer zum Schwächeren. Zunächst ganz gleich, wer Recht hat. Als kleines Unternehmen, das gegen die mächtige Konkurrenz kämpft oder den Fiskus, haben Sie immer gute Karten. Als Großunternehmen sind aber Sie grundsätzlich der Bösewicht.

■ Schadenfreude

Der Autofahrer, der in die Spree fuhr wegen seines Navigationssystems, hat auch die ganz natürliche Schadenfreude der Menschen aktiviert. Wenn es nicht allzu negativ für Sie wird, können Sie auch dieses Motiv für die Pressearbeit nutzen. Denken Sie an den misslungenen Elch-Test bei Mercedes, der letztlich den Bekanntheitsgrad der A-Klasse erhöht hat.

■ Nähe, räumliche oder persönliche

Themen, die den Lesern nahe sind, interessieren besonders. Das kann räumliche Nähe sein oder persönliche. Je nachdem können Sie mit einem Thema die Lokalpresse (räumliche Nähe) oder die Fachpresse (persönliche Nähe) besser erreichen. Warum interessiert es einen Münchner mehr als einen Hamburger und erst recht als einen Engländer, dass in China ein Bayer verletzt wurde? Eben, wegen der Nähe.

■ Nützliches/Tipps/Service

Zum Schluss: Das weiteste Feld für Ihre Pressearbeit, meist der Schwerpunkt Ihrer Pressemitteilung, ist das Brauchbare für den Konsumenten. Ihre Produkte, Ihre Dienstleistungen sind nützlich, und das ist der Hauptanlass für eine Pressemitteilung. Die anderen Aspekte sind meist nur zusätzliche Bonbons, mit denen Sie die Journalisten und Leser zum Lesen verführen.

Zum Nützlichen gehören folgende Themen:

- Geld
- Gesundheit
- Schönheit
- Image
- Jung sein
- Handwerkliches
- Haushalt und Garten
- Zeit sparen
- Bequemlichkeit
- Schutz
- Erfolg
- Modern sein
- Cleverness
- Interessantes

Negatives verbreiten?

Nun werden Sie sagen: „Klatsch und Tratsch, Kurioses, Schadenfreude und all die anderen Motive – herrje, das ist doch meist negativ für uns. Das geht nicht." So pauschal darf man das nicht sehen.

Selbstverständlich dürfen Sie mit Ihrer Pressearbeit Ihr Unternehmen nicht „in den Dreck ziehen". Aber ein wenig Selbstkritik und Selbstironie wird von der Öffentlichkeit letztlich positiv gesehen. Wer stets nur aggressiv positiv über sich publiziert, wirkt auf Dauer unglaubwürdig. Eine kleine Portion Selbstkritik kann nur nützlich sein.

Auf die Spitze getrieben und frei nach Karl Valentin kann man sagen:

Besser, die Leute reden schlecht über mich, als dass sie sagen: „So etwas wie dich ignoriere ich nicht mal!"

Aber: Für Selbstkritisches sollten Sie sich vom Vorstand oder Ihrer Geschäftsführung ausdrücklich ein „Okay" einholen. Sonst können Sie Ärger bekommen.

Marotten: GmbH & Co. KG

Zwei Marotten haben sich in den vergangenen Jahren in Pressemitteilungen eingeschlichen: die Unternehmensform zu nennen und den Namen als Logo zu schreiben. Beides ist aus journalistischer Sicht Unfug.

Die Unternehmensform stiftet Verwirrung: Wenn die Bahn den neuen ICE vorstellt, spielt es dafür keine Rolle, ob es juristisch sauber *Deutsche Bahn AG* oder *DB AG* heißt. Eine Pressemitteilung ist kein Geschäftsbericht oder Handelsregistereintrag. Für den Leser genügt *Bahn* völlig. Viele können mit manchen Abkürzung auch nichts anfangen: *OHG, KGaA, gGmbH, GmbH i.Gr.* oder *GmbH i.L.* Sinnvoll ist die Unternehmensform nur dann, wenn Sie zum Beispiel verschiedene Tochterfirmen voneinander unterschieden möchten und das auch zum Thema der Pressemitteilung gehört: „Die *Meyer GmbH & Co. KG* hat Anteile der *Meyer GmbH* verkauft." Oder: „Die Bahn macht mit der *DB Rent* Gewinne."

Das Logo lässt die Pressemitteilung wie einen Werbeprospekt erscheinen und wirkt in dem ansonsten normal geschriebenen Text wie ein hässlicher Pickel. Außerdem wollen und können die Zeitungen das Logo ohnehin nicht übernehmen. Wenn Sie den Text als Datei anbieten, kommt noch hinzu, dass beim Kopieren oder Übertragen ins Redaktionssystem die Schrift des Logos nicht übernommen und möglicherweise in unlesbare Hieroglyphen verwandelt wird.

Online-Sicherheit: Postbank mit Bestnote getestet

Capital vergibt Pluspunkte für mobile TAN und Mail-Signatur

Die Online-Sicherheit der Postbank ist vom Fraunhofer Institut mit „gut" ausgezeichnet worden, der besten in einem großen Bankenvergleich vergebenen Note. Das Fraunhofer Institut hatte im Auftrag des Wirtschaftsmagazins Capital die Sicherheit des Online-Bankings bei 20 Geldinstituten untersucht und dabei nur vier Institute mit der Schulnote „gut" bewertet.

Pluspunkte erhielt die Postbank für ihr Angebot der Mail-Signatur sowie der mobilen TAN, mit der sie als einzige unter den getesteten Banken arbeitet. Die mobile TAN der Postbank kommt per SMS aufs Handy. Sie gilt „nur Sekunden – zu wenig Zeit für Kriminelle, die Konten abzuräumen", wie Capital in der Ausgabe vom 20. Juli 2006 bestätigt. Anhand der Postbank Mail-Signatur kann der Kunde erkennen, ob eine Mail echt oder gefälscht ist.

Neben dem Passwortschutz durch mTAN und iTAN und dem Signieren ihrer Mails erfüllte die Postbank auch die drei weiteren Testkriterien: Die Adresse des Postbank Online-Bankings und das SSL-Zertifikat enthalten den Namen Postbank, die Sicherheitshinweise sind gut und das Festlegen eines Überweisungslimits ist möglich. Damit verfügt die Postbank laut Capital über ein vorbildliches Angebot und eine gute Abwehrstrategie gegen Internet-Betrüger. (Pressemitteilung vom 21.07.2006)

Der Aufbau ist vorbildlich: Die Absätze der Pressemitteilung werden nach hinten immer unwichtiger. Auch innerhalb der Absätze sind die Sätze nach Bedeutung aneinandergereiht. Der Journalist kann einfach von hinten nach vorn kürzen. Auch die Überschrift ist handwerklich einwandfrei: Sie gibt den wichtigsten Aspekt wieder; sie entspricht dem Küchenzuruf. Auch die Länge ist gut. Leider sind die Abkürzungen nicht erklärt, zum Beispiel in Klammern. TAN, iTAN und SSL kennt nicht jeder Journalist, ganz sicher aber nicht jeder Leser, also jeder „Endverbraucher". Dass m für mobil steht, bedarf auch einer kleinen Schlussfolgerung vom dritten Absatz zurück zum zweiten. Die Abkürzungen müssen also vom Journalisten erklärt werden. Das kostet Zeit und ist ärgerlich. Besser ist es, die Abkürzungen zu erklären und es dann dem Journalisten zu überlassen, sie gegebenenfalls für seine Leser oder Zuhörer zu entfernen, zum Beispiel für Fachzeitschriften. Wegstreichen geht schneller.

Gericht bestätigt die Arbeit des Presserates

Das Oberlandesgericht Köln hat in einem jetzt überreichten Urteil vom 11. Juli 2006 klargestellt, dass der Presserat Verlage missbilligen und auf journalistische Sorgfaltsverstöße hinweisen darf. Die Berechtigung des Deutschen Presserats „folgt aus der verfassungsrechtlich verankerten Vereinigungsfreiheit, das Recht seiner Mitglieder zur freien Meinungsäußerung aus Art. 5 GG; seine Entschließungen, ob er einen Verstoß gegen presseethische Grundsätze annimmt und gegebenenfalls welche Maßnahmen er ergreift, sind ausschließlich durch ideelle, im Pressekodex wiedergegebene ethische Vorstellungen geprägt". Damit bestätigte das Gericht erstmalig ein Grundsatzurteil des Oberlandesgerichts Hamburg aus dem Jahr 1959 zur Beschwerdearbeit des Deutschen Presserats.

Der Öko-Test-Verlag hatte sich gegen eine vom Presserat im Jahre 2004 gegen ihn ausgesprochene Missbilligung wegen Verstoßes gegen den Pressekodex gewehrt. Anlass lieferte eine Berichterstattung über Vaterschaftstests. Das Oberlandesgericht stellte jetzt nach dem Landgericht Bonn in zweiter Instanz klar, dass die Klage bereits deshalb unbegründet war, weil es sich bei den Bewertungen des Beschwerdeausschusses offensichtlich und inhaltlich um eine Meinungsäußerung handelt. Auch die tatsächlichen Annahmen, auf denen die Missbilligungsentscheidung des Deutschen Presserats beruhte, erschienen dem Gericht zutreffend. Die Zeitschrift hatte den Presserat verpflichten wollen, sowohl die weitere Äußerung zu unterlassen, sie habe gegen die journalistische Sorgfaltspflicht gemäß Ziffer 2 des Pressekodex verstoßen, als auch die Maßnahme zurückzunehmen.

Die Ausschüsse des Presserats haben jährlich über 280 Beschwerdefälle zur Entscheidung vorliegen und sprechen hierzu in knapp der Hälfte der Fälle Beschlüsse aus, wonach mit Hinweisen, Missbilligungen und Rügen auf Verstöße gegen den Pressekodex erkannt wird.

Etwas sehr Interessantes für den Leser steht erst im zweiten Absatz: die Missbilligung des Öko-Test-Magazins wegen der Vaterschaftstests. Das wäre ein konkreter, interessanter Einstieg gewesen. Daran anknüpfend hätte man gleich zu dem Punkt kommen können, dass der Presserat Verlage überhaupt rügen darf. Oder dieses allgemeine Fazit des Urteils als Einstieg und dann sofort, dass der Bericht über Vaterschaftstests der Anlass zur Klage war. Auch der erste Satz ist falsch gewichtet: Dass das Oberlandesgericht Köln entschieden hat, gehört nach hinten, das Fazit hingegen gehört nach vorn und in einen Hauptsatz. Also besser:

Der Presserat darf Verlage rügen und auf mangelnde Sorgfalt hinweisen. Das hat das Oberlandesgericht Köln in seinem gestern veröffentlichten Urteil vom 11. Juli entschieden. Geklagt hatte das Öko-Test-Magazin, weil der Presserat dessen Bericht über Vaterschaftstests missbilligt hatte. Das Gericht stellte fest, dass das Recht des Presserates sich aus der Meinungsfreiheit nach Artikel 5 des Grundgesetzes ergibt.

Im zweiten Absatz können dann der Hintergrund und die Historie erläutert werden. Und es muss kurz erläutert werden, warum der Bericht des Öko-Test-Magazins missbilligt wurde. Darauf sind die Leser nun neugierig.

Noch ein Kritikpunkt: In der Pressemitteilung steckt zu viel Beamtendeutsch und zu viel Verschachteltes.

Henkel schließt Übernahme von Deodorant-Marken in den USA erfolgreich ab

2. Mai 2006: Stärkung des Bereichs Kosmetik/Körperpflege

Die im Februar unterzeichnete Transaktion, nach der die Dial Corporation, Scottsdale/USA, ein Tochterunternehmen von Henkel, mehrere Marken von der Gillette Company, einem Tochterunternehmen von P&G, übernimmt, wurde erfolgreich abgeschlossen. Bei diesen führenden Marken, die 2005 einen Umsatz von rund 275 Mio. US-Dollar erzielten, handelt es sich unter anderem um Right Guard, Soft & Dri und Dry Idea.

„Durch diese Übernahme bauen wir unser Körperpflegegeschäft in Nordamerika erheblich aus und werden unseren Anteil am Wachstum dieses Geschäfts noch weiter erhöhen. Die starken Marken passen perfekt zu unserem bestehenden Körperpflegegeschäft in den USA", erläutert Hans Van Bylen, Mitglied der Geschäftsführung der Henkel KGaA und verantwortlich für den Unternehmensbereich Kosmetik/ Körperpflege. „Der Markt der Deodorants ist hochattraktiv, und wir freuen uns, mit dieser Akquisition unsere starke Dial-Plattform wesentlich stärken zu können. Damit werden wir die Nummer 3 im attraktiven US-amerikanischen Deodorant-Markt."

Die übernommenen Marken erzielen rund 80 Prozent ihrer Umsätze in Nordamerika. Hier ist Henkel jetzt die Nummer 3 im Markt für Körperpflege. Ein weiterer wichtiger Absatzmarkt ist Großbritannien. Ein kleinerer Umsatzanteil wird in Lateinamerika und in Australien erzielt.

Für den Otto-Normalverbraucher ist hier wohl das Interessanteste, das Ansprechendste, dass Henkel nun Nr. 3 auf dem Markt der Deos ist und mit den neuen Marken 80 Prozent auf dem US-Markt erzielt. Das steht allerdings erst im dritten Absatz. Die Details und die Namen der übernommenen Firmen mitsamt Abkürzungen (die selbstverständlich erklärt werden müssen) sind eher Hintergrund und gehören in den zweiten oder dritten Absatz.

In dem Zitat im zweiten Absatz teilt der Geschäftsführer nur Fakten mit, die zu allem Überfluss zum einen lediglich ein allgemeines Resümee sind, zum anderen teilweise im dritten Absatz wiederholt werden. Einzig, dass er sich freut, ist eine persönliche Aussage, die allerdings keinen Nachrichtenwert hat. Die Informationen im Zitat sind also kein Zitat wert. Da Hans van Bylen dem durchschnittlichen Leser wohl kaum bekannt ist, sollte hier zuerst die Funktion, dann der Name genannt werden.

Eine Kleinigkeit: Verwirren Sie den Leser nicht mit der genauen Unternehmensform („KGaA"), wenn sie nicht nötig ist für die Information. Hier spielt die Unternehmensform keine Rolle und Normalmenschen wissen mit der Abkürzung nichts anzufangen (es heißt: Kommanditgesellschaft auf Aktien).

10.5 Das Zitat in der Pressemitteilung

Zitate lockern einen Text auf und geben ihm Authentizität. Darum mögen Journalisten Zitate. In Pressemitteilungen kann man sich das zunutze machen: Ein schönes, pointiertes Zitat hat eine hohe Abdruckwahrscheinlichkeit und macht damit den Zitierten bekannt oder bekannter, denn er muss ja genannt werden.

Doch: Sinnvoll sind nur solche Zitate, die Aussagekraft und Gehalt haben: persönliche, individuelle Aussagen oder Meinungen.

Beispiele:

> *„Wenn der Gewinn bis zum Jahresende nicht steigt, trete ich zurück", sagt der Geschäftsführer.*
>
> *„Das ist der größte Kirchen-Skandal, den es je gab", sagte Kardinal Meyer.*
>
> *„Das ist mir alles sehr peinlich, ich bitte die Öffentlichkeit um Entschuldigung", sagte der Ministerpräsident leise.*

Mit einem Zitat Fakten wiederzugeben, die auch „normal", ohne Zitat, im Bericht stehen könnten, ist nicht zweckmäßig, erst recht nicht Wiederholungen des zuvor „normal" Berichteten. Beispiele:

> *„Wir haben 34 Millionen Euro Umsatz und 5 Millionen Euro Gewinn gemacht", berichtete der Finanzvorstand.*
>
> *... Das Unternehmen macht immer mehr Profit. „Unser Gewinn ist gestiegen", sagt der Vorstandsvorsitzende Meyer.*

Außerdem muss der zitierte Mensch eine Bedeutung haben für die Botschaft der Pressemitteilung. Eine unbekannte oder bedeutungslose Person zu zitieren, ist wenig aussagekräftig. Noch ein Tipp: Wenn die Person unbekannt ist, sollte die Funktion vorn stehen; ist die Person bekannt, kann sie vorn stehen.

... sagt der Vorstandsvorsitzende Peter Schmidt.

... sagt Hartmut Mehdorn, Vorstandschef der Bahn.

Und zum Schluss: Nicht sich selbst zitieren. Wenn Ihr Name unter der Pressemitteilung steht, dürfen Sie nicht darin zitiert sein. Das wirkt merkwürdig. Wenn der Name des Chefs unten steht, darf er ebenso wenig zitiert sein.

10.6 Anders gedruckt als geschickt

Wie die Medien Ihre Pressemitteilung publizieren, darauf haben Sie keinen Einfluss: Das kann eins-zu-eins geschehen, als wörtliches Zitat des Pressesprechers oder als kurze Sequenz in einem langen Beitrag zu dem Thema. Allerdings steht fest: Je kürzer und klarer Ihre Pressemitteilung, desto näher wird die Veröffentlichung am Original dran sein und umso geringer ist das Risiko, dass die Pressemitteilung verzerrt oder falsch wiedergegeben wird – von böser Absicht einmal abgesehen.

Ebenso wenig Einfluss haben Sie auf die Länge: Je nach Platz kann die ganze Mitteilung gedruckt werden oder nur die ersten Zeilen. Darum ist es so wichtig, dass in den ersten Zeilen das Wichtigste steht.

Wird Ihre Pressemitteilung trotz Kürze, Klarheit und Interessantheit nicht gedruckt, bedeutet das nicht, dass die Redaktion sie verschmäht hat. Sie kann von einer anderen, noch interessanteren Meldung oder Anzeige verdrängt worden sein. Anzeigen gehen heute vor. Nicht verzweifeln: Beim nächsten Mal klappt es. Pressearbeit erfordert Geduld. Womöglich kommt aufgrund Ihrer Pressemitteilung eine Interviewanfrage oder die Bitte, zu dem Thema einen Beitrag zu schreiben oder dabei zu helfen. Wie und wo Ihre Pressemitteilung fruchtet, ist kaum vorherzusagen.

Was tun, wenn die Pressemitteilung verfälscht wurde? Vermeiden Sie juristische Auseinandersetzungen. Eine Gegendarstellung oder eine Richtigstellung sollten Sie nur als letztes Mittel einsetzen. Sie möchten ja auch weiterhin mit dem Medium zu tun haben. Juristischer Streit kann Jahre dauern und hinterlässt böses Blut. Wenn Sie erst einmal einen Anwalt eingeschaltet haben, ist die Sache meist verdorben. Gehen Sie lieber den publizistischen Weg: Lassen Sie die Redaktion die Sache auf elegante Art lösen. Sie kann selbst in der nächsten Ausgabe die Sache wieder ins Lot rücken oder Ihnen zum Beispiel die Möglichkeit geben, in einem Interview die Fakten richtigzustellen. Sie können auch in einer neuen Pressemitteilung die falsche Veröffentlichung korrigieren.

(Mehr dazu in Michael Schmuck, Das neue Presserecht, Verlag Rommerskirchen 2006.)

11 Briefe

In diesem kurzen Kapitel will ich Ihnen nur die Besonderheit an der Textform Brief erläutern und Ihnen zeigen, dass auch für Briefe alle Grundregeln des Textens gelten. Das Kapitel enthält keine umfangreiche Sammlung von Musterbriefen für jeden Anlass, sondern nur wenige grobe Vorlagen, die einen Rahmen vorgeben, den Sie mit Ihrem Einfallsreichtum füllen müssen.

11.1 Den Leser kennen

Die wichtigste Voraussetzung für einen guten Brief ist wie bei allen Texten: sich auf den Leser einstellen. Dazu müssen Sie ihn kennen. Es ist ausgeschlossen, einen zielsicheren Brief zu schreiben, ohne sich vorher ausgiebig darüber Gedanken zu machen, was der Empfänger erwartet. Kurzum: Sie müssen wieder einmal an den Küchenzuruf für die Zielgruppe denken (siehe Kapitel 1.3).

Und dazu gehört der Perspektivwechsel. Versetzen Sie sich in Ihren Leser hinein. Stellen Sie sich bitte vor: Frau Meyer kommt vom Einkaufen, in beiden Händen Einkaufstüten, sie nimmt ihre Post aus dem Briefkasten, öffnet sie und will schon beim ersten flüchtigen Lesen am Briefkasten wissen, um was es geht. Andersherum: Kaum einer Ihrer Leser studiert Ihren Brief in einer ruhigen Stunde, wenn der Alltagsstress vorüber ist. Daher müssen Briefe kurz, klar und im Alltagsdeutsch verfasst sein. Und vor allem: Das Wichtigste muss vorn stehen. Weder Frau Meyer noch andere Leser möchten für sie Belangloses zu erst lesen und dann das Wichtige erfahren – wenn sie überhaupt bis zum Wichtigen vordringen. So wie in diesem netten Kundenbrief:

Großprojekt Flächensanierung 2002

Sehr geehrter Hauseigentümer,

Ihre Gaswerke werden in diesem Jahr Sanierungsmaßnahmen an ihrem Gasversorgungsnetz und den dazu gehörigen Hausanschlussleitungen durchführen.

Im Zeitraum vom 01. Mai bis 31. Oktober 2002 werden im oben genannten Bezirk PE-Rohre in die vorhandenen Gussrohrleitungen eingezogen. Damit verbunden müssen auch die vorhandenen Hausanschlussleitungen einschließlich Regler ausgewechselt werden. Dazu ist es erforderlich, dass punktuelle Baugruben in den entsprechenden Leitungstrassen, vorrangig im Gehweg, hergestellt werden.

Für die Arbeiten an den Gasleitungen muss die planmäßige Gaszufuhr zum Haus unterbrochen werden. Die Trennung vom Netz ist für 2 Tage vorgesehen.

(Es folgen 15 Zeilen weiterer Erklärung, und dann:)

Den konkreten Termin der Bauausführung wird unsere Firma mit entsprechenden Informationsschreiben in den Häusern mind. eine Woche vor Baubeginn bekannt geben. Der Beginn der Gasunterbrechung wird ebenfalls mind. 3 Tage vorher durch Aushang angekündigt ...

Dieser Brief verstößt gegen alle zehn Regeln für klares Deutsch, aber vor allem gegen die Regel „Wichtiges nach vorn". Erst nach vielen unnützen Zeilen erfährt der Hauseigentümer, dass seine Gaszufuhr unterbrochen wird. Noch viele Zeilen später, dass er drei Tage vorher Bescheid bekommt.

Ein klarer Fall von falscher Perspektive: Hier hat der Autor das für ihn Wichtige nach vorn gestellt und den Leser vergessen. Der Küchenzuruf für den Leser ist: Kein Gas an zwei Tagen! Gussrohre, Leitungstrassen (übrigens nicht: Leitungsstraßen!), PE-Rohre und Regler in den unnützen Zeilen vor diesem Küchenzuruf zeugen zusätzlich von „Leserverachtung".

Leserfreundlich, kundenorientiert und einfacher wäre gewesen:

Unterbrechung der Gaszufuhr wegen Sanierung der Gasrohre

Sehr geehrter Hauseigentümer,

zwischen 2. Mai und 31. Oktober werden wir in Ihrem Bezirk die Gasleitungen und Hausanschlüsse sanieren. Darum muss dann für etwa zwei Tage die Gaszufuhr zu Ihrem Haus unterbrochen werden. Wann die Bauarbeiten in Ihrer Straße beginnen und was Sie beachten müssen, teilt Ihnen die Baufirma mindestens eine Woche vorher durch einen Aushang an Ihrer Haustür mit. Wann die Gaszufuhr zu Ihrem Haus unterbrochen wird, erfahren Sie ebenfalls durch einen Aushang mindestens drei Tage vorher.

Bitte beachten Sie: Während der Bauarbeiten werden im Gehweg Baugruben eingerichtet. Wir bitten um Ihr Verständnis, dass es dadurch zu Behinderungen kommen kann ...

Das größte Manko der meisten Briefe: Der Leser weiß nicht gleich oder manchmal überhaupt nicht, was der Absender von ihm will. Das zeugt von fehlendem Einfühlungsvermögen und oft von Arroganz gegenüber dem Kunden. Arroganz wiederum zeugt oft von Unvermögen.

11.2 Mailings und Werbebriefe (Massenbriefe)

Mit einem Mailing erreichen Sie einen speziellen, ganz nach Ihren Zielen ausgewählten Personenkreis, den Sie auf ein Angebot aufmerksam machen wollen. Es gibt kaum „Streuverlust", anders als zum Beispiel bei einer Anzeige. Aber nur, wenn Ihre Adressen gut zusammengestellt sind. Das Mailing ist ein Massenbrief.

Sie haben nicht nur die Möglichkeit, sondern auch die Verpflichtung, den konkreten Personenkreis ganz konkret anzusprechen. Je spezieller die Auswahl der Adressaten, umso spezieller der Text.

Eines dürfen Sie beim Formulieren des Mailings niemals vergessen: Niemand ist verpflichtet Ihren Brief zu lesen – er muss ihn nicht einmal öffnen. Sie müssen also dafür sorgen, dass Ihr Brief

- nicht gleich verschlossen weggeworfen wird,
- nicht nach dem Öffnen im Papierkorb landet,
- gelesen wird und
- eine Reaktion hervorruft.

Dafür sind folgende Punkte zu beachten:

Form

- „appetitliche" Verpackung: ansprechender Umschlag mit einer schönen Briefmarke. Bitte vermeiden Sie eine „Freimachung im Fenster" oder „Entgelt bezahlt". Diese Symbole für Massensendungen schrekken den Empfänger ab. Schon der Begriff, der ja anstelle der Briefmarke auf dem Umschlag prangt, ist grässlich unpersönlich. Das Unterbewusstsein reagiert entsprechend ablehnend.

- ansprechendes Layout: Präsentieren Sie Ihre Botschaft in appetitlichen Häppchen. Drei bis vier kurze Absätze müssen genügen. Optimal ist ein Einleitungssatz von zwei bis drei Zeilen plus drei Absätze von etwa fünf Zeilen.

Wenn Sie glauben, einige Wörter oder Satzteile fetten zu müssen: Nur eine Fettung pro Absatz und dabei nicht mehr als drei Wörter fetten. Mehr als das wirkt verwirrend auf den Betrachter. Das Auge findet keine Ruhe. Bei zu vielen Fettungen ist der Text überfrachtet. Auf gar keinen Fall zusätzlich unterstreichen oder kursiv setzen. Machen Sie keinen Typographie-Salat aus Ihrem Text. Halten Sie mit dem eigentlichen Text 4,5 cm Abstand vom linken, 3 cm vom rechten und 3,5 cm vom unteren Blattrand, falls Sie keine anderen Vorgaben haben. So wirkt Ihr Text wie eine attraktive Insel auf dem Blatt.

- interessanter, kurzer, leicht zu lesender Text: Das Mailing darf nur eine Seite haben. Sie müssen sich beim Texten und Formulieren darauf beschränken. Einen Brief von einer Seite kann der Empfänger sofort erfassen. Er sieht die Anrede und die Unterschrift auf einen Blick und weiß, dass er den Brief in etwa 30 Sekunden lesen kann. Bei zwei Seiten gibt es die psychologische Hürde des Umblätterns oder Umdrehens. Ein Mailing mit zwei Seiten liest der Empfänger wahrscheinlich nicht; es schreckt ihn ab, er legt es erst einmal „für später" in die Ablage oder wirft es in den Papierkorb. Denken Sie an die alte Regel: „In der Kürze liegt die Würze!", oder: „Weniger ist mehr". Weitere Informationen können Sie als Prospekt oder Faltblatt beilegen. Hat der Leser bei dem Brief, Ihrem Köder, „angebissen", wird er auch die Anlagen anschauen.

Inhalt

- Vorteile aufzeigen – Neugier wecken. Zunächst müssen Sie sich fragen: Warum hat der ausgewählte Personenkreis einen Bedarf an dem Produkt? Wo liegt der primäre, wo der sekundäre Nutzen? Wo sind die Vorteile? Wie kann ich diese Zielgruppe neugierig machen und ein Bedürfnis wecken?

- Das Wichtigste zuerst! Kommen Sie gleich zur Sache: Erläutern Sie dem Leser seinen Nutzen an dem Produkt oder der Dienstleistung. Das muss nicht der wirtschaftliche Nutzen sein, vielleicht ist der ideelle, emotionale Nutzen wichtiger und interessanter.
- Bevor Sie den Nutzen erläutern, können Sie allerdings noch einen Einleitungssatz, einen Locksatz, einen „Angelhaken mit Köder" voranschicken, mit dem Sie den Leser abholen oder auffangen. Je konkreter Sie ihn ansprechen, umso größer ist Ihre Chance, dass er weiterliest und sich für Ihre Leistung interessiert.
- Halten Sie sich nicht strikt an abgedroschene Musterbriefe, nutzen Sie Musterbriefe nur als Anregung und Grundlage. Lassen Sie Ihre Fantasie spielen, liefern Sie dem Leser etwas Neues, nichts Alltägliches. Das weckt Interesse. Denken Sie daran, dass er täglich einen ganzen Stoß von Mailings bekommt. Allerdings: Zu exotisch und außergewöhnlich darf Ihr Brief auch nicht sein. Quatsch wollen die Kunden nicht lesen, dann setzen Sie besser nur ordentliches Handwerk ein, ohne Kunst, und bieten hervorragenden Standard.
- Falls Sie unbedingt gleich auf eine Präsentation, einen Besuch hinauswollen: Schreiben Sie, dass Sie nur eine halbe Stunde dafür brauchen. Es gibt nichts Schlimmeres für einen Unternehmer als die Ankündigung, ihm Zeit zu rauben.
- Kündigen Sie gegebenenfalls Ihren Anruf an – aber äußerst zurückhaltend. Nicht aufdringlich werden.

Das PS

Das Postskriptum ist in Mailings und Werbebriefen sehr wichtig. Es ist, nach Ergebnissen von Betrachtungsanalysen, der Text, auf dem ein Betrachter beim ersten Anschauen des Briefes für einen Augenblick verweilt. Daher müssen Sie mit dem PS dem Leser etwas anbieten, das ihn dazu verführt, Ihr Angebot in dem eigentlichen Brief überhaupt und wohlwollend zu lesen. („Ach, das könnte interessant sein.") Dieses wohlwollende Interesse muss vom Unterbewusstsein des Betrachters hervorgerufen werden. Es muss nicht bewusst geschehen; dafür ist der Augenblick des Verweilens auf dem PS meist zu kurz. Hat er den Brief dann von oben nach unten gelesen, muss das PS ihn zusätzlich dazu bewegen „anzubeißen".

Als Köder ins PS gehört ein Bonbon, ein zusätzlicher Nutzen. Es darf also kein Hauptnutzen, kein in dem Produkt oder der Dienstleistung selbst liegender Vorteil sein, sondern ein Extra, eine Zugabe. Das kann ein finanzieller oder ein emotionaler Vorteil sein. Das PS soll den potenziellen Käufer nicht vom Produkt überzeugen, sondern davon, es zu kaufen, wenn der Brief ihn vom Nutzen überzeugt hat. Der Kunde soll sich sagen: „Gute Sache – und wenn ich auch noch das bekomme, dann greife ich schnell zu." Um auf das Bild des Köders zurückzukommen: Der Fisch wird nur anbeißen, wenn er überhaupt Hunger hat. Typische PS-Beispiele:

> *Wenn Sie bis zum ... bestellen, bekommen Sie zehn Prozent Rabatt.*
>
> *... bekommen Sie ... gratis dazu.*
>
> *Unter den ersten hundert Bestellungen des Reiseführers verlosen wir eine Reise nach ...*
>
> *Die ersten hundert Besteller des Lexikons bekommen ein Exemplar der limitierten Auflage mit Goldrand.*
>
> *Wenn Sie das Kochbuch „Pasta, Pasta" gleich telefonisch bestellen, erhalten Sie den Spaghetti-Tester „Al dente" gratis dazu.*
>
> *Und was glauben Sie, wie Ihr Nachbar staunen wird!*

Selbstverständlich sind wir mit diesem hervorragenden Produkt auch TEST-Sieger geworden. Einen Sonderdruck des TEST-Heftes bekommen Sie gratis dazu. (Ein sehr süffisantes PS.)

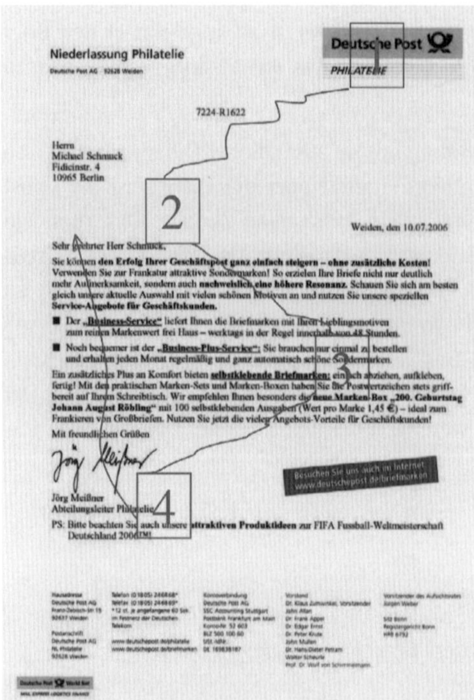

Niederlassung Philatelie
Deutsche Post AG · 92628 Weiden

Deutsche Post
PHILATELIE

7224-R1622

Herrn
Michael Schmuck
Fidicinstr. 4
10965 Berlin

Weiden, den 10.07.2006

Sehr geehrter Herr Schmuck,

Sie können **den Erfolg Ihrer Geschäftspost ganz einfach steigern – ohne zusätzliche Kosten**! Verwenden Sie zur Frankatur attraktive Sondermarken! So erzielen Ihre Briefe nicht nur deutlich mehr Aufmerksamkeit, sondern auch **nachweislich eine höhere Resonanz.** Schauen Sie sich am besten gleich unsere aktuelle Auswahl mit vielen schönen Motiven an und nutzen Sie unsere speziellen **Service-Angebote für Geschäftskunden.**

- Der **„Business-Service"** liefert Ihnen die Briefmarken mit Ihren Lieblingsmotiven zum reinen Markenwert frei Haus – werktags in der Regel innerhalb von 48 Stunden.
- Noch bequemer ist der **„Business-Plus-Service"**: Sie brauchen nur einmal zu bestellen und erhalten jeden Monat regelmäßig und ganz automatisch schöne Sondermarken.

Ein zusätzliches Plus an Komfort bieten **selbstklebende Briefmarken**: einfach abziehen, aufkleben, fertig! Mit den praktischen Marken-Sets und Marken-Boxen haben Sie die Postwertzeichen stets griffbereit auf Ihrem Schreibtisch. Wir empfehlen Ihnen besonders die **neue Marken-Box „200. Geburtstag Johann August Röbling"** mit 100 selbstklebenden Ausgaben (Wert pro Marke 1,45 €) – ideal zum Frankieren von Großbriefen. Nutzen Sie jetzt die vielen Angebots-Vorteile für Geschäftskunden!

Mit freundlichen Grüßen

Jörg Meißner

Jörg Meißner
Abteilungsleiter Philatelie

Besuchen Sie uns auch im Internet
www.deutschepost.de/briefmarken

PS: Bitte beachten Sie auch unsere **attraktiven Produktideen** zur FIFA Fussball-Weltmeisterschaft Deutschland 2006TM!

Mit Augenbewegungskameras wurde festgestellt, dass Betrachter von Briefen etwa so wie hier eingezeichnet den Brief betrachten: von oben rechts nach unten links und dann nach oben zur Anrede hin. Danach beginnen sie mit dem Lesen des Briefes. An den mit Rechtecken und Zahlen markierten Stellen verweilt das Auge ganz kurz.

Der bekannte Beckenbauer-Spruch „Und die Grundgebühr ist auch schon drin" zum Beispiel ist zwar ein gutes Anhängsel, aber kein PS. Der Grundgebühr-Vorteil gehört zum Nutzen des Produktes selbst und müsste in einem Brief im eigentlichen Brieftext stehen.

Das Extra im PS sollte zum Produkt passen. Rabatt passt meistens, nicht aber bei Luxusartikeln. Hier schreckt es die Käufer eher ab.

11.3 Briefaufbau

Jeder Brief kann nach einem groben Muster aufgebaut werden, das je nach Art des Briefes nur leicht modifiziert werden muss:

1. Absatz: konkret Appetit machen, locken (bei Werbebriefen/ Erstkontakt)

> Beispiel: *Zwei Prozent Zinsen für Ihr schwer verdientes Geld sind einfach zu wenig. Wir bieten Ihnen vier.*

konkret aufgreifen, abholen (bei Antworten/Reaktion)

> Beispiel: *In Ihrem Brief vom 21. Mai 2003 beklagen Sie, dass wir Ihren Auftrag schleppend bearbeitet haben. Sie haben Recht; wir haben zwei Tage länger als nötig gebraucht. Das wird nicht mehr vorkommen ...*

2. Absatz: Nutzen darstellen, begründen
(eventuell sind hierfür auch zwei Absätze nötig)

3. Absatz: Aufforderung zum Tun, Handlungsvorschlag, Lösungsvorschlag

Schlusssatz, Schlussformel

PS: Bonbon, zusätzlicher Nutzen, zum Beispiel emotionaler Aspekt oder ein kleines Geschenk (nur, wenn es so etwas gibt oder es sich anbietet)

Wichtig ist, konkret zu schreiben. Bieten Sie Ihre Dienstleistung nicht abstrakt an. Je konkreter und bildhafter die Vorstellung des Lesers von Ihrem Angebot ist, desto größer ist die Chance, dass er „anbeißt" und wie gewünscht reagiert. Vor allem Ihr Einstieg muss sehr konkret sein.

Aufbau-Muster: Brief

Professionelles Texten: kurz, klar, attraktiv

Sehr geehrte Frau Meyer,

ja, schwierig, so ein Briefanfang. Aber nicht nur der: Mailings, Kundenbriefe, Prospekte und Pressemitteilungen sind häufig harte Nüsse. Oft fehlen einem einfach die Worte – oder es werden zu viele.

In unserem Seminar „Professionelles Texten" lernen Sie kurz, klar und gezielt zu texten. In nur drei Tagen erfahren Sie die wichtigsten Regeln für gute Texte, und das nicht nur bei einem informativen und unterhaltsamen Vortrag, sondern mit vielen praktischen Übungen. So können Sie das Gelernte gleich anwenden.

Ihr Dozent ist Journalist, Texter, Buchautor und Rechtsanwalt. Er ist bundesweit bekannt wegen seines Einsatzes für eine klare Sprache, insbesondere für klares Amtsdeutsch.

Faxen Sie uns noch heute die Anmeldung auf der Rückseite, um sich einen der 25 Plätze zu sichern.

Mit besten Grüßen aus Düsseldorf

Ihre

Meike Müller

PS: Lassen Sie Ihre Texte von unserem Dozenten beurteilen. Schicken Sie uns die Texte (Briefe, Prospekte, Pressemitteilungen von maximal etwa fünf Seiten) bis 14 Tage vor Seminarbeginn. Dann wird der Dozent im Rahmen des Seminars mit Ihnen darüber sprechen.

11.4 Gruß- und Schlussformel

Sehr geehrter oder *Lieber* oder *Guten Tag* – was Unternehmensstandard für Kundenbriefe und für interne Mitteilungen sein soll, darüber gibt es in vielen Betrieben heftige und lange Diskussionen. Ebenso über das *Mit freundlichen* oder *besten* oder *sonnigen Grüßen.* Sogar Workshops gibt es zu Gruß- und Schlussformel. Schön, wenn man so viel Zeit übrig hat – denn es ist überwiegend vertane Zeit.

Selbstverständlich hat eine ansprechende Grußformel Wirkung auf den Leser. Ist sie außergewöhnlich und gefällt ihm, so reizt sie zum Lesen und ist ein zusätzlicher Appetitmacher, ein Aperitif. Aber die außergewöhnliche Grußformel kann auch zum Stolperstein, zum Bremsklotz oder zum Rausschmeißer werden. Denn jede Abweichung vom Üblichen in den Gepflogenheiten, Gebräuchen und Umgangsformen kann auch zum „Fremdeln" führen. Zwischen hervorstechend und abstoßend liegen hier nur Millimeter.

Dasselbe gilt für die Schlussformel. Wenn sie dem Leser gefällt, kann sie für ihn ein wunderbares *Adieu, bis bald* sein. Findet er sie aber affig und gewollt anders, kann sie mit oder manchmal sogar allein dafür verantwortlich sein, dass der Brief den Leser nicht anspricht. Es ist hier sehr viel persönlicher Geschmack im Spiel.

Daher sollten Sie sich sehr gut überlegen, ob Sie in diesen Punkten von der Norm abweichen wollen – so gut das auch sonst sein mag und zu empfehlen ist. Das übliche *Sehr geehrter* hingegen ist so selbstverständlich, so verbraucht, dass der Leser diese Grußformel gar nicht wahrnimmt. Er liest über sie einfach hinweg. Und so gehen Sie kein Risiko ein. Ebenso verhält es sich mit den *Freundlichen Grüßen.*

Innerhalb der üblichen Gruß- und Schlussformeln gibt es genügend risikolose Varianten, die sogar Abstufungen im Ton des Briefes erlauben, je nach Anlass und Zielgruppe:

- Sehr geehrte, liebe Frau Meyer
- Liebe Frau Meyer
- Verehrte Frau Meyer
- Hallo (bitte nur in E-Mails und auch dort nur zwischen Bekannten und guten Geschäftsfreunden)

- Mit freundlichen Grüßen
- Mit besten Grüßen
- Mit freundlichen Grüßen nach Hamburg
- Mit besten Grüßen aus Berlin
- Mit herzlichen Grüßen
- Mit besten Wünschen

Indem Sie Gruß- und Schlussformeln kombinieren, können Sie den Ton des Briefes sehr fein abstimmen.

- Liebe Frau Meyer
  - Mit herzlichen Grüßen (sehr freundlich)
- Verehrte Frau Meyer
  - Mit besten Grüßen (achtungsvoll)

Bitte benutzen Sie aber keine antiquierten Formeln:

hochverehrte, geschätzte, hochachtungsvoll, mit geschätzter Hochachtung, mit vorzüglicher Hochachtung werden heute eher ironisch eingesetzt.

Wenn Sie aber doch von üblichen Formeln abweichen wollen, sollten Sie wirklich gute Ideen haben. Finden Sie Formeln, die mit Ihrer Branche oder mit Ihrem Unternehmen zu tun haben, also solche, deren Besonderheit und Pfiffigkeit sich dem Leser sofort erschließt. Zum Beispiel solche Schlussformeln:

- Krankenversicherung: Beste Gesundheit
- Aus Regensburg: Sonnige Grüße aus Regensburg
- Autobranche: Gute Fahrt
- Schokoladenhersteller: Süße Grüße
- Reiseveranstalter: Schönen Urlaub

11.5 Floskeln und Schwulst

Vor allem Geschäftsbriefe sind oft durchsetzt mit Wortmüll. Briefeschreiber versuchen besonders korrekt, verbindlich und höflich zu sein. Dabei produzieren sie Floskeln und Schwulst und verstoßen selbst in kurzen Briefen ganz erheblich gegen die Regel „Belangloses weglassen". Korrekt bedeutet nicht floskelhaft, verbindlich heißt nicht umständlich und höflich muss nicht höfisch oder schleimig sein.

Beispiele für klassische Floskeln in Briefen:

in der oben im Betreff genannten Angelegenheit	(Das kann weg, denn in einer anderen Sache werden Sie kaum schreiben.)
Ihr Schreiben haben wir erhalten.	*In Ihrem Brief vom ... schreiben Sie ...* (Sie antworten wohl kaum auf einen Brief, den Sie nicht erhielten. Besser konkret das Wichtigste aufgreifen.)
unser gemeinsam geführtes Telefonat	*unser Telefonat* (Sie werden hoffentlich dabei miteinander gesprochen haben.)
Nach durchgeführter Begutachtung haben wir ...	*Aufgrund des Gutachtens ...* (Durchgeführt wird die Begutachtung wohl sein, sonst könnten Sie keine Folgen daraus herleiten.)
Wir freuen uns, Sie persönlich kennen zu lernen.	Wir freuen uns, Sie kennen zu lernen. (Persönlich ist es ja stets.)

Mit diesem Schreiben teilen wir Ihnen mit, dass Ihr Vertrag zum 1. April beginnt.	*Ihr Vertrag beginnt am 1. April.* (Dass Sie dem Empfänger das mitteilen, wird er wohl merken, wenn Sie es tun.)

Beispiele für klassischen Schwulst in Briefen:

Ihrer Antwort sehen wir entgegen.	*Wir freuen uns auf Ihre Antwort.* (Oder ganz weg, wenn Sie sich nicht freuen.)
Bei Durchsicht Ihrer übersandten Unterlagen mussten wir feststellen, dass diese nicht vollständig vorliegen.	*Ihre Unterlagen sind nicht vollständig.* (Das stellen Sie wohl beim Durchsehen fest, und selbstverständlich müssen die Unterlagen vorher übersandt worden sein und vorliegen.)
Für Rückfragen stehen wir Ihnen jederzeit gern zur Verfügung.	*Falls Sie Fragen haben, rufen Sie uns bitte an: Telefon 040 ...*
Die Tatsache, dass wir die Kosten übernehmen ...	Dass wir die xxx bezahlen
Zum besseren Verständnis geben wir Ihnen im Vorwege folgende wichtige Informationen, bevor Sie den beigefügten Antrag wieder bei uns einreichen.	Hier einige Informationen zu dem Antrag: ...
Wir haben festgestellt, dass ... fehlen.	... fehlen uns.

Schwülstig und daher überflüssig sind auch übertriebene, umständliche Höflichkeitsfloskeln, meist erkennbar an den Wörtern *möchten, wollen, dürfen, können.*

Höflichkeitsschwulst:	**Freundlich ist:**
Wir möchten Sie höflichst bitten, uns anzurufen.	Bitte rufen Sie uns an.
Wir freuen uns, Ihnen mitteilen zu können, dass wir Ihren Urlaub ...	Gern bewilligen wir Ihren Urlaub ...
In der Anlage wollen wir Ihnen Ihre Zeugnisse überreichen.	Ihre Zeugnisse liegen bei.
Wir dürfen Ihnen heute gratulieren.	Wir gratulieren (Ihnen).
Dieser Bitte möchten wir gern nachkommen und ...	Ihrer Bitte kommen wir nach und ...
Bis dahin verbleiben wir mit freundlichen Grüßen	Mit freundlichen Grüßen

11.6 Persönliche Briefe

Im Grunde gilt alles, was für Mailings gilt, für jede Art von Brief, ganz gleich, ob privat oder geschäftlich. Es gibt nur einige kleine Abweichungen. Persönliche Briefe an einen ganz bestimmten Empfänger aus individuellem Anlass (also keine Massensendungen) können durchaus länger als eine Seite sein. Es kommt darauf an, was der Absender mitteilen will oder muss. Da der Empfänger den Absender kennt (zum Beispiel Bekannter, Freund, Geschäftspartner, Behörde) und vielleicht sogar den Anlass oder Grund des Briefes weiß oder ahnt, wird er den Brief öffnen und ihn zu lesen beginnen.

Allerdings darf auch ein solcher Brief nur so lang sein wie nötig, er muss Interessantes, Konkretes mitteilen und gleich vorn muss das Wichtigste stehen. Sonst langweilt sich der Leser, wird unkonzentriert, steigt bald aus und legt den Brief weg. Alle Regeln für klare Texte gelten auch für den persönlichen Brief, selbst für den Liebesbrief.

In einem privaten Brief oder einem Geschäftsbrief an einen guten Geschäftsfreund dürfen selbstverständlich auch persönliche „Marotten" einfließen; aber nicht zu viele. Der Aufbau eines Liebesbriefes zum Beispiel verträgt auch ein bisschen Dramaturgie, aber nicht zu viel.

11.7 Antworten auf Beschwerden

Eine besondere Art des persönlichen Briefes sind Antworten auf Beschwerden. Und da sind wir schon beim Wichtigsten: Eine Antwort auf eine Reklamation darf kein Massenbrief, kein ausgefülltes Muster, kein Puzzle aus Textbausteinen sein, sondern muss ein persönlicher Brief sein, selbst wenn auch der Schreiber selbstverständlich nach gewissen Schemata arbeitet. Wer sich beschwert, will sich nicht abgefertigt fühlen. Mit einer guten, zufriedenstellenden Antwort können Sie einen Kunden behalten und ihn sogar noch enger an sich binden. Der beinah verlorene Kunde, der dann doch bleibt, ist oft ein treuer Kunde.

Besonders wichtig ist es, sich in den Menschen hineinzuversetzen, der eine Beschwerde vorbringt. Dazu gehört ein wenig Psychologie, aber das ist hier nicht das Thema. Was Sie jedoch aus der Beschwerde mit Ihrem gesunden Menschenverstand und etwas Menschenkenntnis herauslesen müssen: Ob es eine begründete Beschwerde ist oder ob es sich um einen notorischen Meckerer handelt. Und Sie müssen erkennen, wie viel des Beschwerdebriefes zur Sache gehört und wie viel davon emotional ist.

Ein Beispiel: Jemand beklagt sich, dass eine Lieferung zu spät angekommen ist. Er hat Recht, das Paket kam drei Tage später als zugesagt. Das ist Fakt und der sachliche Teil des Briefes. Dann schreibt der Mann aber noch, dass es sich um ein Geburtstagsgeschenk für seine Frau gehandelt hat und er am Geburtstag mit leeren Händen dastand. Das ist der emotionale Teil des Briefes. Beidem müssen Sie sich widmen. Manchmal mehr auf den emotionalen Teil als auf den sachlichen. Denn der Schreiber will hier etwas loswerden und möchte, dass Sie darauf eingehen. Dass das Paket zu spät kam, ist nun nicht mehr zu ändern. Aber seine Enttäuschung können Sie ihm nehmen. Entschuldigen Sie sich nicht nur für die Verspätung, sondern auch dafür, dass er ohne Geschenk dastand, und wünschen Sie auch seiner Frau alles Gute. Versetzen Sie sich einfach in den Empfänger des Briefes.

Das folgende Aufbaumuster ist ein grober Rahmen, den Sie mit Text und Leben füllen müssen. Allgemeine Textbausteine verbieten sich ganz besonders bei Antworten auf Beschwerden.

Aufbau-Muster: Antworten auf Beschwerden

- *Sehr geehrte ...,*
- *vielen Dank für Ihre E-Mail vom ... Sie beklagen / bemängeln / weisen darauf hin / sind unzufrieden darüber, dass ...*

oder

in Ihrem Brief vom ... beklagen / bemängeln Sie, ...

- a)

Es tut uns leid, dass Sie wegen ... Ärger hatten / Ich kann Ihren Ärger verstehen ... (auch das Emotionale beachten)

Wir haben / ich habe die Sache geprüft ...

Sie haben Recht ...

Ich habe bereits veranlasst, dass ...

Ich hoffe / Wir hoffen, dass Sie künftig mit uns zufrieden sein werden und weiterhin bei uns einkaufen ...

- oder b)

Leider ist das anders nicht möglich, weil (konkret) ...

Wir sind stets bemüht ... (allgemeine Grundsätze zu dem Problem, zum Beispiel Datenschutz, Sicherheit, ...)

Wenn Sie dies und jenes tun, können wir ... (zum Beispiel ...) (Konkrete Hilfe / Tipp / Lösung:)

Ich hoffe / Wir hoffen, dass Sie danach wieder Spaß beim Einkaufen bei uns haben.

11.8 E-Mails

E-Mails und Briefe sind grundsätzlich dasselbe, auch wenn viele glauben, Mailen sei eine ganz neue Form der Kommunikation. Das stimmt – wie das Wort auch sagt – überwiegend für die Form, aber nur ganz wenig für den Text.

In ihrer Form ist die E-Mail eine Mischung aus Brief und Telefonat: Sie ist schriftlich, aber man kann sehr schnell darauf antworten. Die Mail ist oft auch die schriftliche Ergänzung eines Telefonates. Wegen der schnellen Kommunikationsmöglichkeit hat die E-Mail rasch die Unternehmenskorrespondenz erobert.

Was den Text betrifft, so gelten dieselben Regeln wie für Briefe, also auch alle allgemeinen Regeln fürs Texten: kurz und klar. Der Stil darf etwas lockerer sein als im Brief, denn ein bisschen ist die E-Mail ja wie ein Telefonat. Darum ist auch ein *Hallo* als Grußformel bei Geschäftsfreunden erlaubt. Mehr Freiheiten oder gar Nachlässigkeiten, etwa Fehler oder Stummeldeutsch, sind jedenfalls in der geschäftlichen Mail verboten und zeugen von Schlamperei. Das können Sie in privaten Mails handhaben, wie Sie mögen; aber schlecht bleibt es auch dort.

12 Der Werbetext

12.1 Den Kunden kennen

Besondere Regeln für einen Werbetext gibt es nicht. Ein guter Werbetext unterscheidet sich grundsätzlich nicht von anderen guten Texten: kurz, klar und einfach. Er muss aber noch knapper, bildhafter, ansprechender sein und vor allem noch sicherer die Zielgruppe treffen. Werben heißt flirten mit dem potenziellen Kunden.

Der Werbetext muss außerdem besonders stark die Zielgruppe ansprechen. Und darum gilt auch hier die Grundregel. Sie müssen Ihre Zielgruppe, Ihre potenziellen Kunden genau kennen:

- Was spricht sie an?
- Wie fühlen sich Ihre Kunden angesprochen?
- Warum und wozu können sie das Produkt gebrauchen, wo liegt der Nutzen?
- Wie können Sie ihnen Appetit machen?
- Auf welchem Sprachniveau werben Sie für das Produkt?
- Welche Wörter verstehen Ihre Kunden?
- Können Sie Wortwitz einsetzen und wenn ja, welchen?

Werbung mit Aha-Effekt und Paradoxon. Wo ist hier denn bloß das Modell? Es ist die Perücke!

Sehr schön: Kurzer, witziger und kluger Text. Harmonisch dazugestellt: ein großes, appetitliches Bild des Produktes. Mit knappen, klaren Botschaften viel Aufmerksamkeit erzielen. So ist es richtig.

Wichtig ist es dabei auch, bei Ihrem Kunden Emotionen und Bedürfnisse zu wecken und ihn bei seinen speziellen Bedürfnissen zu „packen". Typische Bedürfnisse sind:

- Zeit oder Geld sparen
- Bequemlichkeit
- Wohlstand
- Gesundheit
- Schutz, Sicherheit
- Gemeinsinn
- Erfolg
- Sich etwas gönnen
- Besser sein, Qualität
- Sich unterscheiden
- Modern sein
- Attraktiv sein
- Klug, clever, pfiffig sein

Sie müssen dabei mit Ihrem Werbetext:

- Aufmerksamkeit erregen
- Interesse wecken
- Bedürfnisse erzeugen
- zum Kauf reizen

Welche speziellen Bedürfnisse Ihr spezieller Kunde hat, das müssen Sie wissen. Ihre Zielgruppe kann selbstverständlich sehr groß sein, Sie können sich sogar an alle Verbraucher wenden – aber trotzdem gezielt.

Das Bedürfnis müssen Sie in den Slogan für Ihr Produkt oder Ihre Dienstleistung einbauen, in ihn einweben. Beispiele:

- *Wie gut, dass es Nivea gibt.* (Schutz, Attraktivität)
- *Wir schaffen die alten Zöpfe ab.* (Modern sein, anders sein)
- *Vielleicht hätte er jemanden fragen sollen, der sich damit auskennt.* (Clever sein)
- *Vertrauen ist der Anfang von allem.* (Schutz, Sicherheit)
- *So wichtig wie das tägliche Brot.* (Schutz, Gesundheit)
- *Der Geschmack von Freiheit und Abenteuer.* (Anders sein)
- *Man genießt den feinen Unterschied.* (Anders sein, besser sein, Wohlstand)
- *Auf diese Steine können Sie bauen.* (Sicherheit)
- *Nicht nur sauber, sondern rein.* (Besser sein, Gesundheit)
- *Geiz ist geil.* (Geld sparen)
- *Die Mutter aller Schnäppchen.* (Noch mehr Geld sparen)
- *Ein guter Tag beginnt mit Gilette.* (Sich etwas gönnen)
- *Freude am Fahren.* (Sich etwas gönnen)
- *Man gönnnt sich ja sonst nichts.* (Sich etwas gönnen)
- *Miele, Miele sagt die Tante, die alle Waschmaschinen kannte.* (Sicherheit, Qualität, besser sein, clever sein)
- *Wohnst Du noch oder lebst Du schon?* (Clever, jung, attraktiv sein, sich etwas gönnen)
- *Dahinter steckt immer ein kluger Kopf.* (Klug sein, sich von anderen unterscheiden)

12.2 Das Handwerkszeug

Werbetexte sind ganz eng verwandt mit den Überschriften (siehe Kapitel 7.1). Für gute Werbeslogans gelten dieselben Regeln wie für gute Überschriften. Auch beim Werbetext sind kurze, klare Botschaften gefragt. Denken Sie an den Küchenzuruf. Sie dürfen beim Werbetext allerdings im Unterschied zur Überschrift gern ein bisschen übertreiben („Tell me lies, sweet little lies!").

Sie können beim Werbetext dasselbe Handwerkszeug einsetzen wie bei pfiffigen Überschriften: Wortwitz, Doppeldeutigkeiten, den Aha-Effekt, die Versus-Methode, Allegorie und Pars pro toto (siehe Kapitel 7.1). Wer gute Überschriften macht, der findet auch gute Werbetexte, ansprechende Anreißer und Slogans.

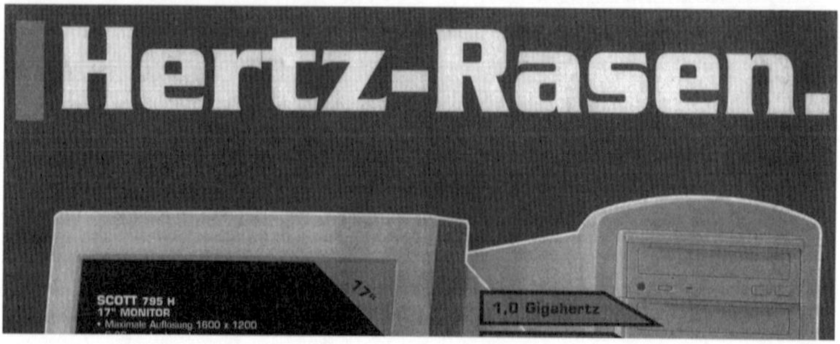

Schönes Buchstaben-Wortspiel. Aber versteht die Zielgruppe das? Ist es für das Produkt der passende Stil?

Der Werbetext muss aber noch knapper, bildhafter und ansprechender und eventuell reißerisch sein. Die Geschmacksfrage, ob er auch gefällt, ist dabei zweitrangig. Wichtiger ist die Ohrwurmqualität. Das sehen Sie an „Geiz ist geil". Ob er Ihnen gefällt oder nicht, der Satz prägt sich ein. Um zum Ohrwurm zu werden, müssen Werbetexte „Musik haben": Sie müssen sich gut rufen, ja sogar singen lassen. Rhythmus ist wichtig. Nur über den Rhythmus prägt sich ein Slogan ein. Daher können Sie – wenn es zum Produkt und zur Zielgruppe passt – hier sogar verstärkt mit Reim und Stabreim arbeiten. Als Werbetexter sollten Sie dringend die Versmaße und ihre jeweiligen Vorteile und Nachteile kennen. Daktylus, Trochäus, Anapäst und vor allem Hexameter dürfen für Sie keine Fremdwörter sein.

Paradox oder harmonisch

Wenn Sie zum Beispiel in einer Anzeige mehrere Texte einsetzen, müssen Sie darauf achten, dass die Texte in ihrem Stil, in ihrer Machart harmonisch zueinander sind. Die Texte dürfen nicht konkurrieren oder sich konterkarieren. Sie müssen dieselben Stilelemente einsetzen: Wortwitz oder Paradoxon, Reim oder Metapher. Sonst irritieren Sie den Leser.

Hier passt nichts zusammen. Jeder Text steht für sich. „Heimspiel" ist der eine Gag, der Dreitakter mit „vom, vom, vom" ist der andere, wobei das dritte „vom" aus der logischen Reihe fällt. Und was ist ein „SV-Buch"? Soll der Leser das raten? Zudem geht der erste Blick des Betrachters üblicherweise genau über den Kopf des Schiedsrichters, der zu alledem kein Fußball-, sondern ein Eishockeyschiedsrichter ist.

Auch Bild und Text und ihr Zusammenspiel müssen ein Strickmuster aufweisen. So können Bild und Text als Paradoxon gegeneinander stehen (der gewichtige Günter Strack sagt: „Man gönnt sich ja sonst nichts") oder harmonisch sein (schlanke Frau bei Schlankheitsmittel: „5 Pfund in nur drei Tagen"). Alles dazwischen stellt den Leser vor ein Rätsel. Wenn Sie für den neuen bequemen Schlafsessel einer Luftlinie werben mit dem schönen Slogan „Lang strecken auf Langstrecken", dann gehört entweder das Gegenteil als Bild dazu, zum Beispiel ein eingeklemmter Passagier oder als übertragenes Bild eine Sardine in der Dose, oder aber das passende: ein Mensch, der sich so richtig wohlig in dem neuen Sessel ausstreckt. Beide Botschaften versteht der Leser. Ein leerer neuer Sessel aber ist ohne Botschaft. Was soll er damit? Das Bild hat er nicht erwartet und versteht es auch nicht.

Um Anregungen für pfiffige Werbetexte und Überschriften zu bekommen, sollten Sie unter anderem bei folgenden Autoren schmökern:

- Karl Valentin
- Heinz Erhard
- Eugen Roth
- Wilhelm Busch

Ein Paradoxon gebildet und schon entsteht beim Leser der Aha-Effekt. Ein passendes Bild dazu - und schon ist mit einer kurzen, klaren Aussage große Aufmerksamkeit erzielt.

Vor allem Heinz Erhard und Wilhelm Busch bieten einen riesigen Fundus an Anregungen für Wortwitz und schräge, pfiffige Reime. Für Paradoxa ist Karl Valentin der ideale Ideenlieferant. „Das große Heinz Erhard-Buch" und das „Wilhelm-Busch-Album" gehören in jede Texter-Bibliothek.

Um zusätzlich Ihr Sprach- und Rhythmusgefühl zu schulen, lesen Sie gute „alte" Bücher:

- Die Bibel
- Klassische Dramen und Gedichte (Heine, Goethe, Schiller, Lessing)

Viele bekannte Werbesprüche basieren auf Versen aus klassischen Texten, vor allem aus Gedichten.

Nutzen Sie außerdem als Hilfe und Anregung:

- Reimlexikon
- Zitatelexikon, Lexikon der Redewendungen
- Herkunftswörterbuch
- Synonymlexikon
- Lexikon der Werbesprüche

Beispiele für schöne Werbetexte und Überschriften

Hier sind überraschender Dreh, Doppeldeutigkeit, Wortwitz und der Aha-Effekt mit Paradoxon oder Abwandlung eines Sprichwortes gelungen:

Puppen mit Busen und zum Schmusen. (Puppenmuseum, scheinbarer Gegensatz, Paradoxon)

Entweder man hat es – oder man braucht es. (Telekom, überraschender Dreh)

Gute Bananen erkennt man an der blauen Farbe. (Chiquita, Paradoxon)

Der reinste Dreck. (Recycling, Wortspiel)

Wir können alles – außer Hochdeutsch. (Baden-Württemberg)

Weniger Kalorien als eine Briefmarke. (Diät-Cola)

Junge komm bald wieder. (Überschrift über Artikel zu Orgasmusproblemen des Mannes aus Frauensicht, Wortspiel)

Müssen ohne zu wollen. (Inkontinenz-Windeln)

Nichts bewegt Sie wie ein Citroën. (Doppeldeutigkeit von „bewegen")

Alle reden vom Wetter. Wir nicht. (Bahn, überraschender Dreh)

Man gönnt sich ja sonst nichts. (Der schwergewichtige Günter Strack trinkt Aquavit, Paradoxon von Text und Bild)

Wir lassen die Sau raus. (Neuland-Fleisch, artgerechte Haltung)

Heiß geliebt und kalt getrunken. (Doornkaat, Kreuzen von realem und übertragenem Sinn)

Ich bin doch nicht blond. (Abwandlung einer Redewendung)

Wohnst Du noch oder lebst Du schon? (IKEA, überraschender Dreh)

Ihr Mund wird Augen machen. (Restaurant, Wortspiel)

Rennie räumt den Magen auf. (Schöner Rhythmus)

Neckermann macht´s möglich. (Schöner Rhythmus)

Die klügere Zahnbürste gibt nach. (Dr. Best, Abwandlung einer Redewendung)

Nicht immer – aber immer öfter. (Clausthaler, überraschender Dreh)

Das Gute daran ist das Gute darin. (ERASCO, Wortspiel)

Die tolle Kiste. (FIAT Panda, Doppeldeutigkeit)

13 Texte im Web

Ein guter Text ist ein guter Text, ganz gleich, ob er in der Presse, im Rundfunk, im Fernsehen oder im Web publiziert wird. Daher gelten alle Regeln auch für Texte im Web. Allerdings müssen Texte im Web - wenn möglich - noch kürzer sein, weil die Eigenart des Mediums und die Erwartungen und Gewohnheiten der Leser das erfordern. Das Web ist ein schnelles Medium.

Der große Unterschied zu anderen Texten liegt aber bei der Gliederung und der Struktur der Texte: Die Technik macht es möglich, Themen zunächst nur "anzuteasern", also nur mit einer Zusammenfassung, einem Vorspann zu behandeln und den interessierten Leser dann mit einem Link auf tiefer gehende, weitere Ausführungen zu leiten. Auch Hintergründe, Historie, Expertenmeinungen und Ausführungen in Lexika lassen sich wunderbar mit Links ansteuern, ohne den Text selbst unübersichtlich oder zu lang zu machen. Das ist der große Vorteil des Web und diesen Vorteil sollten Sie nutzen, wo und wie immer es geht.

Gerade Sachtexte (siehe Kapitel 6.7) lassen sich im Web hervorragend publizieren. Der Leser kann von der ersten oberflächlichen Information Schritt für Schritt, Link für Link tiefer ins Thema eintauchen, ohne auf den ersten Blick eine große Textmenge überwinden zu müssen.

Allerdings: Überschütten Sie den Leser nicht mit Links. Mehr als ein Link pro Absatz ist stets zu viel. Besser noch: Nur ein Link pro Text und den Leser stufenweise in die nächsten Texte führen. Bei mehreren Links pro Text klickt der Leser die Links an und kommt womöglich nicht mehr zurück zum Ursprungstext. Das hat dann die Wirkung eines Schachtelsatzes (siehe Kapitel 2.7).

14 Kreativität beim Texten

Ihre Kreativität können Sie fördern. Sie müssen kein Genie sein, das seine Ideen einfach aus der Luft greift, sondern können gute Rahmenbedingungen und Grundlagen fürs Ideenfinden schaffen. Vor allem müssen Sie Ihre scheinbaren „Macken" beim kreativen Prozess professionell nutzen und sich nicht blockieren.

Keine Selbstzensur

Beim Ideensuchen, beim Brainstorming muss alles auf den Tisch. Betreiben Sie keine Selbstzensur. („Das ist so blöd, das sag ich nicht.") So schneiden Sie anderen Mitdenkern Folge-Ideen ab. Alles ist erlaubt, nichts ist peinlich oder dumm. Erst nach der Ideenrunde kommt die Auswahl, dann dürfen Sie Unpassendes und Blödes streichen.

Wenn Sie sich schon beim Ideensuchen beschränken, blockieren Sie sich und Ihre Mitsucher. Jede noch so dumme Idee hat meist einen brauchbaren Ursprung. Wenn Ihnen zum Beispiel auf der Suche nach einem Werbeslogan oder einem Namen für ein Produkt etwas „Dummes" einfällt, so hängt es doch irgendwie mit dem Produkt zusammen. Irgendetwas in Ihrem Unterbewusstsein, in Ihrem impliziten Gedächtnis hat Sie zu dieser Idee gebracht, als Sie an das Produkt gedacht haben. Vielleicht sitzt der Ursprung dieser Idee auch bei einem Ihrer Mitsucher und er findet nun die richtige, nachdem Sie die dumme Idee genannt haben. Vielleicht finden Sie auch selbst später das Richtige, weil Sie die dumme Idee ausgesprochen und damit einen Denkprozess in Gang gesetzt haben.

Zweite Runde

Sie kennen das: Genug gedacht! Nach einer halben Stunde Grübeln fällt Ihnen nichts mehr ein. Also, aufhören, nach Hause fahren. Und dann, plötzlich, im Auto, im Bus kommt die Idee. Endlich! Gut, dann schreiben Sie sie auf, wenn Sie zuhause sind. Von wegen, Pustekuchen. Zuhause haben Sie sogar vergessen, dass Sie eine Idee hatten oder aber, welche es war. Das ist kein Zeichen von Alzheimer, sondern normal und typisch.

Nach der ersten Denkrunde dürfen Sie nicht aufhören, wenn die Ideen ausgehen, sondern sollten 15 bis 20 Minuten pausieren und dann in die zweite Runde gehen. Kreativität hat zwei „Hügel". Also nicht nach Hause fahren oder (wenn Sie abends arbeiten) schlafen gehen. Immer einen Schreibblock bei sich haben: im Auto, im Bus, im Bett.

Wenn Sie in der Gruppe „brainstormen", dann sollten Sie eine Kaffeepause machen, wenn Ihnen nichts mehr einfällt, und dann noch einmal loslegen. Die besten Ideen kommen in der zweiten Runde, weil sich automatisch beim Pausieren die guten Ideen absetzen, sich die Spreu vom Weizen trennt.

Heterogene Gruppe

Wenn Sie in der Gruppe Ideen finden möchten, dann am besten in einer kleinen heterogenen Gruppe: vier bis fünf Personen, darunter Frauen, Männer, Junge, Alte, gründlich Denkende, Spontane. Wenn alle genauso ticken wie Sie selbst, können Sie auch allein Ideen suchen.

Ob man besser allein oder in der Gruppe Ideen findet, ist unter Experten umstritten. Jede Methode hat ihre Vorteile, jede ihre Nachteile. Allein werden Sie nicht von Ihrem Gedanken abgelenkt und sind schneller fertig, gemeinsam finden Sie mehr, aber es dauert länger. Am besten, Sie kombinieren: Zunächst alleine vorüberlegen, dann gemeinsam, dann in der Pause allein Gedanken ordnen, sondieren, dann wieder gemeinsam.

Halbautomatische Tätigkeiten

Ideen kommen oft bei halbautomatischen Tätigkeiten: Rad fahren, Geige spielen, spazieren gehen, Staub saugen, putzen. Das bietet sich vor allem für die Pause vor der zweiten Runde an. Es ist für die Ideenfindung vor allem in der Pause optimal spazieren zu gehen oder leichten Sport zu treiben. Schon in der Academia Platonica in Florenz „**schritten** die Gelehrten durch die Gänge und sprachen gescheit".

Kreativitätsfenster

Jeder hat sein ganz persönliches Kreativitätsfenster. Manche sind morgens kreativer, andere mittags, viele spätabends. Manche brauchen dazu eine Tasse Tee, andere ein gutes Glas Wein; früher gab es Künstler, die brauchten Absinth. (Aber bitte: Dies ist keine Aufforderung zum Alkoholismus!) Erkennen und nutzen Sie das, wenn möglich. Wenn Sie fest angestellt sind, können Sie Ihrem Chef wohl nur schwer vermitteln, dass Sie tagsüber nicht zur Arbeit kommen, weil Sie nachts bei einem Glas Wein arbeiten möchten. Aber vielleicht hat er ja Verständnis.

Humor

Kaum etwas fördert die Kreativität so sehr wie Lachen. Lachen setzt Glückshormone frei, die wiederum zu einer besseren Durchblutung des Hirns führen. Lachen Sie, machen Sie Witze. Übertreiben Sie in der Brainstorming-Phase ruhig in Richtung Sarkasmus, Zynismus, schwarzem Humor. Auch bei ganz ernsten Themen dürfen Sie auf der Suche nach Wörtern, Überschriften und Werbetexten zur Auflockerung gern Rumblödeln. Den Blödsinn müssen Sie später in der Entscheidungsphase aussondern.

Resümee

Staubsaugen oder radeln Sie spätabends lachend und ungehemmt in einer heterogenen Gruppe bei einem Glas Wein, und Sie werden die besten Ideen finden. Und vergessen Sie den Schreibblock nicht!

Literatur

- Baum, Thilo: 30 Minuten für gutes Schreiben, Gabal-Verlag, 2004
- Duden: Briefe schreiben - leicht gemacht, Dudenverlag
- Duden: Redewendungen und sprichwörtliche Redensarten, Dudenverlag
- Duden: Zitate und Aussprüche, Dudenverlag
- Hars, Wolfgang: Lexikon der Werbesprüche, Verlag Piper, 2001
- John, Johannes: Reclams Zitatenlexikon, Reclam, 2004
- Kluge, Friedrich: Etymologisches Wörterbuch der deutschen Sprache, Verlag Walter de Gruyter, 1995
- Kühner, Anja u. Sturm, Thilo: Das Medienlexikon, Verlag Moderne Industrie, 2001
- Reiners, Ludwig: Stilfibel, C.H.-Beck-Verlag, 1990
- Reiners, Ludwig: Stilkunst, C.H.-Beck-Verlag, 1991
- Schmuck, Michael: Das neue Presserecht, Verlag Rommerskirchen, 2006
- Schmuck, Michael: Deutsch für Juristen, Dr.-Otto-Schmidt-Verlag, 2006
- Schneider, Wolf: Deutsch für Kenner, Rowohlt-Taschenbuch, 1995
- Schneider, Wolf: Deutsch fürs Leben, Verlag Piper, 1999
- Schneider, Wolf: Wörter machen Leute, Verlag Piper, 1996
- Steputat, Willy: Reimlexikon, Reclam-Verlag, 1998
- Textor, A.M.: Sag es treffender, Rowohlt-Taschenbuch, 2002
- Tierney, Elisabeth: 30 Minuten für erfolgreiche Kommunikation, Gabal-Verlag, 1998
- Urban, Dieter: Pointierte Werbesprache, Verlag Orell Füssli, 1995
- Zimmer-Pietz, Helga: Professionelles Texten, Verlag Ueberreuter, manager edition, 2002

Stichwortverzeichnis

A

B

J

K

L

M

N

O

P

Q

R

S

T

U

V

W

Z